奈良時代・吉備中之圀の

母夫人と富ひめ

間壁忠彦・間壁葭子

吉備人出版

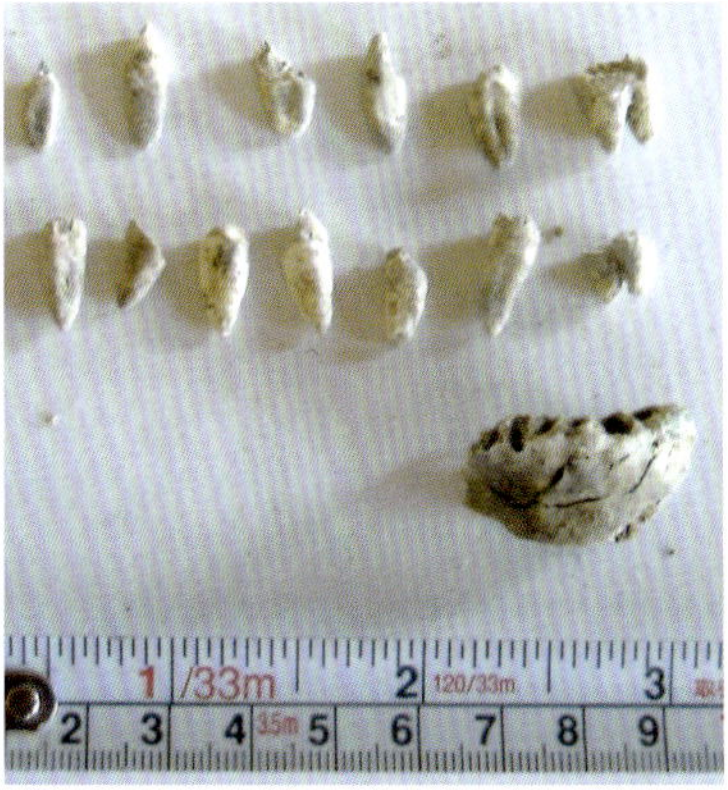

吉備真備祖母の骨蔵器と中の火葬墓（母夫人のお骨）　和銅元（708）年銘　国重文　所蔵者である岡山・矢掛町の圀勝寺名は、銘文にある真備の父圀勝の名による。則天文字の「圀」字使用は、近代の学者が火葬採用の早さと共に、驚愕した文字。出土地は、真備町と矢掛町境（火葬骨のスケールは下の目盛りが㎝）。

塼（板状焼き物）二枚に刻字した同文の富比《ひ》賣《め》墓地買地券と周辺出土と見られる矢田部首《おびと》人足《ひとたり》の人名刻字塼　推定出土地は両者とも真備祖母骨蔵器出土地、東4 km の真備町尾崎　（保管　前者倉敷考古館　後者岡山県立博物館）

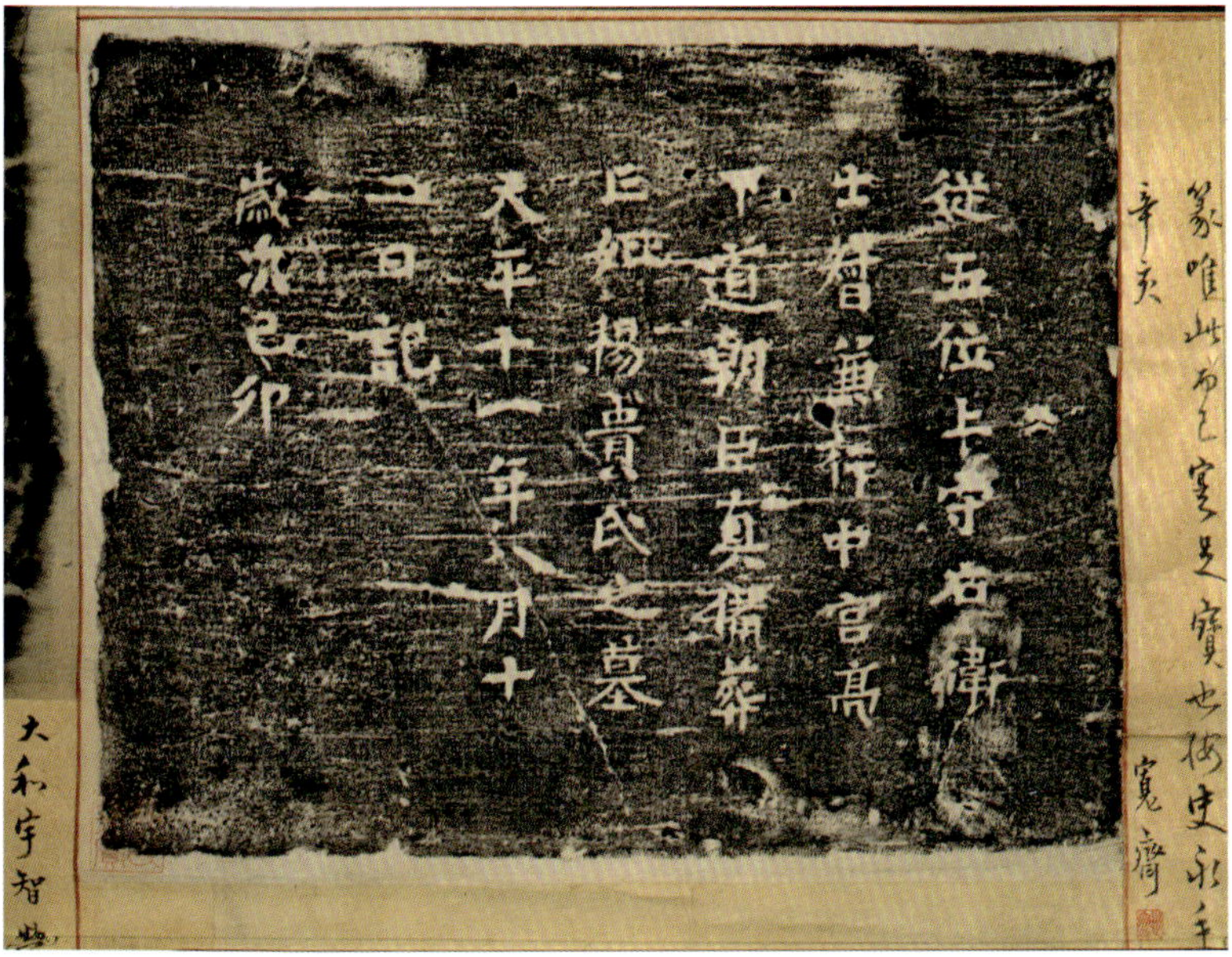

(上)塼に刻字された楊貴氏墓誌は、現物は消失、拓本のみ残る。この拓は東京国立博物館蔵品(同館写真提供)。模刻品拓もある中で、本拓とされる。(下)楊貴氏墓誌はこうした形の火葬墓に伴った可能性ありという。これは真備祖母骨蔵器出土地から 10 ～ 20 mの地点出土。圀勝寺所蔵(保管　矢掛町教育委員会)

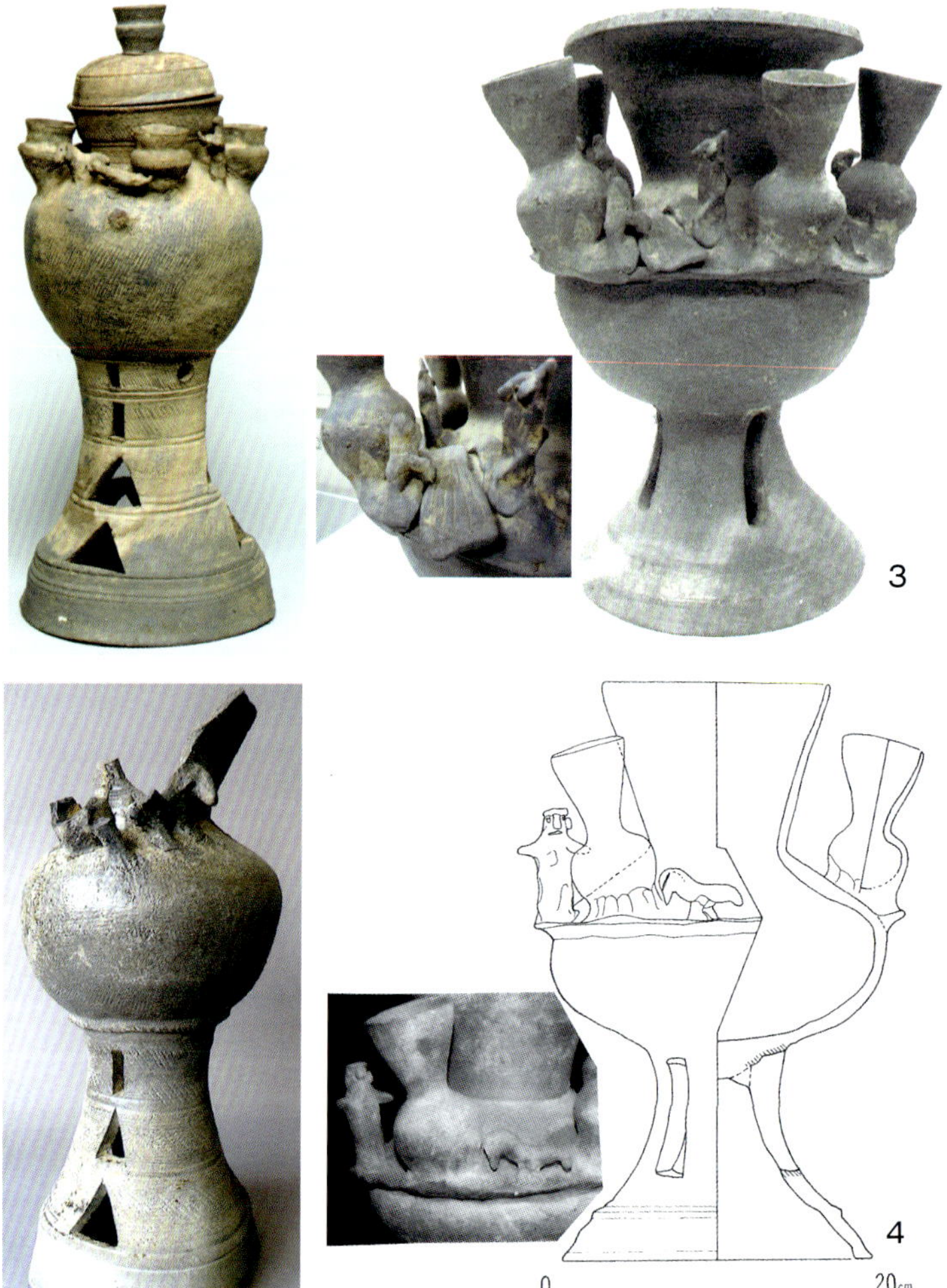

古墳時代後半６世紀中頃以後、特に吉備国には小像付き装飾須恵器が多い。新羅文化の影響。大和にはほとんど無い。肩の上の小像が、物語や儀式を表現か。2点セットで古墳出土例もある。ここには現在の総社市内出土の２組を示す。(1)東京国立博物館蔵(同館写真提供)。　宿辻畑出土　(2)総社市学習の館保管(総社市写真提供)。 地元出土(3)天理参考館蔵　伝法蓮出土　(4)倉敷考古館蔵　法蓮出土

奈良時代・吉備中之圀の母夫人と富ひめ

はじめに

これは7世紀後半から8世紀も後半近くの間に、かつては吉備国の下道《しもつみち》と称され、奈良に都の置かれた頃は、備中国下道郡であった、現在の岡山県倉敷市真備町とその周辺で生まれ、確かに生きていた二人の女性の話である。とはいえ彼女たちのことはそれぞれの墓が、長い年月を経た後世に、幸運にも偶然発見されたことで分かった人物で、土中のページにだけに記されていたのである。

一人は奈良時代の著名人吉備真備の祖母だと直ちに分かったが、「母夫人」とだけ記されていただけで、当人は名前も分からないし、出身も分からない。今一人は「富比賣《とみひめ》」とあったが、いったい何をして、墓に名前を残すことになったのかは、これも一切何も分からない。しかも「母夫人」の場合は、地上に現れるとたちまちに、世上にその名の知られることとなったが、「富比賣」の方は、古く地上に現れながら、その存在さえ長く認められなかった人物なのである。

私たちは85年の生涯の中で、少なくとも60年以上、全く名前も個人も分からない祖先の人々が、わずかに残したものを手がかりに、その頃の人々の素顔や生活、大げさな言い方をすれば歴史の一端にでも触れ得れば、というような仕事で過ごしてきた。それは倉敷市内で、60年以上も前に私立で開設された地方の小さい考古博物館での仕事が中心だったことである。

このようなことだから、他の研究者のように、「この国のこの時代のこうした物が、私の専門です」など大きな顔をしていえるものは無い。何に出くわすか分からない日々だったが、いわばそのたびに土中のページを繰り、名前も、出身も分からなくとも、確実にその昔、その地に生きていた人たちの残したものと接し、その存在は感じていたのである。

また小さい博物館である以上、調査や研究だけでなく、展示や説明、メンテナンス等の仕事、博物館として必要書類の製作も、受付から・掃除までもが仕事の範囲だった。だがこうした地方でのさまざまな仕事の中で、時には研究者の盲点にも気付けたのかもしれない。それはより多く多様な人々と接することができたことでもあり、また中心的な学問の世界では、見返られることも無く埋もれた資料を、見守れたことでもあろう。今回話題の二人も、そこで復活した人たちだった。

ここで主に話題とする地域、特に真備町では、不幸にも2018年7月6日から7日にかけてこの地を襲った大水害で、町内の3分の1が水没するという大惨事で、全国的に名前を知られることになってしまった。かつて近年までは吉備郡であり、その前は下道郡というように、後世になっても、かつての古代吉備国を象徴するような郡名が付けられる地域の一角でもあった。

倉敷市が長年にわたり近郷との合併を進めてきた中で、最後に平成17（２００５）年8月の大合併で、浅口郡の船穂町と、吉備郡真備町が倉敷市になったのである。この地は倉敷市としての歴史は最も浅いが、奈良時代前後の吉備国の中では、最も深い歴史を持った一角ともいえる。

ところで『新修倉敷市史』は倉敷市が児島市・玉島市と三市合併（１９６７年）から20周年を記念して１９８９年に始まり２００４年までに13冊が出版されていたのである。そのため倉敷市の歴史でありながら、現在は倉敷市である船穂町と真備町は、この市史に基本的には含まれていない。特に私どもも関わった、１巻の考古編は、平成の大合併と呼ばれた時期の２００５年より10年近くも前の、１９９６年には既に出版している。この巻の中では、縄文時代などは、周辺を広域に入れざるを得なかったので、船穂町の縄文遺跡などには触れているが、真備町に限らず、周辺市町村である矢掛町でも、総社市でも私どもがかつて調査していた重要な遺跡は多かったが、全く触れていない。

一方『真備町史』は合併より四半世紀も前の、１９７９年に刊行されていた。１冊だが、全１２８２ページ、かなり大部の内容だった。この町史には、刊行の辞で町長の土師雄一氏が「元来町史は町民の手で町民のためのものをつくるのが理想と考えられ、そのため本書編纂については監修とか顧問とかもお願いせず……中略……古代史の部分のみ倉敷考古館長間壁忠彦氏を煩わしましたが……」と述べているように、全て執筆者が町内関係者の中で、とくに忠彦が参加させていただいた形であった。ただそれは古代史というより、考古学的な遺跡や資料を中心ということでもあった。

この時の『真備町史』は、当然限られた経費の中での意見と思われる、編集の中の凡例説明の中で「郷土史によっては、明治以後の記述が極めて少ないものもあるが、本書は何百年か後の人が見たときのことも考えて、現代史に多くのページを割いた。」ともあった。こうした中で、かなりな資料を割愛したことを述べられながらも、「水害と治水」が一つの章として取り上げられ、60ページ近くを占めているのが注目される。これも簡略に書かれてはいるが、水害は江戸時代だけでも13回、明治以後でも、明治13（1880）年には死者33名、明治26（1893）年の大水害では死者180名などが記され、その他昭和9（1934）年とか、昭和20（1945）年の終戦の年など、他にも多くの水害とその対応が記されており、まさに未来に活かすものが多い事実の記録となっている。

こうした町史の中で、当時としては町外の、ただ一人の執筆者であった者が、遠い昔の話とはいえ、現在の真備町内で、確かに奈良時代に、その地に埋葬された日時まで分かった女性の名前も、町史上に明らかにできてないことへ、申し訳なく思ってきた。真備町にすぐ西接した矢掛町との接点から出土した、吉備真備祖母の骨蔵器が存在したことで、奈良時代著名人としての吉備真備に関係した記述は、町史中では全体として50ページ以上にわたっているように見える。だがその骨蔵器の銘文中に「母夫人」とだけ刻まれた人物は、「真備の祖母」という以上、何のイメージもなく、出自背景もまた不明である。今回登場する今一人の女性は、真備町内出土の資料に刻まれていた名前であったはずなのだが、女性の名前は無い。古くから知られた資料だったので、その紹介のままでの「矢田部益足之買地券」としての1ページにも満たない掲載だった。こうした資料には間壁は全く関わり得ていないのである。

実はこの後者の資料は、倉敷考古館の開館以来、所蔵者の好意により借用し常時展示されてきた資料である。しかし、江戸時代以来地元研究者には著名資料だったが、その一方では学会に知られた古代史文献研究者も、考古学者にも、疑問視されてきた資料でもあったのだ。この経緯については、本文中で明らかにしたい。私たちが彼女の存在について、やっと世に公にし得たのは、『倉敷考古館研究集報　第15号』1980年の紙上で、『真備町史』出版の1年後であった。

これは倉敷市となった真備町での出土資料で、しかも日本中で、現在でも2例のみ、あるいは唯一だともいえる資料である。『新修倉敷市史』の考古編に関わった者として、その中に真備町が入っていないのは、仕方のないことではあっても、この資料についての評価ができなかったことは残念なことであった。

こうした思いもあって、二人の女性にぜひ触れておかねばとの思いと共に、またその検討に際して、必要な周辺の遺跡や、近年調査の遺跡についても、今回このささやかな紙面だが、多少とも触れて、周辺の考古学上での遺跡調査に携わった者としての、責を果たしたいのである。
　真備町を始め近接の総社市や矢掛町周辺一帯の大災害は、今はまだ生々しい記憶である。あの大災害から今は1年少々を経ただけであり、まだまだ大変な日々を送られている方々の多い時である。このような時、このような雑文のみを贈ることには、逡巡を覚えることだったが、この本を災害の地に贈りたいとの思いもあって、パソコンに向かったのである。悲しいこと、苦しいことは忘れることも大切かもしれないが、この地に100年後に生活する人々が、この大災害をどれほど知っているだろうか……そんな馬鹿なことが、と思われても、現に100年も経たないあの世界での大戦を、その時の日本の状況を、実際の日々を、どれだけ現在の人が理解しているかを思う時、その中を生きてきた者にとって、こうした思いは否めないだろう。この思いは、かつての真備町の水害を知る、町史編纂を進めた方々の思いにも、通じるものではなかろうか。

（なおこの小冊子は、私たち二人の連名ですが、夫・忠彦は、水害の半年ばかり前、2017年12月28日に85歳で他界しました。ただ生涯にわたり二人で日々の仕事をしてきました。この本の内容も二人の仕事の一端だと思っております。真備町をはじめ、総社市・矢掛町や周辺地域で多くの仕事もさせていただきました。その地の皆様や遺跡に対して、間壁忠彦の関心と感謝の気持ちは、私以上に深いものだったと思っております。二人での感謝の気持ちを、今回の災害への哀悼と復興への祈りとし、ささやかではありますが捧げるものであります。）

２０１９年８月６日

間壁忠彦
間壁葭子

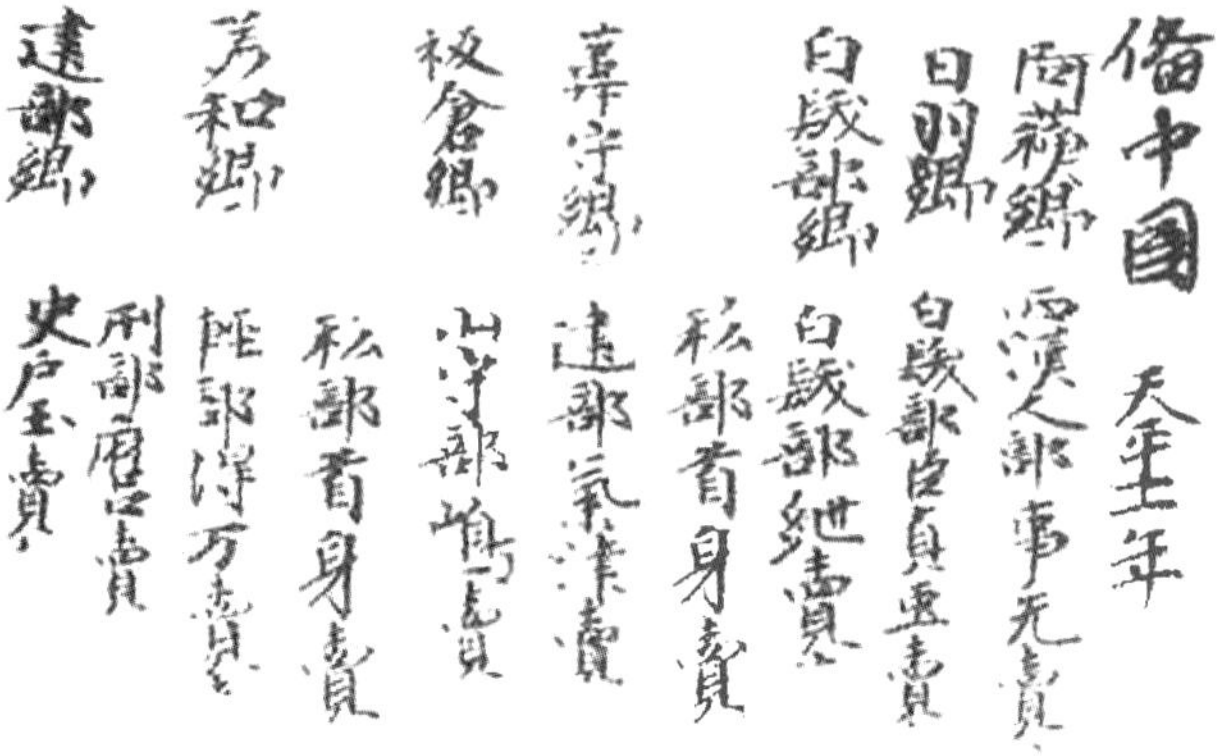

奈良時代天平10(738)年頃以前には近隣で生きていた女性たち
（『正倉院古文書影印集』八木書店より作成）

総社市久代にある現代の野仏

目次

はじめに……2

一、「母夫人」をめぐって

1、母夫人を知るにはまず孫から……18
『続日本紀』吉備真備の薨伝抜粋……19
（思い出）／（乞骸骨）／（ひとり言）

2、母夫人の登場　骨蔵器の発見……37
驚きの火葬と則天文字……38
則天文字とわが国……39
則天文字使用例……44
遺跡内出土資料中の則天文字……47
（余談ながら）
真備祖母骨蔵器の発見地点と出土状況……55
骨蔵器の形態と状況……58
銘文……61

3、奈良時代の「夫人」という呼称……65
墓誌銘中の女性呼称……65
墓誌の中では……66
（その1）／（その2）／（その3）／（その4）
石碑文中の女性呼称……74
文献資料の中の夫人……77
木簡や墨書土器中の夫人呼称……83
都城出土木簡や墨書土器……83
長屋王家木簡……85
朝鮮半島・中国唐代の夫人呼称……89
中国での実態……90
持統朝以後夫人呼称が示す意味……95
4、骨蔵器銘文中の「銘」字とは……98
5、天武・持統朝の確立まで……101
日本霊異記の世界……106

6、吉備真備祖母の「墓誌銘」作者は誰か………111
～異次元世界へ～
―骨蔵器製作は地元・銘文作者は少年真備―………113
7、6～7世紀頃の祖先たち＝矢田部に関わる古墳や遺跡………120
吉備「中の國」地域の特性………121
5世紀後半～末頃の古墳被葬者たち………125
（思い出）
随庵古墳の実態………127
岡山県内の鍛冶具を出土した古墳………130
岡山市一本松古墳………133
随庵古墳所在地「阿曾」とは………134
窪木薬師遺跡………136
奥坂遺跡群（千引カナクロ谷遺跡他）………142
水島機金属工業団地協同組合　西団地内遺跡群………146
8、地名（八田＝矢田）と矢田部と石棺材………150
（記紀物語の成立とは）

王墓山古墳の石棺から・浪形石……157
箭田大塚古墳・花崗岩……165
三大横穴古墳の比較……165
築造の時期……169
石塔塚古墳と江崎古墳……169
長砂《ながさこ》横口式石棺石室墳・竜山石……171

9、遺跡群の意味する世界……173
棺の材料・浪形石と竜山石……175
新本川と末政川流域の「砂」地名……180
高梁川東岸窪屋・都宇の地……186

10、改めて「母夫人」とは……189

二、白髪部毗登富比賣《しらがべひとひめ》の復活
（天平宝字七年銘の墓地買地券）

1、40年昔の電話……194
2、電話までの道のり……196
倉敷考古館開館時からの展示品……197
富比賣黙殺の理由……198
母夫人骨蔵器……199
無視への逡巡……200
竹内理三先生の手紙……202
再度解読へ……203
3、新旧釈文の対比……210
（余談）
4、太宰府宮ノ本遺跡の墓地買地券……216
奈良時代人の名前……219

5、出土年次と出土地の推定……225
出土時期と出土場所……227
6、同文買地券が3面あった……233
今一枚の「矢田部」と書く塼……234
「矢田部」と書く塼を持った佐藤家と橋本家……239
7、周辺の火葬墓について……242
8、白髪部毗登富比賣とは……虚像の世界で……249
（おとぎ話）
三、真備の文字か「楊貴氏の墓誌」—偽物でない証明へ—
1、本体が失われた資料……260
楊貴氏墓誌について……263
楊貴氏墓誌の問題点とは……267

明治33（1900）年の発掘調査……274
「左衛士府……」刻銘半欠塼……274
弥生土器片上の文字……278
塼敷伏甕火葬墓……279
出土地点の状況……280
発見日と出土状況……280
出土遺物について……282
楊貴氏墓誌の真偽問題……283
楊貴氏墓誌上の「毗」と「亡」字と「干支」用法……285
（干支について）／（「亡」字について）
奈良時代「亡」字の形……292
真備祖母骨蔵器に触発された偽作疑問への答え……295

おわりに……298

謝辞……305
（付記）2019年（平成31年から令和元年）の記録……306
―協力いただいた方々と共に―

一、「母夫人」をめぐって

1、母夫人を知るにはまず孫から

土中のページを繰ることで、その地に生きた人々を知るといいながら、「古代吉備の下道国」ではやはり著名人の「吉備真備」か、といわれそうだが、この地方での土中からのメッセージとなると、彼の祖母の骨蔵器発見などは、重要なページといえる。そこに現れたのが圀勝・圀依兄弟の「母夫人」であることは、なかば承知の上ということである。だが一応「母夫人」とあっても、それ以外本人のことが何も分からない以上、まずその周辺で分かっている人物を追うしかない。となると当人周辺の最も著名な孫である吉備真備について、同時代人の評価ともいえる文献資料の一つ、『続日本紀』の記載を知らねばということだった。言うまでもないことながら、偶然地上に現れた銅製の壷に入っていた火葬骨らしきものが、実は真備の祖母の骨だった証明が『続日本紀』なのだからである。

吉備真備についてはわが国古代の著名人として、既に古くから多くの紹介や研究があり、手近で少し詳しくというのであれば、昭和36（1961）年出版の吉川弘文館の人物叢書『吉備真備』などを参照されたいし、また県下の郷土史や、真備町内の方たちの研究や書籍も多い。義務教育の中学校教科書では無理でも、現在ではほとんどの高校日本史教科書では、奈良時代に吉備真備の名前があり、玄昉と共に中国からの新文化をもたらしたことや、やや詳しくは藤原広嗣の反乱に関係して記されており、周知された人物のはずである。私どもがそうした中で特に真備個人について発言することではないのだが、やはり筆を進めるうちには問題も起きてくる。

取りあえずここで必要なことといえば『続日本紀』中の彼の薨伝《こうでん》（死者の経歴・業績を評価・紹介した文章）の、初頭部分だけを示せばよいのだが、真備が死去した当時の社会の中で、彼はどのように評価されていたのかは、祖母だけでなく、これから登場いただく奈良から平安時代初頭にかけての、この周辺に生きた人々を考えるのにも重要なことであり、少々詳しく触れておきたい（なお元号年内に記す（　）内数値は西暦である）。

『続日本紀』吉備真備の薨伝抜粋

まずは『続日本紀』に記された、光仁天皇の宝亀６（７７５）年10月には「壬戌（２日）」として「前右大臣正二位勲二等吉備朝臣真備薨」に始まる記述である。奈良時代も終末に向かう時期に書かれた、このかなり長文な薨伝の一部だけを引用しながら、彼の横顔を見ておきたい。この薨伝中の記述では、真備生涯の説明には不十分であるのは当然だが、ともかく

『続日本紀』に記載されている薨伝には、三位以上程度の高位身分人物の死に際し、履歴や業績が当時の政治的社会人の目を通して評価されている。

以下は吉備真備に関して特に必要と思った部分のみを、少々勝手な書き下しながら「　」の内に書き出した。ただこうした薨伝の内容や、薨伝以外での彼や、その周辺の記述を見ていると、つい勝手な感想や妄想も広がり矛盾も気になる。「　」で囲った以外の文面は、私的なもので、大きく脱線している場合もあることをお許しいただきたい。

全体の内容には詳しい資料や過去の数多い先学の業績も、充分に活かされてないだろう。説明不足も多いと思う。この点もところどころに主に参考とした文献名や、説明を（　）で入れていることで、ご容赦いただきたい。なお薨伝抜粋中の「……」は中略だが、長短は不同。

また以下の書き下し内容は、主に岩波書店出版の新古典文学全集『続日本紀　四』（1995年6月出版）によっている。蛇足ながら『続日本紀』は奈良・平安時代に国によって編集された六国史の中の一つで、文武天皇の元年丁酉（698）年から桓武天皇の延暦10（791）年までが記されている。繰り返しとなるが、祖母骨蔵器に関して最も重要なのは、真備薨伝中の最初に書かれていた父の名前だけなのである。

光仁天皇　宝亀6（775）年

「……冬十月壬戌（２日）前右大臣正二位勲二等吉備朝臣真備が薨。右衛士少尉下道朝臣国勝の子である。霊亀二（７１６）年に廿二歳で唐に留学する……わが国の留学生で、唐で知られるものは、ただ大臣（真備）と朝衡（阿倍仲麻呂）だけである。天平七（７３５）年に帰国……」

この文面から彼の誕生は、持統天皇在位中の６９５年だったようだ。帰国時は40歳であろう。その後、彼は天平15（７４３）年までには、将来孝謙天皇となる皇太子の師となり、位も従八位下から従四位下にまで急速に上がる。これは当時の一般人官僚としては異例の速い昇級である。また７４６年には、姓も下道朝臣に対し吉備朝臣を賜う。その後も従四位上となる。

ただこうした中央政権内での出世に対しては、当時の宮廷と政界の中で、共に天皇家に近い（資料１系図参照）橘氏と藤原氏の確執というように語られる中で起こった、事件が記されている。それは正当な藤原氏として、藤原不比等の息子４人にだけ認められた名門、藤原四家の一つ式家（宇合《うまかい》が祖）の長男広嗣が九州の太宰府勤務となったことで、吉備真備と玄昉を討つとの名目で、九州で反乱を起こした事件であった（四家の主要人物は資料２参照）。

「天平十一（７３９）年……広嗣は敗れて誅されたが、怨霊の祟りがあって（真備は）勝宝二（７５０）年筑前守に左降、直ちに肥前守に遷された。勝宝四（７５２）年入唐副使とな

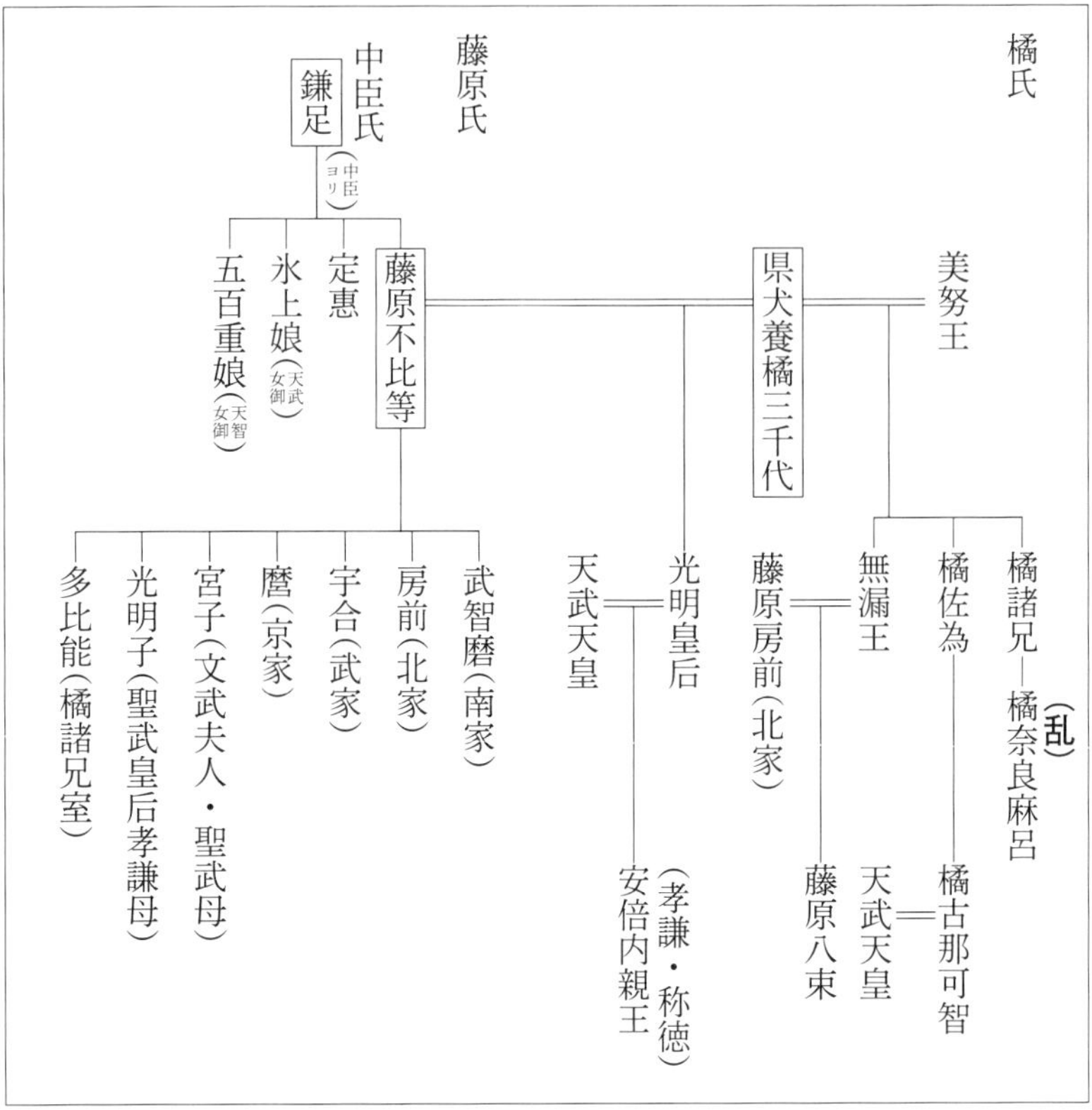

資料1　橘氏系図

り、帰国した時に正四位下となり大宰大弐になった。……創めて筑前国怡土城を作る。……宝字七（７６３）年造東大寺長官に遷る。八年（７６４）仲満（藤原仲麻呂）謀反す。……」

広嗣の乱は７３９年、真備の左遷は７５０年その間11年もある。真備はむしろこの間に、皇太子の師となったのである。広嗣の祟りと薨伝には記されてはいるが、実際は藤原仲麻

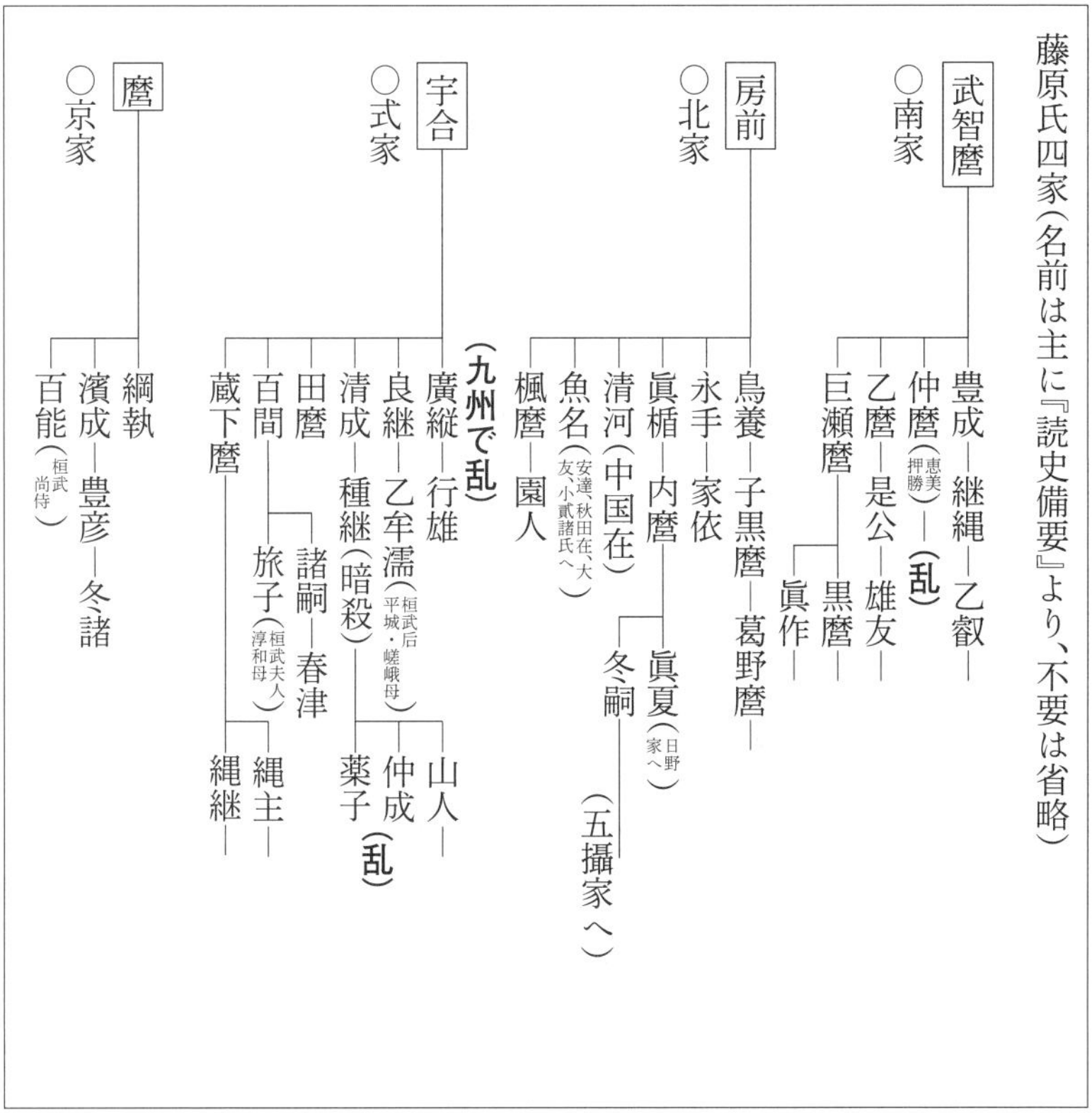

資料２　藤原氏四家系図

呂（南家・次男）が政界で勢力を持ったことで、式家長男の広嗣は左遷されたと考えられており、吉備真備の左遷も、仲麻呂によるとされる。

ただ天平勝宝４（７５２）年には、東大寺で大仏開眼が行われ、その年第12次遣唐使が出発したが、この時、吉備真備の中国での実力・名声は無視できなかったのであろう、彼は遺唐副使として同行したのである。この時

43 王朝内特別死者状況図（歴代 34〜50 代まで）

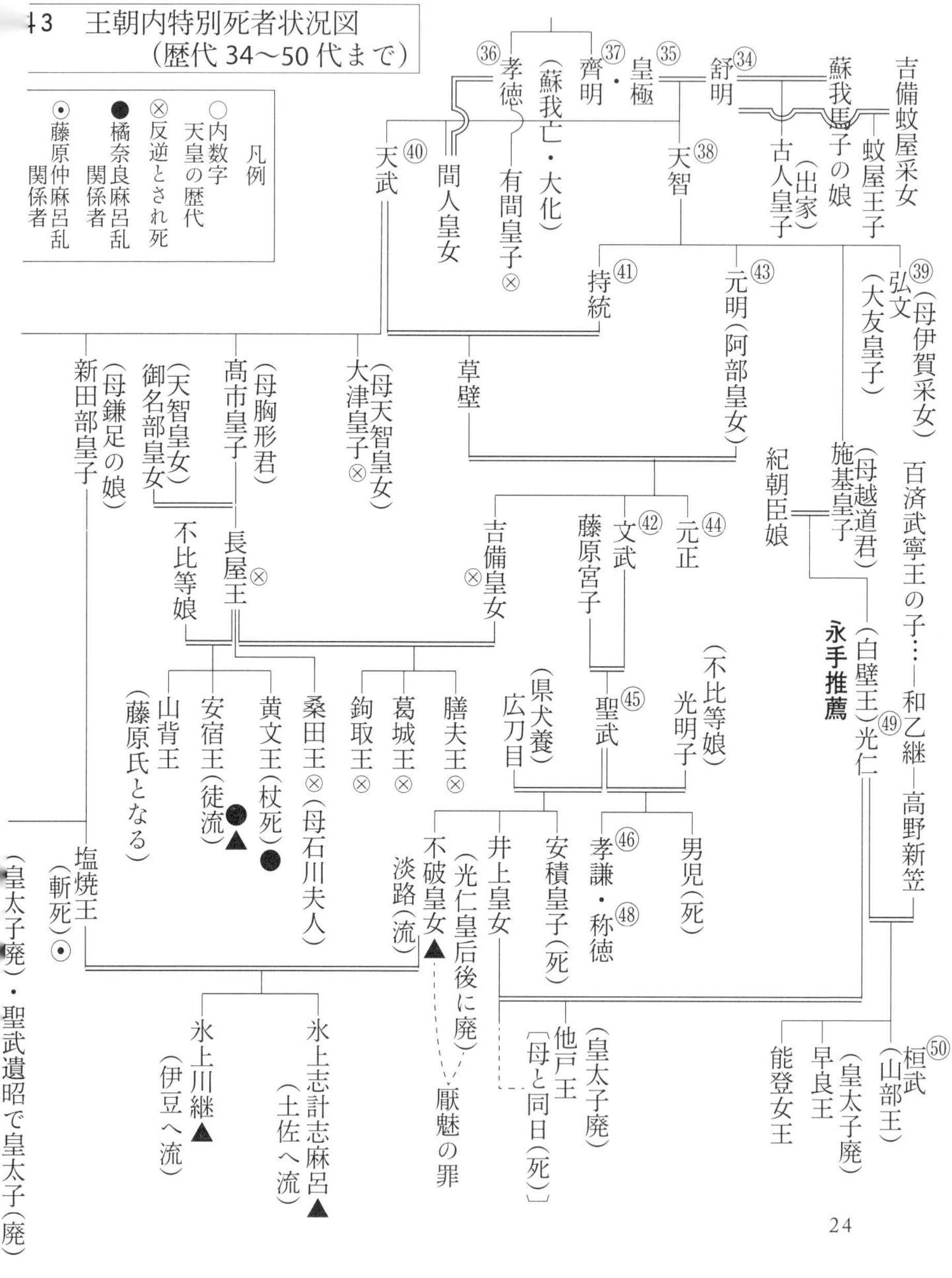

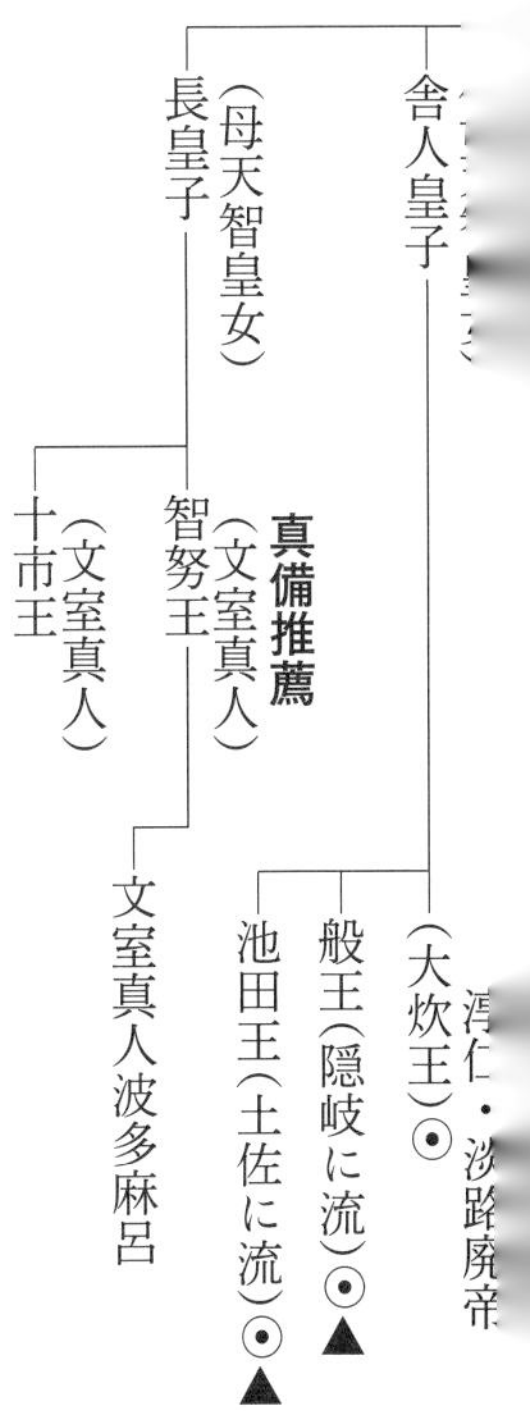

の遣唐大使は藤原清河（北家・四男）と、いま一人の副使大伴古麻呂は、真備の位に合わすためそれぞれ位が上げられている。真備は本来の位でいえば、当然大使級だったのである。

この時の遣唐使船4隻は帰国時に暴風に遭い、各船はばらばらに漂着し、遣唐大使藤原清河の舟は沖縄で座礁し、彼はついに生涯中国から帰国できなくなった。この時鑑真とその従者8名は、副使大伴古麻呂の船で日本へ来ている。簡略に書かれた薨伝では、詳しく見れば年代に多少の齟齬もあるようだが、真備は今回の帰国後は、位階が1階上がっただけで、またそのまま大宰府に止められている。だが薨伝中でなく、その後の『続日本紀』本文中などには、天平宝字4（760）年十一月に、宮廷や政府関係の武人である舎人6人が、真備に軍法を習うために、太宰府に派遣されたりしている。この時中央政府では新羅遠征などが考えられていたようだ。

真備は、70歳で退職願を出しているのだが、ともかく東大寺長官として呼び戻された翌年（764）の仲麻呂の反乱を、たちまち平定したとされているのである。

「……賊は謀（真備の計略）に落ちて、旬日（8日間）ですべて平らげた。功によって従三位勲二等を授けられ、参議中衛大将になる。神護二（766）年に中納言に任ぜられ、急に大納言になり、右大臣となって、従二位を授けられた。……」

この薨伝を見て、多少ともこの頃に興味を持つ人なら常識であろうが、当時は藤原仲麻呂を除き、仲麻呂が後ろ盾で天皇位に就けた淳仁天皇を廃して、かつての孝謙天皇が、復位して称徳天皇となった女帝の時代である。この2回にわたる女帝の時代は、後継者のいない天皇の次の位をめぐって、国家の編集した正史『続日本紀』の中には、現代人には想像も付かぬような、皇族内での血なまぐさい争いが、いかに次々繰り返されていたかが記載されている（資料3参照）。真備の薨伝の終わり近くで彼が高位で宮廷近くにいる時期が、こうした争いの最後ともいえる事件が起こった時である。

称徳天皇の希望を「忖度」した形とされている、宇佐八幡宮から、天皇が心酔・厚遇する道鏡を、次の天皇にという神託が伝えられたのは、真備の位が急激に上がった翌年の、神護景雲3（767）年。岡山県の古代史の中では、吉備真備と並んで著名人である、和気清麻呂や姉の広虫が多く語られた事件でもある。

（思い出）

太平洋戦争中の皇国史観の歴史教育の中で、国民学校と呼ばれていた小学校の生徒だった筆者などは、宇佐八幡宮からの、「道鏡を次の天皇」にと言う神託を、偽と告げた和気清麻呂について、彼はわが国を救った忠臣として、そのことのみ幾度聞かされていたことか。一方では吉備真備は何も語られぬか、時には道鏡政権下にいた真備を、国賊のようないわれ方さえあった。当時の小学校での日本歴史といえば、神武天皇以下歴代天皇の名前を暗記することに始まっていた。戦後74年（今年２０１９年）を迎え、筆者も86歳だというのに、まだ神武天皇から後10代くらいの天皇名は空で言えるような教育だった。女学校へ入試のために、「大東亜戦争」開戦の詔書を暗記させられたのである。こちらは全く覚えていないが。

脱線ついでに記すことだが、私たちが大学生から社会に出た頃といえば、１９５５年前後、大戦終戦より10年近く経ってくると戦後の新教育の中で、新しい日本歴史を求め各地での遺跡調査も進みだした時である。私たちも地方の私立の小博物館（倉敷考古館）に就職していたが、現実には急な発見による場当たり的な、小規模緊急調査に追われることも多い時期だった。そうした時ほど、地元の人々も多く見学に来られる。私たちとの会話もはずんだ。できるだけ分かったことは伝え、今から何年くらい昔の物だとか、弥生時代だとか古墳時代などの言葉の説明もしたものだった。だがその後で幾度聞かれたことか、「それでこれは何天皇の頃ですか」との質問。私たちにはいくら説明しても、こうした質問がなぜ起こるかは、充分に分かるような時代でもあった。私たち自身が、当時和気清麻呂を考える時、戦時中に受けていた子供の時の、まるで皇室にだけの忠臣というイメージが抜けてなく、彼への正当な評価ができにくいことを感じてもいたからである。小学校教育や子供時代の生活記憶や印象は、恐ろしく刷り込まれるものである。

本題の路線に復帰……真備の薨伝に書かれたことではないが、称徳天皇の崩御は『続日本紀』には宝亀元（768）年8月4日で、天皇は53歳とある。またそこには左大臣の藤原永手が、遺宣（天皇の遺言の命令）によるとして白壁王（光仁天皇）を皇太子とした、とある。17日には称徳天皇は陵に埋葬された、とある。

また称徳天皇はこの年の2月より河内の弓削宮（道鏡の出身地に造られた宮殿）に行き体調を崩し、平城に帰還したのだが、以来100日の間は全く動かれず、群臣の誰一人とも逢われなかった。ただ一人吉備朝臣由利のみが天皇の病床に出入りして、ことを伝えた、ともある。

吉備朝臣由利は真備の娘とも妹とも、ただ近親者とだけ記す人もいる。この時は典蔵（後宮の高位女官）従三位であった。彼女は真備が晩年、宮廷で重視された仲麻呂の乱以前から、

天平神護二年十月八日正四位下吉備朝臣由利奉為
天朝奉寫一切經律論疏集傳等一部

資料4　称徳天皇のために発願された経典の一つ「大毘盧那成仏神変加持経」を由利が奉納したことを示した彼女の署名（奈良西大寺蔵）

まだ再度位に就いていない女帝の周辺で、重用されていたのか否かは分からないが、少なくとも『続日本紀』で、真備が右大臣となった日付は、仲麻呂の乱2年後の「天平神護二（766）年十月二十日」、その時由利は既に正四位下であって、同年同月の八日に、「下道朝臣由利奉為天朝……」と署名した経典が、奈良の西大寺に蔵されている（資料4参照）。

ただ彼女は真備の死より1年以上も前の、宝亀5（774）年正月2日に死亡が記されているが、この時は尚蔵三位、後宮女官の最高位であった。しかし死去したことを伝える以外、何の薨伝もない。

女性の宮廷官僚としては最高位であっても、特に薨伝が無いのが普通かどうか、薨伝の有無には、本来男女で差があるのか、女性でも薨伝のある人物もいる。あるいは当時の政治情勢によるものか、女帝の死の床に最後まで侍っており、しかも由利にとっては、最も大切なはずの近親者真備は、藤原永手とは、次代の天皇候補が異なった。こうした中で、永手が偽りの遺宣を出したと伝えるような、世間によく知られた異伝も残る状況である。まさに政権の緊急事態下で、彼女はどのような役を担っていたのだろうか。最も事情を知った人物だったのではなかったか。由利の死亡時の年齢が分からぬことは、彼女が真備の娘か妹か決め難い要素でもあろう。ただ妹とすれば、53歳であった天皇より年上の可能性もある。当時とすれば高齢近くなった天皇の身近に仕えるのであれば、やや若い年齢の方が望ましくもあり、娘だった可能性は強いと思う。

この頃の著名女性の年齢がこうした歴史書にどれだけ記されるものか、何歳くらいまで、働いているか、こうした点も実は知りたいことなのである。恐らく研究はあると思うが、ただ真備が22歳で留学、19年後に帰国して以後の娘であれば、真備に比べ早い死である。しかも真備が引退しても、まだ彼女は、宮廷内で高位の女官のままであったようだ。かつては同じ称徳天皇の身近に仕え、いろいろと行動が伝えられた和気清麻呂の姉・広虫に比べると、吉備の由利は父の名はおろか、具体的な親族関係や行動も、正史ではほとんど語られること無く、ただ女帝の臨終期の席に侍ったことと、彼女の死だけ伝えられていた。表面的には不自然とはいえないとしても、こうした政治的権力中枢部世界での、苦労や恐ろしさも思いやられる。現代人がこの頃の時代をサスペンスドラマにでもすれば、幾通りのストーリーが出来るか……無意味なことも妄想する。

ところで真備の薨伝の中では、真備の辞職と死に関しては次のように記されている。

「宝亀元（770）年に到仕（退職）を申し出た（光仁天皇となる白壁王が皇太子となった時）。なだめられた詔勅で、認められなかったが、（役職の内）中衛大将だけは退任した。（宝亀）二年（771）年再び願い書を出して、骸骨を乞うた（退職を願うこと）。これで許された。薨した時は八十三（他の資料から八十一歳の書き違いとされる）使いを遣わして弔問した」

彼ぐらいの身分であれば、他の人物の薨伝前後には、弔問の使者名とか、供えの品などが記される場合も多いが、ここには何も無い。由利の場合と同じである。真備が生前固辞していたのだろうか。

（乞骸骨）

退職願を「乞骸骨」とするのは、現代人にはすぐに理解できないであろうが、本来は中国の『晏子春秋』外篇上二十とか、『史記』の平津侯伝に由来するようだが、よく知られた話としては『史記』項羽本記の項羽と軍師范増の話であろう。辞書的な知識に過ぎないがこの話は、項羽が劉邦側に騙され、老軍師范増の言を入れなかったので、范増が（自分の）骸骨を賜って平民となり故郷に帰りたい、というのを許した。このため項羽は、名軍師を失い、范増が言ったとおり、劉邦に滅ぼされることになったのだ。しかし、范増も高齢のためすぐ死んだというようなことである。

だが「乞骸骨」という言葉の実態は、退職願のことで通用した言葉のようだ。長く中国で学問を究め名声を得ていた真備にとって、中国での歴史書や教養などとして知っていた言葉ではあろう。

わが国の『続日本紀』の中にも、吉備眞備より以前に他に2箇所で「骸骨を乞う」の文言が見られる。聖武天皇の「神亀五（728）年八月」に、大宝律令選定関係者とされる従五位下安部造大隈が、骸骨を乞うたが許されず、絹や布・綿などの多くを賜っている。淳仁天皇の「天平宝字六（762）年七月」には、散位従三位紀朝臣飯麻呂の薨伝中に、彼は病気で骸骨を乞うて許された、とある。

吉備真備についても、この言葉が使われて不思議は無いが、その文面が、彼の薨伝とほぼ同等の長さで、『続日本紀』という正史の中に記されているのである。彼が生涯を国の文化と政治への貢献を目標に忠実に生きていたと思いながらも、政権内では出自が尊重され、貴族や天皇の意思や行動が先行する政治社会の中で、地方豪族出身に過ぎぬ立場で、道鏡などと共に、自分は右大臣の地位にいる老齢の日々を、真備は如何に過ごしていたか、また次代天皇擁立に対しても、時勢の推移を知る中で、最後に残された自己の主張を表現したとも取れる「乞骸骨」の字句だったようにも思われるのである。その文意には到底及ばないが、以下に私的な解釈をも含め、その書き下しを記しておこう。

「骸骨を請いたく申し上げます。それとなく耳にすることは、任に堪えない力の者が、無理に行うことは、破滅であり、志の低いものが上に立つことは、暗やみであると。自ら省みて、確かにその通りであったと思います。さる天平宝字八年に70歳を終わりました。その年の正月には、退職願を大宰府に提出いたしておりました。ただ朝廷に届かぬ間に、官の命令書が来て、造東大寺長官に任命され、そのため都へまいりましたが、病もあり家に帰り、仕事に就くべきかどうかを考えておりました。そのとき急に兵乱が起こり、急に召されて朝廷に入り、軍務の指揮をしました。兵乱も収まり、軍功が考えられた時、自分のわずかな労力に対し、次々と重要な公職をいただき、退くこともできず数年が過ぎました。身は老い病身で、回復もあり得ません。国政は重要で、いささかも疎かにはできないもの。病のあるこの老体で、長く政治をただし、多くの職を兼ねて天皇の政治を助けるこの立場が、どうして全うできましょうか。自ら省みて恥じ入るばかりであります。天地に身を置く所もない思いです。伏して退職をお願いし、後進の賢者に道を譲り、上には老人を養う徳を願い、下には自分の能力以上を望まぬ心の理解をお願い申します。特に、多くの恩を持って、哀れみくださることを、失礼ながら申し上げます。」

吉備真備はこのような歴史的には多くの行動や業績が知られる著名人ながら、彼自身の正確な自筆の文字も知られず、詩歌らしい文学的な作品も目にしない。彼の「骸骨を乞う」文章はそのまま彼の作文であるのか、編者の手が入ったものか、彼のこの退職願が原文に近いものであれば、その本音というべき意図はどこにあるのか、またこれを正史に組み込んだ編者の意図は……またまた脱線のもとである。

（ひとり言）

過重な労働時間が問題となっている昨今、もし「退職願」の代わりに「乞骸骨」と書かれた書類が提出されたら、現代人はどのような対応をするだろうか？（貴方はこの文字をどのように理解しますか？……）と少々興味本位にインターネットで「乞骸骨」を見て驚いた。とくに関係する印刷物の映像であるが、この文字をタイトルにする本の多いこと。内容は全く知らないが、表紙絵から見た感じでは、この言葉から受けるインパクトからの別のストーリーに思われた。たとえ中国の歴史的物語によるものであっても、現代人もこの文字に特別の意味を感ずる人が多いようだ。

ただその中に、岡山文庫シリーズ２１０『吉備真備の世界』（２００１年出版）真備町在住の中山薫氏著もあった。表紙は吉備寺提供の吉備真備の立ち姿の絵画。内容では、吉備真備の生涯や業績などを紹介しているが、「乞骸骨」の特別な紹介でもあったかと、改めてページを繰ったが、この文字は特に目には付かなかった。真備退職時に関しては、一般的な解説だけだった。この本では、各時代における吉備真備に対する評価とともに、真備自身が真備町誕生ではないとの主張が中心のようであり、故郷との関係は薄かったように記されている。

吉備真備の薨伝には、もちろん退職後から死に至るまでの真備については何も無い。この間、彼がどこにいて、何を考えていたか……政治の世界には関係なかったということだろう。

吉備朝臣泉は間違いなく真備の息子である。真備死後の『続日本紀』の中で、息子吉備朝臣泉に対する文章はかなりある。しかもそれらは、繰り返しての厳しい評価であった。あるいは当人の性格もあったかもしれないが、むしろ奈良時代も末の当時の官僚機構の中で、多くの官僚たちの鬱積していく気持ちが、地方豪族に過ぎぬと思われていた吉備朝臣家の高官の、若い2代目に対する、嫉妬の表現でもあろうかとも思われた。また一方では親の偉さの重圧で、生涯を苦しんだ息子の姿をも思わせるものである。真備はこの息子をどのように思っていたのであろうか。現代社会での父と息子の関係とも、思い合わせてよいものなのかどうか……。

なおこのような感覚的に真備周辺の人物を問題にするのであれば、真備の母についての問題も看過できないことである。江戸時代以来知られた、真備の母「**楊貴氏の墓誌**」とされた資料とは何であろうか。現在実物は紛失し、一方でかなりの数の残された拓本がある。古くはこれによって、真備の母や出生地も間違いないことのように語られていたが、近年では、現物の無いこの墓誌は、基本的資料としては扱われていない。むしろ偽物扱いである。この点は後で、別項目として取り上げている。多くの問題があるものである。

ところで周知のとおり、多くの経緯の後に次の天皇となった白壁王は、天武・持統系の皇親族でなく、天智天皇の皇子志紀（貴）親王の第6子である。この白壁王の妃は聖武天皇の娘井上皇女であった。彼女の母は藤原系でない女性（県犬飼広刀自）ではあったが、かつての女帝の姉妹である。この皇女を妃としていたことから、熾烈な皇位継承争いの中で、「……人はあれこれ疑われ、罪されて廃せられた者が多かった。天皇（光仁）は、思わぬ災いのかかることを考えて、大酒して酔っ払うなどし、災いを免れていたのは度々だった……」と、その時代を生き抜いたことが『続日本紀』に記されている。この争いの激しさは先に言ったことだが、資料3を参照していただきたい。白壁王は即位の時、年はすでに62歳であった。次代の桓武天皇即位までにも、まだ皇位継承の悲劇は続く。今回それには触れていないが。

2、母夫人の登場　骨蔵器の発見

「母夫人」にとっては、孫の吉備真備の話が長かった。彼については奈良の都を中心にした政治的な動きばかりが目に付く記述で、むしろ吉備の国での動向とは無関係の話ばかりに思われたかもしれない。しかし中央官僚として、極めて優秀であったと思われた吉備真備は、むしろその学識や智力のある実践力で、中央での政治からは遠ざけられていたとも思われる状況だったといえた。晩年の状況も彼の意図を離れた世界だったようだ。長い留学の時期も含め、遣唐使の一員としての中国での働き、大宰府という対外交渉の地での仕事が主要な状況の方が、彼としては生きがいのあった時期にさえ思える。

こうした彼の誕生には、偶然の天才の誕生だけでなく、それを生み出す環境のあったことは否めないであろう。その祖母が誰であったかも、決して無縁であったとは思われない。ここから改めて本題の「母夫人」と銘打った骨蔵器から見ていきたい。

驚きの火葬と則天文字

母夫人の骨蔵器に関しては、岡山県下に限らず、吉備真備と同様に何を今更、といわれるような著名な遺物である。既に江戸時代から多くの学者による研究があり、さまざまな書物に紹介や引用もされてきた。骨蔵器の姿・形を思い浮かべ、刻字されていた文字の内容をも記憶している人も多いのではなかろうか。それは既に都として、政治・文化の中心を確立していた飛鳥や奈良からは遠い吉備地方で、火葬開始早々に、出土した火葬骨壷ということもその一つであっただろう。

火葬は文献上では、文武天皇4（700）年の僧道昭に始まり、天皇の火葬は持統天皇が最初である。薄葬を命じて死去し持統天皇は、死より1年後の大宝3（703）年1月に火葬が行われ、夫天武天皇の山稜に合葬されたのである。こうしたことから見て、祖母の火葬骨蔵器の紀年銘は和銅元（708）年でわずか5年の後に過ぎない。それも立派な銅製骨蔵器を作ってのことである。

またその骨蔵器に刻まれた文字の中には、唐の則天武后（在位は690~705年、彼女は高宗の皇后であったが、高宗死後に自分の息子2人を次々に皇帝にするが、それを廃し、自ら即位し、中国では唯一の女帝となった。国号も周と改めた）によって製作されたとする文字の一つ、「圀（国）」のような則天文字が使用されていたのである。しかもこの文字は則天武后が死ぬと直ちに使われなくなったようだ。

だが優れた唐文化には、則天文字で書かれた書物などもあり、遣唐使などによってわが国へは、やっともたらされたという時期である。奈良時代ともなれば、片田舎と思われている吉備地方で、和銅元年７０８年の年号を記した骨蔵器に見た則天文字が、学者を驚かしたのは事実である。

現代の私たちがこの真備の父の名に使われた「圀」文字を見ても、当たり前に「くに」と読んで驚かないのは、恐らく徳川光圀のおかげであろう。若い人はこの光圀さんもあまり知らないようだが。なぜ徳川光圀にこの圀字が使われたのかは知らないが、江戸時代ではこの文字は、通例の国字との大きな意味の違いも無く、むしろ珍しさで使用されたかもしれないが、どれほど一般的に流通していたかどうかは知らない。現代では「国」の代わりにわざわざ「圀」字は使わないし、もちろん常用漢字でもない。だが一応は知られている文字といえるだろう。これから話を進める中では、かなり重要な意味を持つ則天文字関係のことを、蛇足に見えるかもしれないが、ここらで少し詳しく触れておきたい。

則天文字とわが国

先に概要は述べたように中国唐時代に、高宗（在位６４３〜６８３年）の晩年から、夫に代わって政治を行っていた則天武后（武照）は、高宗56歳での死の時は、彼女はすでに61歳だったという。そのとき以後15年間に作字制定され、中国では使用がかなり厳しく命じられていた文字が、わが国では則天文字と呼ばれている。

彼女は、唐を建国した高祖李渕が挙兵した時に（中国の元号・武徳６（６２３）年）、それを助けて建国に功績があった武氏の娘であり、名前は照。唐が全国統一し初代皇帝として太宗が立ち改元して貞観元（６２７）年となった。この時彼女は5歳だったようだ。わが国でいえば、隋に使いを送った聖徳太子は既に5年前に死去し、推古天皇35年の時である。後に武照の夫となる高宗は、この翌年に生まれたようだ。

彼女は14歳で太宗の後宮に入ったが、27歳で太宗が死。他の後宮の女官と共に寺に入っていたが、30歳で、高宗に召されて再度宮廷に帰る。実は既に25歳の時に太宗が高宗に彼女を与えていたという。その後高宗の皇后を廃止、彼女が皇后となった。彼女についてはいろいろと逸話が語られている。以来則天武后となった彼女が、政治の実権を握っていたといわれている。高宗の死後は、自分の息子2人を次々と皇帝とするが、これらをすぐ廃し、自ら皇帝となって国号も「周」と変え、中国唯一の女帝となったのである。この時以来、則天文字も制定された。

なおこれからの記述内容は、次の文献に負うところが多い。詳しくは、それらを参照にされたい。

（蔵中進著『則天文字の研究』翰林書房（１９９５年11月）。またわが国で遺跡出土の則天文字など含む文字資料については、平川南著「墨書土器とその字形」『国立歴史民族博物館研究報告　第35集』（１９９１・11）など。）

実は、先に示した則天武后は、その生死の時期さえ、諸説があるようで、彼女制定の文字に関しても、詳しく見ればなお充分に分かっていないことも多いようだ。だが基本は17文字とされる。これも一時期に全てが制定されたものではない。彼女は元号改元に特別な意味を持って執着したらしく、15年の在位中に18回も改元している。その時に元号に使用した文字を、則天文字に変更したものもある。

資料５　則天文字と成立時期（『則天文字の研究』参考に作成）

最初定めたのは12文字だったとされる。自分の名前の照も入れて「照・天・地・日・月・星・君・臣・年・正・載・初」だったようだ。「載初」はこの時（６８９

年）改元した元号の文字である。「照」は、自分の名前を勅書に署名のためであろうか。この文字は当人の署名以外には、あまり使用されていないということである。

その他の文字については、見て分かるように天地空間の存在と君臣の序列を意識した文字の改訂といわれる。彼女は文字自体に特殊な力を感じていたようで、改元の多さもそのためだろうといわれる。後には最初変更の文字が、再び変更されたものもある。

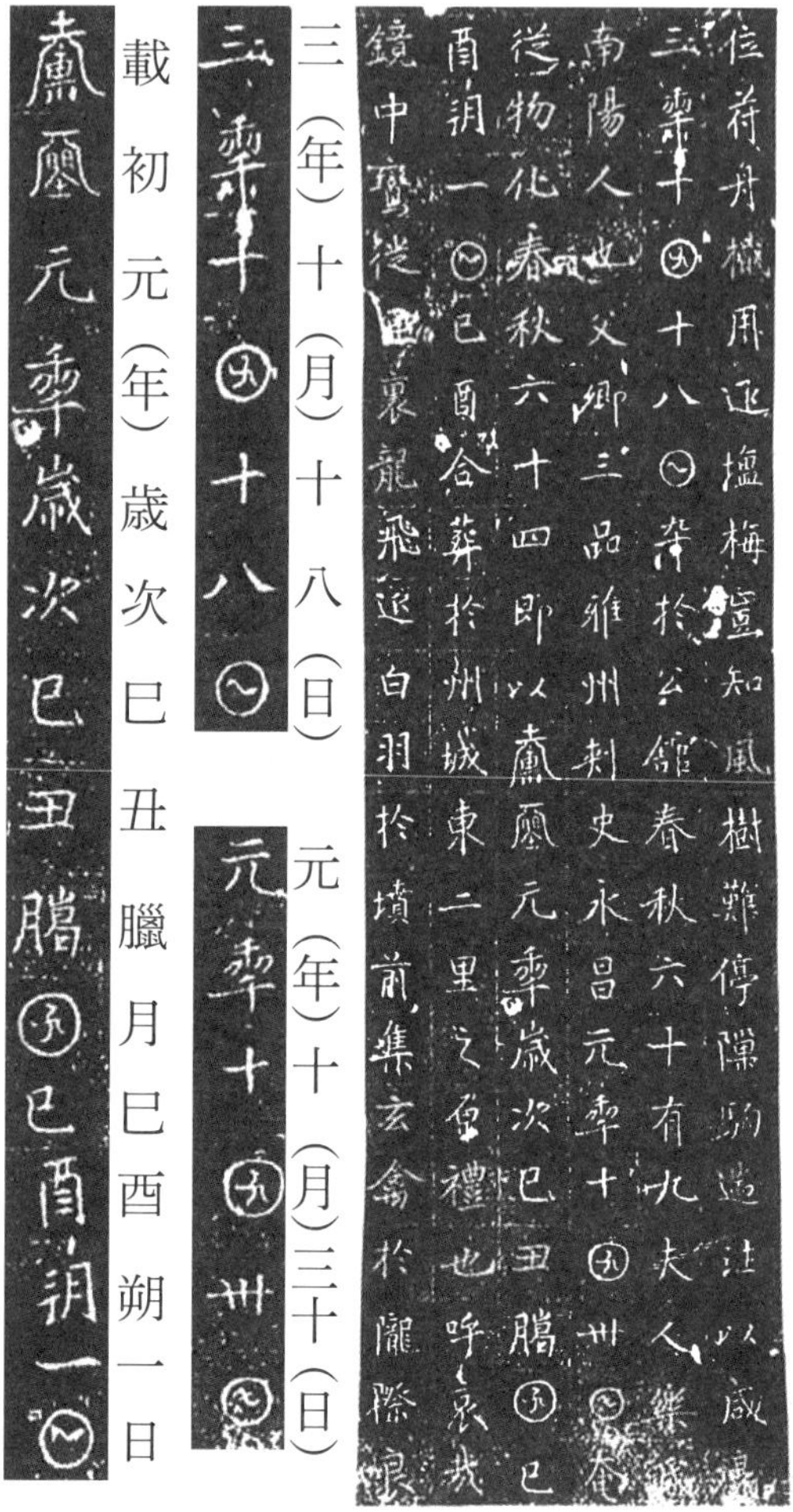

資料6　陳平墓誌部分
載初元年（690）臘（12）月
則天文字（　）内制定1ヵ月後葬の墓誌（蔵中進『則天文字の研究』より作成）

「授」字の変更も、載初年の翌年に改元された「天授」に伴うという。元号を「証聖」とした時（694年）この2字も変更されている。この頃「圀」も加わるらしい。この字最初は「國」字の方形囲いの中を、「或」、でなく彼女の姓の「武」にしたという。これは、まるで武氏が囚われているといわれ、「八方」にしたという。しかし彼女の最後は、やはり宮殿で囚われの身になったといわれた。則天武后が最後には、息子の中宗によって幽閉されたこと（705年、神竜元年1月、中宗復位）は、よく知られているだろう。死（同年11月死去、83歳）後は夫高宗の墓・乾陵に合葬されている。

「人」字は「一生」を縦にくっつけて一字にした文字に変更された。これは697年に聖暦と改元された時に変更されている。人の一生ということか、最後の則天文字だといわれる。彼女も既に75歳、自分の一生を考え出したのか？　このとき以前定めた〇の中に逆卍を入れた「月」字を変更して、右辺の無い方形の中に「出」字を入れた文字に変えている（蔵中本参考に作成した資料5参照）。

こうした文字の使用を厳しく命じていたのか、則天武后在位中の写本とか、石碑や墓誌などには多く使用されているようだ。こうした時期の資料では年代不明のものでも、これら制定された文字の使われ方で、時代の推定ができる便もあるようだ（中国碑文拓本部分資料6・9等参考）。

資料5に例示した則天文字と、現代の文字との対比表は、多くの学恩を受けた蔵中進氏の著述『則天文字の研究』から作成したものだが、概略のものであることはお断りしておかねばならない。研究者によりいろいろ異なる意見もある。

則天文字使用例

正倉院の蔵本である『王勃《おうぼつ》詩序』がよく知られている。これは大宝期の遣唐使によって持ち帰られたものとされるが、王勃は、唐初の詩人として著名で、わが国の『懐風藻』にも影響を及ぼしたとされている。現在は残簡だがその中には、則天文字が使用されており、原本には恐らく則天文字は全てに使用されていただろう。遣唐使が持ち帰った中国の本は、則天武后の最晩年頃の中国での写本と考えられている。わが国に持ち帰ると直ちに写本が作られているが、それが慶雲4（707）年書写として正倉院蔵本となっているようである

資料7　則天文字の実例
蔵中進『則天文字の研究』中頁95より

（資料8参照）。

この写本中の文字については、多くの書写生で、早急に製作されたことで、既に則天武后が死去した705年より後であり、中国では則天文字の使用も禁じられたことを、使者たちが告げていたことも考えられる。書写生たちが、唐では既にその文字が、使用されなくなったことを知ったことで、彼らがそれぞれ担当した写本部分で、異なった対応をしているらしい。正確に写すものと、書写するものが、面倒な文字を、本来の文字に変換したものも多かったよ

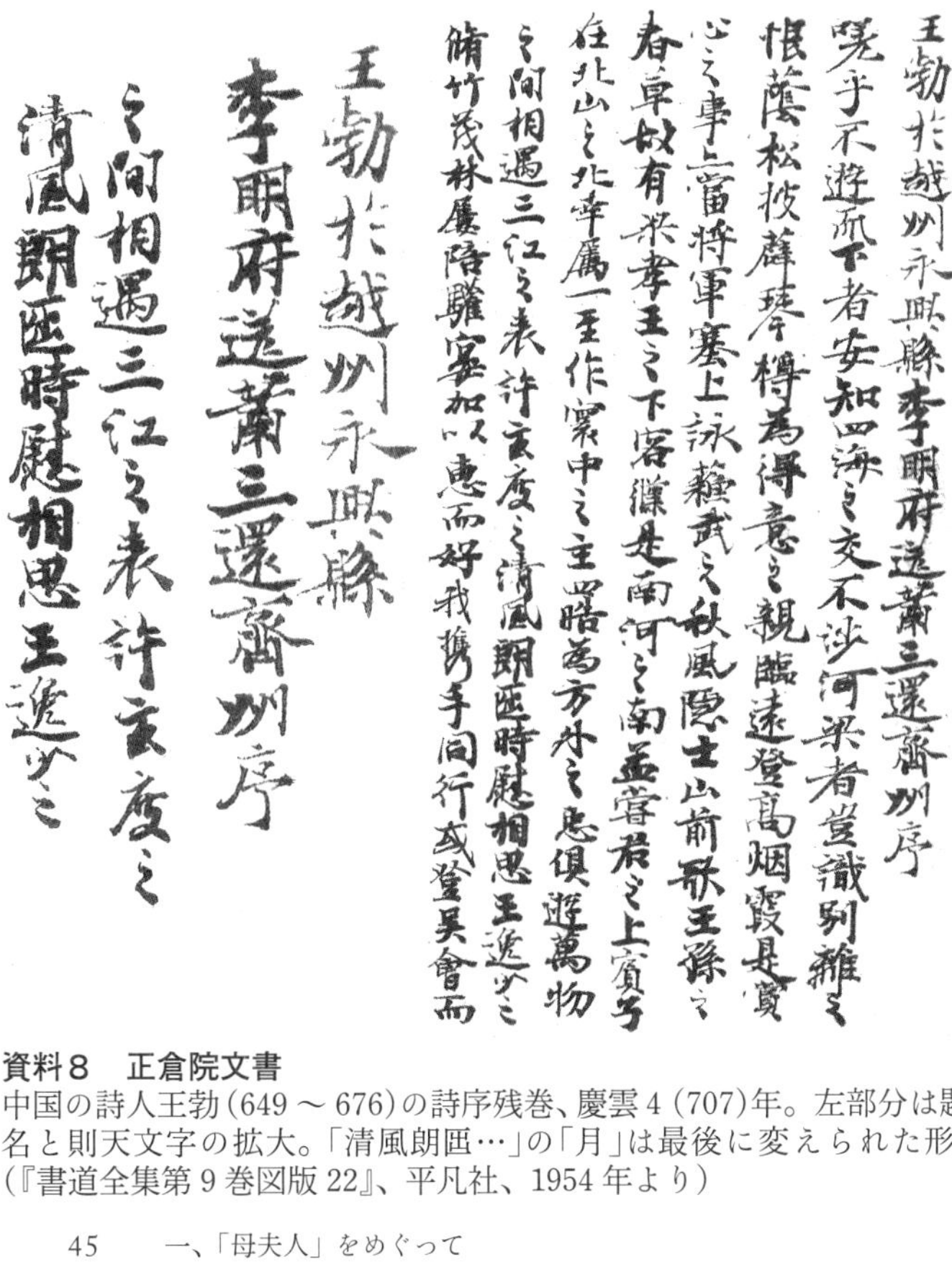

資料８　正倉院文書
中国の詩人王勃（649 ～ 676）の詩序残巻、慶雲 4（707）年。左部分は題名と則天文字の拡大。「清風朗匝…」の「月」は最後に変えられた形。（『書道全集第 9 巻図版 22』、平凡社、1954 年より）

うである。巻によって異なった文字使用対応とされる。ともかくこの写本の中では、則天文字は11文字の使用が判明しているようだ。それは、「天・地・日・月・星・年・人・授・国・載・初」だとされる。

その他、中国からは多くの仏教経典や書物の写本が持ち込まれ、それらの中にも則天文字の含まれるものも多い。しかしそれがどれほど日常のものとして使われたかは、むしろ疑問であった。

真備祖母の骨蔵器のように、日常の生活とはいえないまでも、氏名の文字という、社会生活に関わる文字の中でたちまち使用されていたことは、極めて異例と考えられる。

先に示した正倉院内の文献関係の資料も、確かにわが国内の則天文字資料ではあるが、基本は中国のものであろう。いわゆる飛鳥から奈良時代ともなれば、都の多くの遺跡から、木簡やら墨書や刻字土器類、その他の文字資料の出土は、現在では膨大なものになっている。人名なども極めて多い。こうした文字の専門研究者には及ばないことだが、現物写真の掲載された出版物中の、わずかな管見に過ぎないことだが、人名の中には則天文字は見られないように思えた。しかし遺跡出土の膨大な資料中、どれほどの則天文字があるかについて、2〜3の研究には触れておきたい。皆無ではないのである。

遺跡内出土資料中の則天文字

近年は各地の、古代行政機関である国庁や郡衙、国分寺・尼寺、その他の古代寺院や、各種の工房、あるいは生活跡などと、調査も多岐にわたり、文字資料の出土も多くなっている。

こうした中に則天文字の影響が、いかに見られるかも注目されている。それらは木簡や、墨書や刻字のある土器・瓦・漆紙・器物など、これも多岐にわたっている。しかしここでも、正格に則天文字とい

墓誌文

大周
雍州長安縣弘政郷
游撃將軍王伏生洺
四𠥱(月)十五𡆠(日)身亡也
𤯔𨲦(證聖)元𠡦(年)四𠥱(月)廿
五𡆠(日)景寅朔
孤子思本記之了
神功二𠡦𠙺𠥱(年正月)伍𡆠(日)合葬

資料９　王伏生墓誌（神功２年（698）正月五日葬儀）（武后最晩年だが、「月」はまだ変わっていない）

えるものは、極めて少ないのが実態のようだ。

国庁跡出土として、出雲国庁で土器に墨書された「地」文字、上野国庁でも土器に墨書された「正」字などがあるが、単独に書かれたものであり、しかも正確な時期が分かり難い場合も多い。しかし全体的には、8世紀も後半以降と思われるものが多いようだ。

資料10　出雲国府跡出土。土器底に書かれた則天文字「地」
柱穴出土だが、正確な時期不明。8世紀後半以降とされる。(島根県立八雲立つ風土記の丘写真提供)

集落遺跡出土

先に挙げた平川南氏の論文は、特に東国地方の集落遺跡出土の墨書土器を中心に、検討した状況ではあるが、則天文字をも意識した検討である。ここに示されていた遺跡の一つに、金沢市三小牛ハバ遺跡出土の小皿底に「一生」を縦に続けた「人」字がある。この遺跡は金沢市の南郊外、標高150mばかりの山中にある8世紀半ばの小寺院址で、ここ出土の資料とある。ここでは「三千寺」などの墨書土器も出土している。

千葉県東金市作畑遺跡では、竪穴住居址から平底坏形品の底に「正」の則天文字が墨書された遺物が出土している。同じ住居址から「寺」と書かれた土器や、「弘貫」という人名のある土器も出土している。長野県・下神遺跡でも、山形県・道伝遺跡でも「正」字の出土が示されている。

その他、則天文字の延長上で、特異な文字の出現が、地域の特性を示して多数出土している状況が示されている。しかしこれらは8世紀も後半以降のものが主体のようであり、奈良時代初期の則天文字導入期のことではない。仏教文化が改めて民衆に浸透する中で、呪術的要素の表現という形での使用でもあろう。平安時代への社会変化の問題でもあり、今回は一応除外したい。

ところで、先にも述べたように、わが国で遺跡発見の木簡といえば、当初は国家の行政機関のあった、平城京とか藤原宮などの都であったが、たちまちに、地方の遺跡発見も多くなっていった。中でも静岡県浜松市の伊場遺跡発見などは、平城宮木簡が発見されて間も無い時期、地方での木簡発見で注目を集めた遺跡だった。しかも7世紀末から8世紀初頭という古い木簡の多いことから、注目されてきた遺跡である。

しかしこの遺跡発見のきっかけは、太平洋戦争中アメリカ軍からの艦砲射撃によって出来たという池に、戦後子供が魚を捕りに行って、そこで弥生土器を発見したのがきっかけだったといわれている。しかも一帯は弥生時代に止まらず、各時代の遺跡が広く分布する中心的な地域だったといえる。ＪＲ浜松駅周辺の多くの調査で、古代の駅に関する木簡なども発見されたのである。この地では古代の駅も、現代の駅も大きく位置が違っていないことは、古代も現代も一帯は、物流・文化の中心的な地域だったといえよう。しかしこの遺跡で、古い時期の木簡の中には、則天文字に関する資料は見られないようだ。

しかし浜松における都市の拡大に伴ない、こうした各時期の遺跡発見は周辺にも広がり、ＪＲ東海道本線の浜松駅からすぐ東に当たる、天竜川駅から北西３㎞ばかりの地点で調査された、**浜松市宮竹野際遺跡**からは、多くの墨書や刻書のある土器片が発見されている（「宮竹野際遺跡」静岡県埋蔵文化財研究所２００６年）。集落や水田遺跡と見られる一角の中での発見ではあるが、遺跡全体では、8世紀末から9世紀前半のものが多いようだ。ただこの遺跡では、円面や風字硯、墨書・刻書土器も多く、布目瓦も出土することから、ただの集落跡でなく、郡衙にも関わり、また土馬や手ずくね土器などもあり、何らかの祭祀に関わる遺跡も存在したとも思われる状況である。

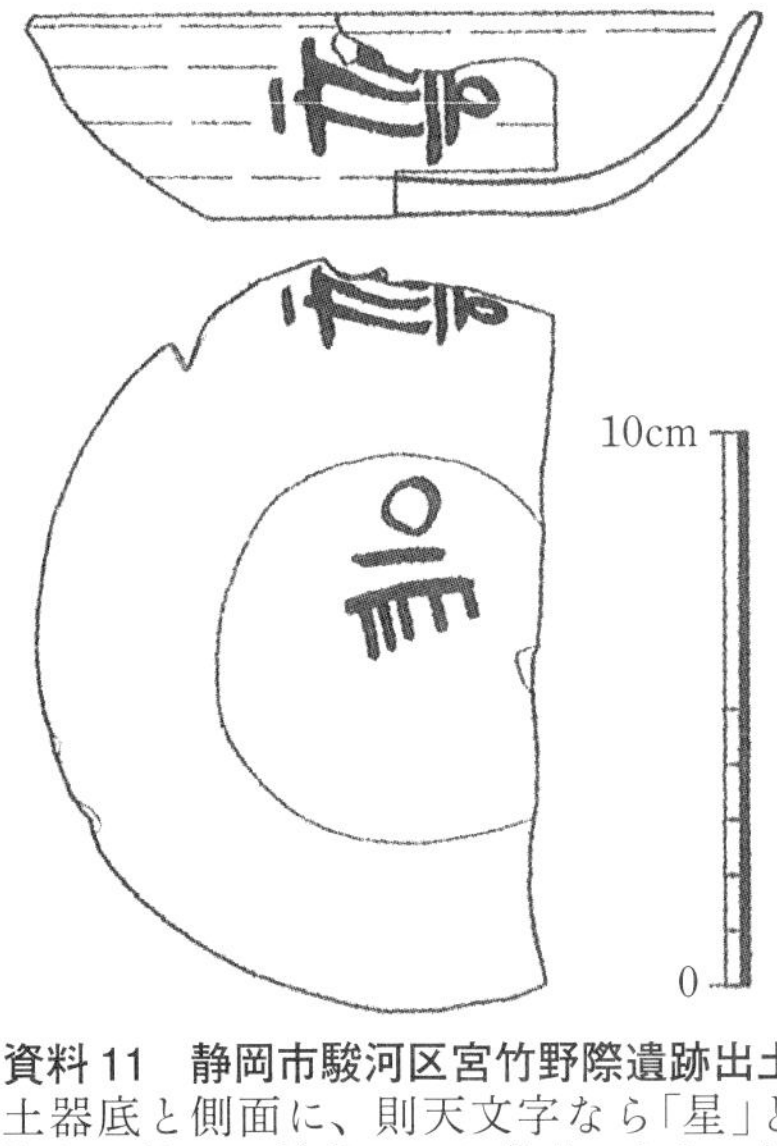

資料11　静岡市駿河区宮竹野際遺跡出土
土器底と側面に、則天文字なら「星」と「天」と読める墨書。ただ変形であり、他の墨書土器も多く、意味は正確ではない。8世紀末〜9世紀。

この遺跡で出土した、則天文字らしい記号を記す土器は、須恵器の坏でやはり、8世紀後半か、9世紀初めと考えられている。土器底部と側面に、ほぼ同じと見られる記号風の墨書があるが、側面のものは横向きである。○の下に横一があり、その下に柵を記号で書いたような図柄(資料11参照)は、一見則天文字の「星」と「天」字だが、その意図は不明。他にも似た傾向の墨書土器片がある。この状況は、東国地方の遺跡でみられた傾向と同様であろう。

こうした現象は、則天文字自体が日常生活の中で使用する文字になったというより、特異な形態が、何かまじないとか祈りのような意図を持つ印となって、官民に関わらず、生活の中に根付いていく社会を示しているようである。

西日本では、先に示した出雲国庁出土の則天文字「地」の墨書土器(資料10参照)があるが、これも時期的には8世紀後半以降とされることから、性格的には呪的な性格のものにも思われる。しかも多くは見られない。特に今回問題のかつての吉備国である、岡山県と広島県東半地域では、陶棺に一字だけ刻まれた文字や、土器や瓦に、刻書・墨書やスタンプ文字も出土しているが、人名や地域名、官職名とか、寺院名などで、則天文字らしい傾向のものは、まだ発見されていないといえよう。

わが国内での則天文字の使用に関しては、以上に示したのが実態ではなかろうか。いずれにしても、こうした特異な文字使用が、わが国では、古代国家もほぼ制度を整え、新文化・思想の導入は国家的な事業とされている中で、文化導入先の国での新文字が、作字以後時を経ずに、いわばわが国の地方の片田舎で、発見されたことが注目されたのである。しかも最新の葬法火葬に伴うものであったことから、学者たちを驚かせたのである。その進取性や文化の高さへの驚きである。しかし一方では、この骨蔵器が奈良時代の吉備真備という著名人と結びつくことで、彼を生んだ地元だから当然だというだけで、地元の実態がどれほど中央の学者や、地元の人々にも明らかにされ、理解されていただろうか。

私たち自身も、わが国の古代史上の話となると、倭の五王時代と称される5世紀頃に、現在天皇陵として指定された巨大古墳を含めても、全国で第4位の巨墳造山古墳を築いている吉備の地について、「天皇陵に指定されている大古墳と同じレベルの古墳を自由に歩きたければ、岡山へ、吉備国へおいでください」などと宣伝し続けておりながら、記紀の世界での人物名と、事件などについては、伝説的要素や推論が多いためつい慎重になっている。そうしたこともあって、とくに古代史上での著名人である、吉備真備やその周辺などとなると、既に多くの人のイメージがあって、周辺の考古学的な遺跡と合わせて語ることは、控えていたといえる。だが今回はあえて推論も含め、少々勝手を書いておきたいのである。

というのも、またもしこの骨蔵器にしても、『続日本紀』がなくて刻まれていた文字だけであったら、吉備真備の祖母の骨蔵器だとは確定できていない。たとえ吉備真備に近しい関係者だろうかと推測されたとしても、ただ下道圀勝と弟の圀依の母の骨蔵器とされているだけであろう。先に述べたように『続日本紀』の真備の薨伝に、彼が「右衛士少尉下道朝臣国勝の子」と記されていたからこそ、そこに納められた骨が、吉備真備の祖母の骨に違いないと認識されたのだ。だが一方では、圀勝の名は息子によってその薨伝に記されているだけで、他の記録は一切無い。共に骨蔵器上に刻されていた、弟圀依の名も他の記録には無い。かつて『六国史』中の『日本書紀』の中では、吉備地方の豪族として、上道某・下道某の個人名はしばしば重要な場面で登場したが、『続日本紀』の世界になったら、その他大勢の中の人名に過ぎないのである。政治・文化の中心は、既に全てが奈良の都であったと理解されているこの時代だが、土中のページからは、時に思わぬ真実が告げられることもある。真備祖母（圀勝・国依母夫人）骨蔵器もその一つと思う。それは既に都だけが中央であって、文化も権力も都が中心とし歴史書が編集されたものだからで、地方の実態解決は、残された遺跡や、さまざまな条件から私たちが探すほかないのである。

誰がこの骨蔵器を作り、銘文を製作し刻ましたのかなど、改めて地元からの目で眺めたいのである。

次に示す真備祖母の骨蔵器の発見やその他の関係史料については、梅原末治の「備中国小田郡に於ける下道氏の墳墓」『考古学雑誌』7巻5号に、古いが詳しい説明がある。主にこれを参考にした。また骨臓器の実態については主に奈良国立文化財研究所飛鳥資料館編『日本古代の墓誌』（1979年8月出版）を参考にした。

（余談ながら）

この梅原論文掲載雑誌は古く、手近で見ることができにくいものである。だが、1930年出版の永山卯三郎著の『岡山県通史』に全文そのまま収録されている。実はこの著者の永山氏は倉敷市の粒江在住だったが、生まれは真備町である。かつての薗村、姓は白神氏。三男であったことから、現在は倉敷市の児島郡粒江村の永山家の養子となったことは、真備町史にも記されている。またこの町史は同氏の多くの記述が活かされた旨が、顕彰されてもいる。永山氏の死後には、膨大な所蔵書籍や資料が倉敷市に寄贈されて、今も倉敷中央図書館で永山文庫として閲覧可能である。私どももこの文庫には多くの恩恵を蒙った。

この文庫中には古い考古雑誌も揃えられており、それもよく利用させていただいた。ただ困ったことには、私どもが見たい部分が時に切り取られている。借り出した方にとっては驚くべきことで、自分に疑いが掛かってはと慌てる。だが実は、永山氏が著書を編集する時、参考文献で必要と思ったら、そのまま原本を切り取って、原稿とされていたのだ。収蔵資料の中にそれらの原稿があれば、そこにそのまま挿入されていた。コピー機も無い時代のこと、永山氏の膨大な著述は、こうして出来上がったのだろう。現在になってみると、手近に原本そのままがあるので助かる。しかし本来の雑誌は、本文欠落になっているものも多いのではなかろうか。もちろん『岡山県通史』には、引用した文献の、著者名も論文題名もそのまま入っているので盗作ではない。ただ掲載誌の名前までは入っていないようだ。

真備祖母骨蔵器の発見地点と出土状況（資料12参照）

発見地は岡山県小田郡矢掛町東三成谷川内で、その場所は、東へ５００～６００ｍ辺りに、倉敷市と２００５（平成17）年に合併した（旧吉備郡）真備町との境界が、南北に通る。町内の方には周知のとおり、きわめて真備町に近接した地点である。遺跡地は北背後の鷲峯山から南西にのびた尾根の一つで、南面した先端近くのやや傾斜が緩くなった斜面辺りとされる。２０１８年7月の大洪水で、岡山県外の人々にも名前が知られたであろう小田川が、足下を西から東に流れており、ここより約10㎞ばかり東方で高梁川と合流している。

今回の水害時には合流点に近い小田川下流域では、６～８ｍは急激に水位が上がったといわれるが、真備町から矢掛町内に入る辺りでも、３・３ｍくらいの水位上昇だったと聞く。この辺りでは主に小田川の南岸沿いで田畑や人家が冠水、より西の地域でも、場所によっては小田川沿いにある、学校や公民館などまでも、1・5〜2mくらい冠水したところもあり、それは古代において笠氏の本拠ともされる、笠岡市北部まで及んでいた。

ともかくも、下道氏墓域周辺地は南からも山丘が迫る最も狭所となっている地点のやや西である。その間を山陽道も東西に通じている。ただ現在の井原鉄道はトンネルで抜けて、備中呉妹《くれせ》駅から三谷駅となり、真備祖母骨蔵器のある『圀勝寺』へはここから行く。トンネルで抜けた出土地とされる地点は道路からの比高は、約40mばかりである。

出土状況については、古記録が数種ある。発見は元禄12（1699）年11月6日とされる。享保12（1727）年に、領主板倉氏が社殿を建て遺骨を納めた地蔵院を国勝寺と改名し、作らした記録が「吉備公太夫人古冢記」である。しかしこれは出土より30年近くも後で、しかも関係者以外の人物により纏められたもの。先に示した、『日本古代の墓誌』や永山氏の『岡山県通史』を参考に、少々独断になるが次のような出土状況を考えてみた。

〔村人の弥六が、雨で崩れて路になった所に丸い平らな石があり、踏むと響くので石を返してみたら、下に壷があり蓋を割ると、中に銅の器があり骨があった。〕

こうした状況が基本のようだ。しかし他にも、〔土中に土瓶があり石灰を詰めてその中に赤銅金瓶があり……〕とか中に白骨と共に、銅佛とか銭が入っていたとか、骨壷の外を囲うものは無かった、などというようなこともある。中には最初の発見者は、骨を捨てて中の仏像

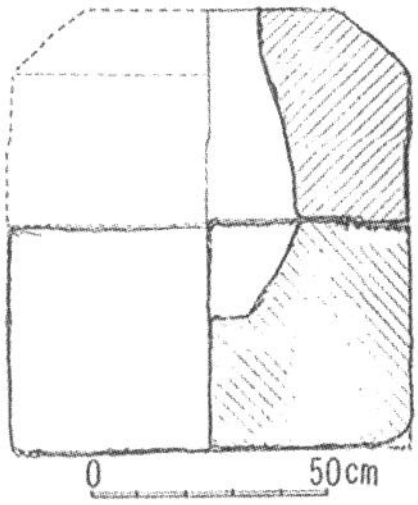

資料 12　吉備真備祖母骨蔵器出土地（下道氏墓地）
道路より比高 30 ～ 40 m の尾根先端、石段最上段近く、石柱の下方付近で 1943 年、塼敷伏甕火葬骨蔵器出土（甕高さ 47㎝）。平坦部が祖母骨蔵器出土地（骨蔵器高さ 23㎝）。奥の石櫃は西下方より運ばれたもの。竜山石製のため時代的には関係資料（全高約 80㎝）。この石櫃との関係は不明。ここの石柱と南の石柱までは約 20 m。

や銭と容器だけ持ち帰っていたというような話もあり、後から他の人物が慌てて骨を集めて領主に届けた、などもある。文字の読めない者の多かった時代である。案外このようなこともあったかもしれないが、伴出品については全く分からない。後に触れることになるが、この地点ではかなり大規模な発掘も行われている。和同開珎1枚が圀勝寺に伝えられているが、いつの出土か真偽もよく分からない。間違いなくこの骨蔵器に伴う構造物や副葬品については、分からないというのが実状である。

現在遺跡地付近に置かれている石櫃状の石材は、一見骨蔵器の外容器的に見えるが、梅原論文で明確に、西側近辺にある「からうす」の地名が残るところから、地元民の手で、現位置に持ち運び込んだものとされている。これについてはまた後に、周辺出土品紹介の時に触れることになるが、筆者も、かつて「からうす」と呼ばれていた地点で、石造物のあったとされる周辺に、案内していただいた。これらは全体としての下道氏墓地の問題として考えるべきものといえよう。

骨蔵器の形態と状況

骨蔵器の形は写真（口絵I参照）にも示したように、丸底の深いボール状胴部で、蓋は傘型の被せ蓋に、まるで傘の先端突起のようなつまみが付く鋳銅製品。蓋には断面が低く盛り上がった複線の紐状突帯２条がめぐり、３段区に区切られている。蓋と胴部の最大径部に当たる両側の位置には、ぞれぞれ径４㎜程度の小孔・枘穴《ほぞ》があり、曲がった釘状の銅製枘が一方にだけ残る。発見者が鍬で、閉じられた蓋をこじ開けたというような話もあるようだが、周辺に激しくこじ開けたような痕は見られないようだ。ただ他方の枘らしいものは残っていない。大きさは次のとおりであるが、これは参考とした本からの引用であって実測ではない。また形状についても、参考文献『日本古代の墓誌』（奈良国立文化財研究所編）の内容と写真によるものが基本であるが、今回改めて圀勝寺で拝見し、簡単な撮影も行った。

全高23・１（㎝）

身高16・５（㎝）同径20・９　口縁厚さ0.5—0.7

胴部から底も全体に0.6程度

重４９４０（g）

資料 13-a　骨蔵器の蓋の表裏
鋳造時の湯回りが悪い部分がつまみの周辺に見られる。

蓋高8.7（cm）蓋径23・7　同厚0.6—0.7　鈕高2・35　鈕最大径2.3　銅製枘径0.2—0.3　蓋重２６５５（g）

蓋・身ともその端部は本来の厚さのままで平坦に作られたもののようである。鈕の周辺には、鋳造時の湯回りが悪いための凹部らしい傷があり（資料13a参照）、最大部では6cm、深さ0・7cm。蓋・身とも全体に鋳造時の「す」が多い。外面には鑢目が残るが、内面は鋳放しの状況らしい。鍍金は見られない。古い出土時の外観は分からないが、現状ではほとんど錆びも無く、多くの人手に触れたためか黒色に近く、光沢まである。発見時より、文字がたいして誤読された状況も無いようなので、かなり保存状況は良好だったのであろう。身の内面底部には漆喰のような骨粉と布痕があり、外面にも布小片が錆に置換して付く。

参考とした本によれば、

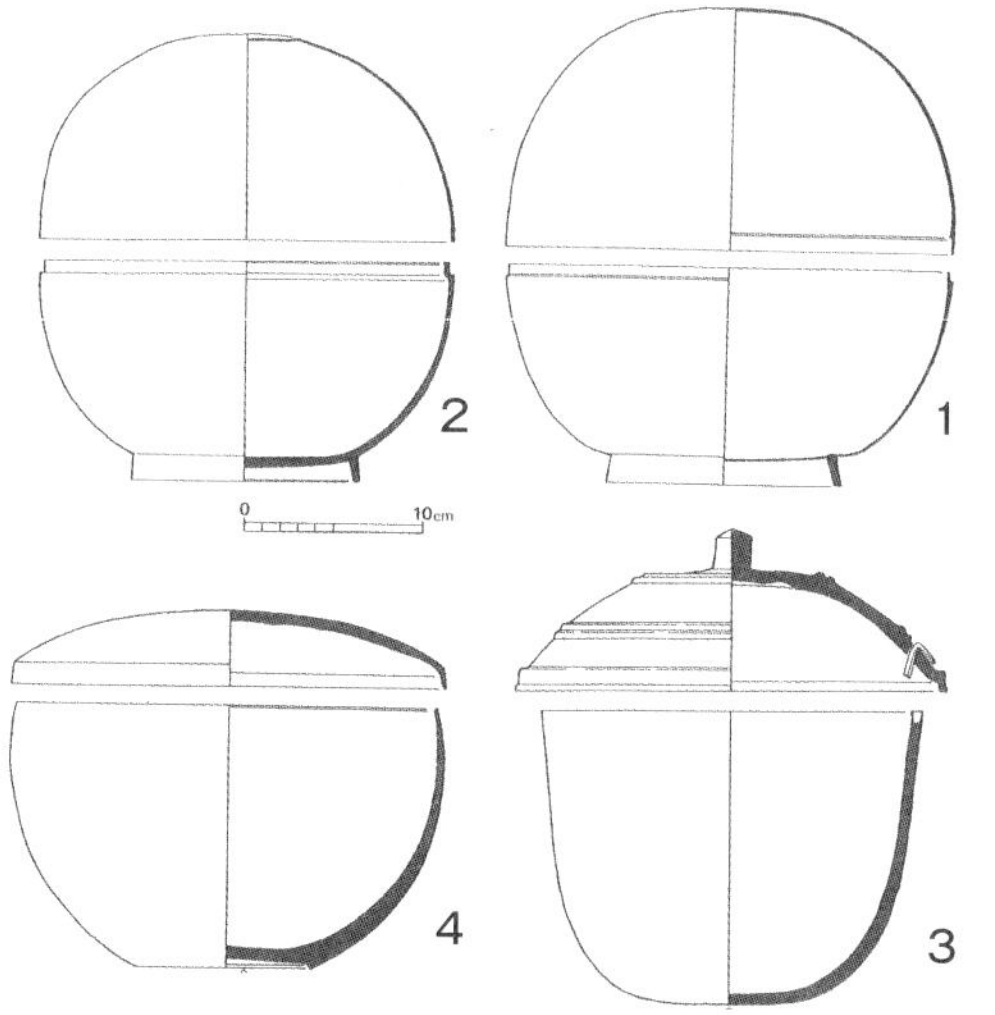

資料 13-b　鋳銅骨蔵器の比較

1．威奈大村骨蔵器　慶雲4（707）年、鋳銅製鍍金たいへん薄い作り、全重2,465g
2．伝佐賀県出土。1に似た作り。無銘である。
3．真備祖母骨蔵器。和銅元（707年）鋳銅製。場回りの悪い部分あり。全重7,595 g
4．伊福吉部特足骨蔵器。和銅3（710）年。鋳銅製。全重7,384 g
『日本古代の墓誌』により作成

骨蔵器自体の形状は、まるで釣鐘などのような感触を与える、とも書かれている。確かに持ち上げると、外観に似ず、たいへん重いのに驚く。こうした点を、後に触れることになる2点の骨蔵器、真備祖母骨蔵器と時期的にも近く、形態も蓋付きの鋳造銅器、著名な威奈大村骨蔵器と伊福吉部徳足比賣骨蔵器と3点その実測図を見比べると（資料13b参照）、大きな違いが分かる。

威奈大村の骨蔵器は、仏具を思わすような薄く瀟洒で、鍍金もあり華麗である。伊福吉部徳足のものも、形は仏具的で洗練された形といえよう。重量は祖母骨蔵器に近いが、真備祖母の骨蔵器は強い独自性を持っており、決して野暮ったいというものではない。少々主観的表現で申し訳ないが、落ち着いた衒《てら》いの無い造形美を示しているともいえる。

こうした点から私的な見解だがこの骨蔵器は、中央での工房作ではないという思いを強くしているのである。

また骨蔵器自体袋か布に包まれていたらしく、内部の骨も袋入りだったとされる。

銘文

蓋の外面は低い突帯で3圏に区切られているが、墓誌に当たる銘文は、中央のつまみに対し時計回りに、中圏と外圏に刻字されており、全てで47文字である。言うまでもないことだが、十一月などは3字に数えている。中圏には「銘」に始まって29文字、「銘」の後に1字分、末尾に2字分の空白があるが、他の文字は等間隔に、蓋の形状に合わせた形で、やや内面に傾く形状の文字が圏に対し縦書きで、圏内全体に配置されている。外圏も同様な文字で中圏の「道」字辺りに「以」を合わせ、全体18字で外圏内をほぼ半周し、蓋と身を閉じる枘穴の位置で、末尾の文字「成」が終わる。文字は外面成形の轆目の上から刻まれており、わずかに文字輪郭にめくれも認められる。

中圏　「銘　下道圀勝弟圀依朝臣右二人母夫人之骨蔵器故知後人明不可移破」

外圏　「以和銅元年歳次戊申十一月廿七日己酉成　　」

これらの墓誌銘で、幾つかの文字について注目されることに触れることになるが、まずは、外圏の最後に刻まれた和銅元年の十一月二七日の干支を「己酉」とするが、実は暦の上では「乙酉」であり、「乙」を「己」に間違えたものだろうとされている。こうした違いは字形の類似によるものではあろうが、原文が間違っていたのか、字を刻んだ者が間違えたのか、その時誰も気付かなかったのであろうか。特に修正しようとした痕跡はないようだ。

書体についての学問的なことは、私たちは全くの素人であるが、制作年代の近い他の墓誌銘と似たものであり、むしろ伸び伸びとした感じさえ与え、文字をよく知っていた人物の手になったと思えるものだ。ただ多少気になったのは、彫られた文字の線彫りに浅い深いがある点や、線をつないだ彫り方のある点だった。参考とした本の中にも、蓋として製作された本体の傾斜面に彫ったことでの現象であろう、むしろ趣のある文字になっている、とある。確かに文字はためらい無く続き、彫ることに躊躇さは認められないものである。これがむしろ闊達な感じになったのかもしれない。

その他、文字自体に関しては、既に触れたように、人名の**国字が囫**になっていることとか干支の違いは、古くから注目されてはいても、今回参考とした文献でも、古くからのこの資料に対する見方や意見の書かれた文献中でも、この墓誌銘に使用された文面中の熟語や文字の示す意味については、何の疑問も示されていなかった。だが実はまだ誰も問題としているとは思えない**「夫人」**と**「銘」**という文字が私どもには気になってきたのである。

「銘」字の方は、私たちも今では普通に銘文などといって、この墓誌の全文を指して用いているが、中国などの墓誌の文面上に「銘」とあったら特別の意味のあることとは承知していた。この吉備真備祖母の骨蔵器上にはこの文字が独立した形であり、私たちの知る普通名詞的なものと同じ理解で良いのであろうか。その使われ方を、考えねばならないのでは、という疑問があったのである。

「夫人」という言葉は、現代人にとってはあまりにも普遍的な言葉である。また私どもも、特に古代の用語専門家が奈良時代の墓誌銘の中で問題にもされぬので、奈良時代においても、現代と同様な用法をする言葉だと思って看過してきた。つまり一定の年齢に達した女性に対して、一応丁寧な呼び名で、特に既婚の女性に使用する場合が多いだろう、という感覚だった。だがそれが当時の実態だったのであろうか。

ともかくもそのためには、資料としては真備祖母骨蔵器と同じ性格の、わが国出土の古代墓誌との比較が重要となる。特に女性である真備祖母を考えるには、わが国では女性の墓誌がどれくらいあるものか、それぞれの女性の立場や地位を検討しなければならない。そのためには、わが国における他の墓誌、中でも主に女性墓誌の概要を知らねばならない。この内容や検討に際しても、奈良国立文化財研究所飛鳥資料館編『日本古代の墓誌』（１９７９年８月出版）に負うところが多いものだった。

3、奈良時代の「夫人」という呼称

真備祖母の骨蔵器に、真備にとっては父であり、叔父である二人の母と記された女性に「夫人」という呼称があった。繰り返すことになるがこの呼称は、成人女性に対し、あるいは結婚した女性に対し、奈良時代の当初頃から現代まで使用された言葉と、思い込んでいたが、『続日本紀』や古代の墓誌銘などに目を通していた際に、あまり出てこないことが多少気になっていた。改めて手近な資料からの実態を以下に示したい。

墓誌銘中の女性呼称

わが国の奈良時代と見てほぼ間違いない墓誌資料といえば、わずか16例に過ぎない。その他伝承や、間接的資料のみ残る状況で、真偽に問題のある例を入れても、20例にも満たぬ状態である。この正確とされる16例の中で、女性が埋葬されているものは、真備祖母も含めわずかに5例である。しかも中の2例は夫婦墓である。こうした数少ない例ではあるが、これは間違いなく、そこに示された年代の頃に彼女たちが呼ばれていた呼称と見てよいだろう。

墓誌の中では（298頁資料46（「我が国出土の墓誌にみる女性呼称」）参照）（その1）

わが国の墓誌全体の中で、最も古い紀年銘のあるのは、**船王後の墓誌**である。これが実は夫婦墓であり、並んで夫の兄弟の墓もある、と書かれた墓誌であった。出土地は大阪府柏原市国分の松岳山山中とされている。この山中には、考古学者で古墳時代を勉強するものにとって、知らないというと、もぐりだといわれても仕方のないような著名な古墳・松岳山古墳のある地でもある。古墳の説明をすると本題から外れるので省略するが、ここ出土の墓誌の主「船氏」が自己の祖先の墓と主張したくもなるような古墳なのである。ともかく船王後の墓誌は、短冊形の薄板銅製鋳造品、表裏に162文字が刻まれていた。

それによると天智7（668）年に、船王後は「……殯葬於松岳山上共婦 安理故能刀自……」とあるように婦（妻）の阿理故能刀自（刀自は女性への呼称）とともに葬られたということで、大兄刀羅古首（長兄のとらこおびと）の墓と並べて、墓を作った……というような内容だった。ここでは妻は「婦」とされ、奥さん的女性としての呼び名「刀自」が使用されている。「夫人」ではない。

だがしばしば参考としていた『日本古代の墓誌』の解説では、「王後の夫人安理故能刀自……」とか、ただ「夫人」とだけで説明が進められていた。現代的に分かりよく説明されたものかもしれないが、筆者などは当時「夫人」の呼称も一般的に「奥さん」的に使用されていたものかと思ったのである。同じ本の真備祖母骨蔵器の説明文中にも、「圀勝夫人は楊貴（八木）氏の出であると……」という書き方があるので、この本の著者は夫人という言葉は現代用語として使用されていたのであろうが、筆者などはこうした説明から古代においても同様に夫人という呼称は多用されていたと思っていた。しかし真備の祖母の「母夫人」の言葉は、少なくとも和銅元年の言葉である。

しかもこの日本の中では、最古の年号のある船王後墓誌について、同じ説明文中には、墓誌中の文字「官位」をめぐって、この時代であれば「冠位」とあるはずだが、「官位」と記すのは、法令が整った8世紀初頭以後に使用されるのが普通で、この墓誌自身は天武朝末期に、船氏が自己の墓域を明らかにするためにこの地に埋置したのでは、という点がこの墓誌では問題となっていたのである。これの今ひとつの傍証として、この墓誌は僧道昭から火葬開始と考えられていたことから、それ以前の年号が記されていたこともあり、土葬に伴ったものかとされている点に対しての疑問もあった。これに対しても、天武朝末から持統朝期には、各法令が整備されだし薄葬令も厳しくなり、従来のような墳丘を持つ墓が造れなくなったことで、自己一族の墓域主張の方法として、船氏が古くからの自己氏族墓域である点を主張するための、古い記録を記した墓誌を作り以前の墓に、後から埋置したのではとも考えられたのである。

埋置時期をこうした国の法令が定まった、7世紀末から8世紀初頭の時代の問題として考えなければならない点は、「夫人」の呼称も同様に思われるのである。この点は他の墓誌などの例を見てから改めて触れよう。

(その2)

船王後の妻もある墓誌の次に古いのは、真備祖母骨蔵器であったが、それに次いで古いのは鳥取県岩美郡で出土の**「伊福吉部徳足比売臣の骨蔵器」**である。これはもちろん女性の個人墓である。この骨蔵器には外部施設として、2枚の長方形でほぼ同形の花崗岩が重ねられ、蓋石の中央に骨蔵器の入る穴が刳り込まれていた。平石を台にした骨壷に、上から被せるという形態だったようだ。骨蔵器は胴部半球形で、やや真ん中を高くした緩い球面を成した浅い被蓋をした鋳銅製品。

蓋の上面に中心を残して放射状に16行108字が刻まれていた。真備祖母骨蔵器より3年後の和銅3(710)年に火葬してその場に葬ったとあるが、死亡は2年前の和銅元年とある。彼女は従七位下の位を与えられて、宮廷で奉仕する女官だったと見てよいだろう。今風にいえば、キャリアウーマンで、当時では、地元の役人であったなら、なかなか得られない位を持っていたのである。彼女は地元での有力豪族の子女で、采女として中央に送られた一人であろう。彼女の呼称は「比賣臣」と記されている。「比賣《ひめ》」は一般的に女性に付けられる呼称だが、ごく一般的には、女性は「賣・女」だけが多いので、「姫・媛」に通じる敬意を込めた呼称といえよう。比賣の後ろに「臣」が付くものは、制度的呼称ではないかもしれないが、官人としての意味を込めたのであろうか。あるいは、彼女個人にだけ「臣」姓が与えられていたのかもしれない。

ただ実際には、彼女が政府内や宮廷内で、どのような仕事が与えられて、幾年働き何歳で死んだのかも分からない。死後3年経って地元で火葬されたように墓誌に記されているので、仮埋葬で骨になって帰送されたものではなかろうか。

7世紀末頃までも、地方においてはなお使用が続けられている古墳や、この頃築造される終末期古墳といわれる古墳では、中型の大きさの棺が増える時期で、郷里から政府とか戦場などに送り出されて出て行った人たちは、外地での死は、骨化した姿の帰葬しかないだろう。それも特別の場合でだけだったと思われる。その場合でも多くは郷里の人々の力で故郷に帰り得たのだろうと思っている。なおこうした古墳からは、火葬骨容器の出土もしばしば見られ、火葬の普及は中央貴族や官僚に限られていないのも実態である。ということは、真備祖母を火葬にしたことは、取り立てて珍しいことではないということなのだ。

思い出せば今から半世紀近く前になるが、私たちが、岡山県下で小形陶棺が横穴式の古墳の中にあって、火葬骨が入っていた例などを報告したが（1964（昭和39）年「火葬骨を蔵した小陶棺二例」『古代学』11・3）、その時多くの同業者は、すぐには地方への早い火葬の普及を、納得しなかったようだ。

（その3）

今ひとつの、夫婦合葬の墓誌は、**「山代真作墓誌」**と呼ばれているが、年号は干支で書かれているだけであった。

実は発見地といえば、1952（昭和27）年、当時は奈良県宇智郡大阿太村東阿太だが（現在は五條市東阿田町、町名は「阿太」ではなく「阿田」である）、そこにある大阿太小学校の床下に捨てられており、同校の教員が拾って世に知られたようだった。当時私たちは大学生時代で、仲間では話題になったのは覚えている。この墓誌は恐らくこの学校の近くでの出土だろうとされた。

この墓誌も鋳銅製板状短冊形で3行に76文字が刻まれている。夫は河内国石川郡石川郷の従六位上山代忌寸真作で、彼は、文武天皇から4代の天皇（文武・元明・元正・聖武）に仕えたとあり、夫の死亡時を戊辰十一月廿五日とする。妻は、京（奈良の藤原京）から移ってきた蚊屋忌寸秋庭で、壬戌六月十四日とあるが最後の3文字が判読不明のため、明らかではないがこれが彼女の死亡時かとも思われる。ともかくこうした位の官人の妻は「妻」と記されている。ただこの両人は共に、渡来系氏の系譜を引いていると考えられる「忌寸」姓の夫婦である。

ただこの墓誌には元号が無い。内容から聖武天皇の時代まで勤めたことで、真作の死は神亀5（728）年だと分かる。妻は元正天皇の養老六（722）年に死亡していたと見られる。この山代忌寸真作の名は正倉院文書の中で「養老五年籍　山代郷戸主従六位上山代位美吉（忌寸）真作　戸口山代位美吉大山年廿四」とあり、戸主である本人の名と共にその時息子大山が24歳ということも判明している。本籍地は墓誌に書かれたように現在の大阪府南河内郡内であるが、しかし墓誌は奈良県で発見されたことで、墓はその地にあったと見られる。国許ではなかったようだ。

現代では仕事で故郷を離れた人で、しかも本来は家の当主であったような人も、故郷に帰らず、長く生活した地に墓所を定める人が多いのは普通のことであろう。古代においては戸籍上ではどのように扱われていたのかは知らないが、あるいは、妻の実家に近い墓か、いつの時代でも、似たようなことが行われていたのであろうと思う。

ただこの墓誌が、小学校の床下に捨てられていた状況が、どのような経過だったのか。いずれにしても1320年余の後世に、発見されたのは幸いだった。それからわずか半世紀ばかり後の現代であったら、あまりにもさまざまなことの多いのが学校である。誰の目にも触れず、そのまま校舎と共に、廃棄されていたかもしれない。

（実はこの点に関し、この原稿を書いて後に現地である五條市を訪れて状況をうかがうと、真実は床下での発見ではなく、生徒がどこからか持ち出して遊んでいたのを先生が見つけ、墓誌と思わずに取り上げて文鎮にしていたが、そのうちに墓誌と判明したのだ。発表は床下発見となったとのこと。正確な出土地はやはり不明らしい。ただ、近くからの出土と考えられて石碑も建てられていた。小学校はすでに移転していた。）

いくら重要人物の関わった貴重な遺物でも、自ら声は出せない。現在生きている人間の誰かが気付き、声を上げるのでなければ……私たちはしっかり気をつけたい。

（その4）

いま一つの女性の墓誌は**「紀吉継墓誌」**だが、これは真作墓誌から見ても、半世紀以上後の延暦3（784）年のものである。他の女性単独の墓誌である事例から見ると80年も後のものになる。現代でいえば先の太平洋戦中と現在というぐらいの時間差であろう。

墓誌の形態も今までのものより大きく変わって、焼き物の直方体・塼（レンガ状か、厚い平瓦状の焼き物）製品である。厚さ12・8㎝、長約25・5㎝、幅約15・5㎝、ほぼ同大・同質の塼を身と蓋としたものである。身と蓋を合わせるとほぼ10㎏近いものである。箱形の枠型品内部に布を貼り、土を詰めて作成したもので、身・蓋ともに表面はへら削りで整形しているが、部分的に布目が残る。とくに上面（文字面は）は、平滑に仕上げられている。本来は灰褐色だったようだが、現在は黒味を帯びて光沢さえある。長辺に平行縦4行に47文字がある。

内容は詳しく年月日が記された後に、『続日本紀』の終わり頃には、しばしば名前の出ている、参議で、従四位下陸奥国按察使兼鎮守府副将軍であった「紀廣純之女吉継墓志」と記されているだけである。

著名な既に故人の父親の娘吉継だと記されただけである。彼女の名前は、現代ほど男女差が名前では分からなくなっている状況でも、多くの人たちはつい男性か、と思うのではなかろうか。当時も現代と同様名前だけでは男女差が付け難いが、古代でも、男性を思わす名前に思われるが確実に「女」である。「女」とは当時は「娘」の意味である。現代のように誰かの彼女の意味だったり、犯罪容疑者にでもなったら、女性が女とされたりするのとは違う「女」という文字そのものの意味まで、時代によって、このようにまで変わるようだ。

また最後に「墓志」と記すが、志には言扁は付かない。他の15例の墓誌の中で、文中に「墓誌銘」と明確に記載しているのは、慶雲4（707）年の威奈大村の骨蔵器に見るだけで他には無い。この威奈大村骨蔵器については、吉備真備祖母骨蔵器説明の時触れたものであるが、銅製鋳造で身と蓋の全形では球形、鍍金された技術的にも優れた骨蔵器とされる。墓誌の文章も中国の当時の事例と比較して最も本格的な銘文とされている。

この大村墓誌とは全く対照的ともいえる紀吉継の墓誌であるが、同形の蓋付直方体という形態だけは、中国の墓誌に似ていたといえよう。だが彼女は、著名な人物の女（娘）だったという事実と、自分の名前のみが分かるだけの墓誌であった。彼女に夫がいたかどうかも、もちろん分からない。

以上わずかな例とはいえ、墓誌の中で見る限り女性に対する呼称の「夫人」が一般的に使用されていたとは、言い得ないようである。当然夫婦であった2例の女性に対して共に使用されていないことが注目される。

石碑文中の女性呼称

墓誌と似た例といえば、地上に建てられた墓塔的な石碑がある。むしろ墓誌は地上の記念碑的なものとか、大形の墓が、禁じられるようになったことから始まったとされる。わが国の古代における石碑も、墓誌同様にたいへん数少ないが、墓誌とほぼ同時代的な石碑については検討しておこう。中でも周知されているのは、群馬県高崎市に三基集中して建てられていた石碑だろう。上野三碑として教科書にも載る著明なものである。

以下の内容は、主に竹内理三編『寧楽遺文』下巻（1962年改訂版）による。

その一つ「**山の上碑**」は、天武天皇10（681）年に「佐野三家定賜健守命孫黒売刀自…

…三児長利僧母為記文也　放光寺僧」というように、僧長利が母のために建てた石碑だったが、その中で母は「黒売刀自」と記されていた。

今ひとつの「**金井沢碑**」は、神亀3（726）年「上野国群馬郡下賛郷高田里三家子孫為七世父母　現在侍家刀自□□君目道刀自　……」これには一族の多くの名前が刻まれている。中でも女性が多く、その名には皆「刀自」が付いていた。

後一つの石碑は「**多胡碑**」は和銅4（711）年、これは多胡郡が新たに設置されたことを知らす内容で、女性名は無い。

上野三碑の二碑中の女性呼称は全て「刀自」だった。


その他の、同時代的な金石文には、「**薬師寺の仏足石記**」もある。仏足石は仏の足跡を石に刻んだとされる物で、仏像製作より古くから仏の象徴として信仰対象とされ、中国を通じわが国に伝えられた。わが国で最古とされているのが、薬師寺の仏足石である。これは由来を示す、正面左側にある長文の後に「……天平勝宝五（753）年……檀主従三位智努王……改王写成文室真人智努……」とあり、背面に「至心発願、為亡夫人従四位下茨田郡王法名良式、敬写釈迦如来神跡、伏願夫人之霊、……」とあった。

こうした例の中では、唯一「夫人」が使用されていた例といえる。ただこの場合は、天武天皇の子である長親王の子、天武天皇の孫でもある智努王が、降下して文室真人智努（後に浄三）となるが、彼が死去した妻のために作ったものであり、妻である女性も茨田女王で皇族従四位下と高位である。夫もかつては皇族で従三位。こうした場合には「夫人」が用いられているのである。

石碑の例も少ない中で、基本的には母とか、家庭内の主要な女性の呼び名は「刀自」だったことを示すように思われたが、薬師寺の仏足石記の場合のような特殊な環境や、人物の場合はこうした夫人という言葉は、国の法律で、宮廷内の女性身分としての「夫人」呼称が定められた後にも、使われていたようにも思われる。この傾向は後に示す、他の資料の場合にも見られるが、皇族とかそれに準ずる階層だけに見られるものといえよう。

金石文ということでは、仏像に刻まれた銘文やその他石造物の銘もあり、充分には検討できないが、正倉院の宝物も対象であろう。その一つ**「聖武天皇詔書銅版」**の中には「……藤原氏先後太政大臣（鎌足・不比等）及皇后先妣従一位橘氏太夫人（三千代）……」などもある。しかもこの中では藤原氏夫人であった光明子は皇后となり、かつて文武天皇の宮子夫人は太皇后藤原氏と記されている。天皇家の中において皇后と夫人に対する呼称の変化が明らかにされている。この変化が、長屋王を廃して後の変化であることは、周知されていることだが。

文献資料の中の夫人

7世紀末頃から8世紀にかけての歴史書・文学書等の中で、名の知られる女性は数多いが、これらは原本が残されているわけでなく、書写されたり、部分が引用された逸文で伝えられたりしたもので、異伝もさまざまあることは周知されている。だが一応参考に、現在問題としている時代で、一般的に目にし得る『古事記』『日本書紀』『続日本紀』『風土記』等の中で見られる「夫人」呼称をも見ておこう。

巻	天皇	后			妃
3	神武	皇后①			
4	綏靖	皇后①	一書①	一書①	（皇太后）
	安寧	皇后①	一書①	一書①	（皇太后）
	懿徳	皇后①	一云①	一云①	（皇太后）
	孝昭	皇后①	一云①	一云①	（皇太后）
	孝安	皇后①	一云①	一云①	（皇太后）
	孝霊	皇后①	一云①	一云①妃②	（皇太后）
	孝元	皇后①	妃②		（皇太后）
	開化	皇后①	妃②		（皇太后）
5	崇神	皇后①	妃②納①	娶②	（皇太后）
6	垂仁	皇后①①	妃⑤		（皇太后）
7	景行	皇后①	妃⑥		
	成務				（皇太后）
8	仲哀	皇后①	妃①	娶①	（皇太后）
9	神功				（皇太后）
10	応神	皇后①	妃⑦		
11	仁徳	皇后①	妃①		（皇太后）
12	履中	皇后①	妃②	嬪②	
	反正		皇夫人①	納①	
13	允恭	皇后①	①		
	安康	皇后①			（皇太后）
14	雄略	皇后①	妃③		
15	清寧				（皇太夫人）
	顕宗	皇后①			
	仁賢	皇后①	①		
16	武烈	皇后①			
17	継体	皇后①	妃⑧		
18	安閑	皇后①	妃③		
	宣化	皇后①	前庶妃①		
19	欽明	皇后①	妃⑤		（皇太后）
20	敏達	皇后①①	夫人②		（皇太后）
21	用明	皇后①	嬪①		
	崇峻		妃①		
22	推古				皇太夫人
23	舒明	皇后①	夫人①	娶①	
24	皇極				皇祖母命
25	孝徳	皇后①	妃②		（皇祖母尊）
26	斉明				皇祖母尊
27	天智	皇后①	嬪④	宮人④大后	皇祖母命
2829	天武	皇后①	妃③	夫人③	娶③
30	持統				

資料14　『日本書紀』の后と妃の表記法
岸俊男「光明立后の史的意義」『日本古代政治史研究』(塙書房、1966年)より

『古事記』『風土記』の中では、天皇・大后等のような呼称が見られ、個人名には命や比賣や嬢などは目に付くが、刀自も夫人も馴染まぬ言葉のようである。

『日本書紀』では国の律令制度が整っていく中で、後宮の制度も整っていったと考えられており、形としては、天皇の正妻を皇后と記し、内親王の妻を妃、それ以外を夫人、嬪と区別しているが、実際には「皇后」の呼称は初代神武天皇以来ほぼ統一して使われているが、「夫人」の文字出現は遅く、多少ばらつきのある使用のされ方である。

こうした点に関しては、夫人呼称を取り上げての論文ではないが、岸俊男氏の著名な論文の一つである「光明立后の史的意義」『ヒストリア』20号1952年10月（再録『日本古代政治史研究』1966、5塙書房）の中で、皇后の政治的地位確立に触れるために『日本書紀』の中で見られる、神武から天武までの、皇后も含めその他天皇と関わる女性の、呼称やその人数を表示した表が示されている（資料14参照）。

この中で「納・娶」などと記される女性は、特に身分を示す呼称が無い場合であり、「宮人」は宮廷内の女性などを指すようである。皇太后・大后・皇太夫人・皇祖母尊などは、先代の皇后や天皇の母方への呼び名でもある。こうした呼び名を検討することで、天皇に対する女性の立場の変化も見えるであろう。ただこの岸論文では「夫人」身分についての特別な検討は無い。

この表中では、古く宋書にある倭五王の一人ともされる反正天皇は、「瑞歯別《みつはわけ》天皇」（熊本県の江田船山古墳出土の大刀銘にある天皇）として知られるが、他の天皇の場合のように皇后の文字は無く、「皇夫人」と書かれ、ルビでは「きさき」とされている。文中でも「夫人」の妹、弟媛を「納《い》」れて、というように書かれ、「夫人」を用いている。しかも『日本書紀』の中では、この天皇の時代はわずか5年間で、記述は極めて少ない。この天皇については、共に仁徳天皇の皇子であった兄の履中天皇即位に大きく関わった話が、履中記に載せられている。

また反正天皇からいえば、4代も後になるが、清寧天皇の場合は、生まれながらに白髪であったとされる天皇であり、皇后も他の女性も無く、母は葛城韓媛だったが、父の雄略天皇に、母は兄と共に館に火をかけられて、殺されている。またこの後では、吉備稚媛と星川皇子の反乱もあり、この時も大蔵と共に焼き殺されたとする時である。この天皇の殺された母が、初めて「皇太夫人」と記されているのである。それまでは、すべて先代の皇后を「皇太后」と記載しているこの辺りでは歴史記述の際の文献史料の違いでもあったのであろうか。

また敏達天皇記になると、皇后を立てた後に二人の「夫人」を立てている。その内の一人は伊勢からの采女と記されている。ここでの使い分けには既に意味があるのかもしれないが明瞭ではない。推古記では「皇太夫人」である。とくに舒明天皇になると、後の天智・天武天皇の母でもあり、自らは皇極・（斉明）女帝となる宝皇女を皇后とし、蘇我嶋大臣（馬子）の娘・法提郎媛を夫人とし、吉備国の蚊屋采女を召しているとある。

こうした少々一貫していない状況は、編集や記述の際、使用資料の違いか、編者の違いも思われる。既に文献史学の詳しい研究があるかもしれないが、何らかの規則性があるようにも見える。変化を意味する意識的表現の可能性も感じられるが、ここでの問題ではない。

現在私たちが手にし得る活字版の『日本書紀』（日本古典文学大系　岩波書店）では、これらの女性呼称の古訓はほぼ、皇后《キサキ》・妃《ミメ》・夫人《オオトジ》としている。（オオトジ）は大刀自であり、刀自は戸の主の女性で、１戸を差配するような女性の意味を持ったもののようであるため、（オオトジ）は敬意を付けた呼び方でもあろう。ただ采女出身者は、明らかに「采女」として区別され、皇后は皇女という性格を確かにしてくる。こうした呼称が後宮で、規則として明確に使われているのは、以前にも触れたことだが、天武記からである。

天武２（６７３）年「二月……正妃を立てて皇后とし……先に皇后の姉太田皇女を召して妃とし……」その後に二人の皇女を妃と記し、その後に「夫人藤原大臣の女氷上郎《イラツメ》……次の夫人氷上郎の弟五百重娘、次の夫人蘇我赤兄大臣の女太蕤娘《オオヌイラツメ》……」この大蕤娘は石川夫人ともいわれたようだ。この３人の後に続く人物には、何の呼称も付かず、「額田姫王……胸形君徳善の女尼子娘……宍人臣大麻呂の女檝《かじ》媛娘……」等の名前のみが記されていた。これが『日本書紀』だった。ここに見られてくるのは、皇后は原則的に皇女であるとすることで、天皇と同等の権威を持ち得るし、妃はその候補者であり得るが、夫人はあくまで皇后と同等に扱われないことを、明確にすることでもあった。

『続日本紀』になると、天武天皇の夫人の一人として記されていた、蘇我赤兄大臣の女太蕤娘は、聖武天皇の神亀元（724）年7月には「夫人正三位石川朝臣太蕤比賣薨……」とある。この時には「夫人」は「ブニン」と読まれ、古訓とされる「オオトジ」ではない。この違いは現代の学者である編者の違いによるもののようだが、編者自身が、このころには後宮女性の身分の官人化を明確に意識してのことのようである。いずれにしても、皇后・夫人共に、国家としての法律で規定されてきたことを意味している。ただ彼女石川夫人は穂積親王の母でもあり、穂積親王は聖武天皇を支える身近な親王でもあったようだ。内親王で無い藤原夫人であった光明子を、皇后とする際の重要人物でもある。石川夫人の葬儀は、公で行われたのであろう、多くの官人が遣わされ、天皇の詔を述べ正二位が贈られ、多くの供物も贈られている。この時期には既に後宮職員令で、夫人の定員は3名と定まっている（これらの点について詳しくは、さきにあげた岸俊男『日本古代政治史研究』塙書房1966年に収録を参照）。

『上宮聖徳法王帝説』（『寧楽遺文下巻　人人伝』）

　この中では、聖徳太子の妻は膳夫人と記されており、大刀自ともある。夫人と記すほうが基本のようだ。ともかく聖徳太子という、当時としては、皇太子の地位でもあり、政治的には最高責任者であった人物の妻に対する呼び名が、文字で書けば「夫人」でも「大刀自」でもどちらでも良かったということであろう。

『家伝　上』（右に同）

鎌足伝の中では母は大伴夫人と記されている。大伴氏であったということだろう。

『家伝　下』（右に同）

藤原武智麻呂伝では、「公有嫡夫人、阿倍大臣外孫、有子二人、其長子曰豊成、其弟曰仲満……」とある。ここでも政治の中枢にいる人物の妻は夫人とされている。

『正倉院文書』の一つであるが、そこには「山城国宇治郡加美郷家地売買券」があり、それには「……以前地賣進旧正三位藤原南夫人家巳記之具録状……」とあり、天平二十年十月十八日の日付がある（『大日本古文書　二』より）。「藤原南」といえば藤原武智麻呂家のはずである。彼女は武智麻呂の娘で、聖武天皇の夫人となったとされ、父武智麻呂が急死した天平9（737）年の7月より、わずか5ヶ月前の2月に無位から正三位になっており、聖武夫人となったのであろう。ここでの夫人は正式な天皇の夫人ということである。ちなみに彼女は、天平20年6月に死亡しているので、正倉院の地券に旧正三位と書かれた人物である。

なお天平時代の政治社会の中で著名な、藤原四家の主である兄弟が、疱瘡で死去したのは、この天平9年の間で、4月に北家の房前、7月13日に京家の麻呂、25日には南家の武智麻呂、

8月には式家の宇合の死であったが、その間も6月は百官の多くが病のため、朝議までが休止されたり、他の高官の死も相次いだりしている。橘家でも、諸兄の弟、橘佐為が死亡している。それ以上に民間での死亡も大変だったことが窺える。

少し話がそれたが、以上のような天皇家と直接関わるような家系の伝記では、公式の妻はかなり多く夫人と称されている。これは先の仏足石銘と共通している。しかしこの呼称、使用は官人扱いされることが次第に普遍化していったという証明は無い。まして中央政権内ではないことで、かなり厳しく限定されているといえよう。

木簡や墨書土器中の夫人呼称

則天文字検討の際に目を通した資料である、木簡や墨書・刻書土器中では「夫人」呼称は見られるであろうか。少なくとも古代における多数発見されてきている木簡の中では、極めて少ないものといえる。

都城出土木簡や墨書土器

飛鳥京遺跡出土として、荷札と思われる小形の木片に書かれた文字に「夫人細　上」、他面は不明の資料があった。橿原考古学研究所による第10次調査（昭和41（１９６６）年度）発見資料と見られるが、明確な時代設定はできない。しかし他の出土品などより7世紀中頃が考えられている。それによりこの夫人は舒明天皇夫人や天武天皇夫人が考えられており、この時には既に、夫人位確定のこととしての話として説明されている（『飛鳥京跡二』奈良県立橿原考古学研究所　昭和55（１９８０）年5月）。

平城宮出土木簡は膨大なものであり、手許で検討し得る資料の中に過ぎないが、取りあえずと『平城宮木簡　一』（奈良国立文化財研究所　史料第五冊　１９６９・11）の索引から、「夫人」文字を探し、唯一つ雑部に入っていた例を見つけて、写真図版で見て笑ってしまった。この木簡、本来は「謹解　川口關務所」とあり他の文字から伊勢に返す人夫のことを書くつもりが、夫人になったのではなかろうか、そのためか、木簡自体が習字木簡になっていたようである。その木簡には借金請求の書式が書かれていたり、万葉仮名で「月夜好み浮かれ」なども書かれていたりする。裏面にも皇・讃・雁……など多くの文字が習字されている。連日役所用文字ばかりの生活の、下級官人の素顔のようだった。

この木簡は遺跡内ではSK８２０土壙と呼ばれているごみ捨て穴発見のもので、木簡は１８４３点も出土している。ほぼ完形に近いのは1割程度ではあるが、その中には夫人は無い。中に含まれた年号は、養老2（718）年から天平19（747）年に及ぶようで、他の遺物出土も多く、平城宮調査では、注目された遺構でもある。

ついこのような余談を書くくらい、平城宮木簡中では「夫人」を見つけるのは困難であった。なお『平城宮木簡　二』（奈文研史料　第八冊　1975、1）で、2798番とする木簡は、上下を欠くが「廣川」「女孺」と並列して「御母」とあるが、詳細はよく分からない。周辺では天平寶字の年号銘を持つ木簡が出土しているが、時代については不明であり、御母についても分からない。

長屋王家木簡

同じ奈良の都でも、平城京となると、奈良時代の政府要人の住宅跡もあるはずである。新元号「令和」が定まった現在から見れば、丁度30年も昔となる、昭和の終わりから平成の始まりにかけてであった1986〜1989年の間、奈良市二条大路南で、奈良文化財研究所によって、発掘調査が行われた。そごうデパートの建設予定地であった。ここから大量の木簡が発見され、「長屋親王」の文字も書かれた木簡が発見された。そこは古代史上では有名な、長屋王事件当事者の邸宅跡と判明したのである。この事件は日本古代史に興味を持つ人であれば、吉備真備以上に周知されていることであろう。

長屋王の経歴といえば、父は天武天皇の第一皇子である高市皇子である。だが父の母は九州宗像のいわば采女出身であった。しかし当時としては日本海上での航行や交易上では、その要といえる豪族の出身者であった。天武・持統による壬申の乱では、中心ともなって働いたのは父の高市皇子である。

天武天皇の死の直後、第三皇子とされていた大津皇子が廃除された事件は、既に以前に述べた。こうした時、第二皇子の草壁皇子の母・持統天皇が位に就いたのである。草壁皇子は皇太子とはなったが皇位に就くこと無く死去したのだった。その後、政治上の責任者である太政大臣として、長屋王の父高市皇子は皇太子ともいえる地位にいた。『日本書紀』持統10年7月10日にこの高市皇子の死が記されているが、その時は後皇子尊と呼ばれ、これは皇太子と同義の意味のようである。

また高市皇子の妻、長屋王の母は、天智天皇の娘の御名部皇女、彼女は持統天皇にとって父方では姉妹だが、母方では、母の妹の娘、つまりは姪というような血縁者でもある。こうした父母の息子である長屋王の妻となったのは吉備皇女であった。吉備皇女といえば、草壁皇子の子供の一人だが、草壁皇子の妻は、後に元明天皇となった天智天皇の娘であった。少々分かりにくい話だが、彼女も持統天皇の姉妹でもあるのだ。つまり長屋王の妻・吉備皇女は、後の文武・元正天皇の姉妹でもあるのだ（資料3参照）。

前置きが長くなったが、この長屋王家跡から発見された木簡には（『平城京木簡1　長屋王家木簡一』奈良国立文化財研究所　1995年　吉川弘文館）、「石河夫人進米一升受池女……」とか「阿倍大刀自米半升……」などと書かれた物もあったのである。

長屋王木簡では、彼について「長屋親王」という言葉から、彼自身が親王の扱いであったことが実例で示されたこととして注目されたのである。当時「親王」とされるのは、数ある皇子の中でも、天皇と内親親王の子である皇子か、その親王の子である孫かとされ、皇位継承権を持つ人物とみなされている者だったようだ。中でも皇太子となれば、当然、天皇となるはずの人物であり、その子には親王の権利があるといえる。　長屋王の場合は父が皇子であっても、祖母は宗像氏という地方の豪族だが、母は内親王であり、父も皇太子と同等の、後皇子尊と呼ばれていたことから、親王と呼ばれたことも当然だったといえよう。

その屋敷跡から、「夫人」と称された木簡が出土したことは、その妻たちも天皇家に準じた扱いであったといえる。長屋王事件の場合「親王」の呼び名はよく問題とされたが、「夫人」の呼び名、また「大刀自」の呼称も、同様に問題とされるもののはずである。これらが、宮廷内で使用される夫人と内容的に同義かどうかは不明ではあるが、同一人物が、夫人とも大刀自とも記されている。これは宮廷に近い貴族社会の中では、夫人とか大刀自の呼称は、ある程度随意に使用されていた可能性はあったとは思われる。しかし一般的な中級官人が、普通に同僚の妻とか、知人の女性に対しての呼称とするような言葉ではなかったといえよう。現に墓誌を作るような、主に中級官僚であって、知識人でもあった人々の間では、使用されていなかったのである。

公の場である平城宮内では、多く木簡の中で、まず目にできなかった「夫人」の文字だった。だが奈良時代もまだ始まりの時期である、長屋王という当時の最高貴族の屋敷では、こうした呼称が通用していたといえる。ともかく聖武天皇に続く皇位を考える時の、極めて有力候補者は、長屋王の多くの妻の中の子供でも、吉備皇女の子息の地位は極めて高いはずである。聖武天皇の父である文武天皇の姉妹で、聖武天皇成人までを、その姉妹の一人も元正天皇として位を継いだ、その女性天皇と仲の良い姉妹だったといわれる吉備皇女を、妃としていた長屋王である。この屋敷跡も、元正天皇のかつての屋敷を吉備皇女が継いだもの、との説もあるようだ。長屋王事件で吉備皇女とその子供たちのすべてが死亡した（もちろん他の死亡者もいたが）ことは何であったかは、周知されているだろう。この屋敷での夫人の文字も、天皇家後宮内での夫人と、同義的だといえるのではなかろうか。

この事件の後、藤原夫人であった光明子は、１歳にも満たぬままで死亡した皇太子の母であるということで、皇后になり得た。長屋王の事件を『続日本紀』の中で追って見れば、神亀6（729）年2月10日に、王が「国家を傾ける左道（邪道）を行っている」との密告があると、ただちに藤原氏は兵を動かし王の家を囲み、12日には王と吉備内親王の一家は死に追いやられたのである。密告の内容は、1歳で死去した皇太子は、その呪いだということのようだ。

事件の後8月5日に元号は「天平」と改元され、10日に、藤原夫人光明子は皇后になったのである。『続日本紀』上には神亀6年は無い。その後9年も後のことではあるが、藤原四家の当主が、疫病で全て急死してしまったことを、世間では長屋王の祟りと伝えたようだ。長屋王事件が誣告であったと、後世の世間は伝えている。これが天平時代の始まりである。

朝鮮半島・中国唐代の夫人呼称

『日本書紀』の中にも周辺国の話としては、「母夫人」の文字は見られた。それは天智記7（678）年10月の条で、唐の大将軍英公が高麗を滅ぼしたという記載の中に、『三国史記』（朝鮮半島の歴史書）を引用して、高麗の建国王が、1000年続くことを願ったら、「母夫人」（王の母とされている彼女は、黄河を支配する神、河伯の娘柳花とされる）が、いくらよく治めても700年までだ。といい、この国が滅びるのは700年で、その末なのだ、とある。

『日本書紀』の完成は、養老4（720）年で、漢文体である。これらの中には中国や朝鮮の古い文献が、しばしば引用され利用されていたことはよく知られているが、先に挙げた「母夫人」の『三国史記』の逸話もその一つである。『日本書紀』の中では200年ばかり古い時期として語られる欽明記7年（550年前後頃）のことについては、朝鮮半島の国々と、わが国との関係がさまざま語られており、ここでは時に、『三国史記』の百済本記にあるとしての引用が多い。この中には高麗が乱れていること、王の死去に際して、高麗には3人の夫人があり、それぞれを正・中・小夫人と表現しその呼称がすべて「オリクク」なのである。正夫人に子は無く、中夫人の子が8歳で王となった。小夫人にも子があり、それぞれの外戚が争い二千余人も死んだ、などの記載である。

天武天皇記になっての3人の夫人には、古訓として「トウジ」とし、朝鮮半島の高麗のこととしては「オリクク」とルビがふられているのは、当時のそれぞれの国の女性の中で、「夫人」という漢語表現に合う女性の立場に当たる者のこととして用いられたと、後世に推測した面もあるだろう。だが少なくとも、わが国で『日本書紀』編集の頃、こうした文字が使用されたことも確かといえよう。それでは漢語表現のもとである中国において、夫人と呼ばれている女性は、どのような立場のものであろうか。その人数はどれくらいの割合だろうか。

中国での実態

中国のことは全くの専門外であるが、たまたま手許に『唐代墓誌彙編』上巻　周紹良編（上海古籍出版社　1992年11月）があった。この本は上・下巻になっておりその内容は、20世紀初頭に洛陽邙山一帯で、数千枚の唐代墓誌が発見されたものを収録している。上巻には武徳（618年）から光化（898年）までの2539点が収録されている。

この中で今、真備祖母の骨蔵器に刻まれていた「圀」の文字で問題としてきた中国唐代の女帝・則天武后時代の「墓誌」も226点含まれる。これは則天武后が息子の王を廃し、直接即位していた10年間ばかりの年号をもつ墓誌だけの数である。しかもこの本に集成されたものに過ぎず、他になお多いと聞く。如何に中国では墓誌が一般的であったかが窺えるだろう。またこの間が、既に問題として実例も示した「則天文字」が使用された時期のはずである。

しかし参考にした書物では、現代使用されている中国文字でこそないが、拓本や本体写真の影印本ではないため、墓誌上に使用された文字そのままではない。ここには則天文字らしい字は一字も印刷されていない。現在使用されている中国文字採用直前まで、かつて普通に使用されていた漢字に変えられたものだった。

先にかなり詳しく則天文字については見てきた。そこで中国の武后時代の墓碑や墓誌の拓本部分を示したが、そこに示さなかったいずれの全文を見ても、「夫人」の文字は数多く見られるというのが実態であった。則天文字は則天武后時代に限られてはいたが、「夫人」文字はその前後の時期共に、何の変わりも無く、数多く使われていた。

中国の墓誌では、題名を記すのが原則であり、その中には、明らかに「夫人」の名前を記す墓誌も多く、文中にも夫人の文字が幾度も現れるものも多い。しかし、わずかに『書道全集』中の資料を見た中だけではあったが、則天文字は、かなり見ることができた中で、「夫人」の「人」が「一生」になっていたのは無く、先に則天文字説明の時述べたように、この文字の中でも「人」字を「一生」と記すのはわずかな期間だけだったためであろう。

この書物に収録の全文はとても検討できないので、ほぼ問題の則天武后時代と見られる26例での資料についてのみだが、しかも長文の物も多く、充分に内容把握はできていないが、その概要は資料15に示した状況である。

表示例から窺えるところでは、表題が男性名で記されている事例が約75%、女性名としたのは表題に「夫人」が付いている人物で判別したに過ぎないが、これが約20%だった。その他の5%は「亡品亡官」とだけあり、これは宮廷の王族か宮廷官人男女のようで、個々人の性別までは分からない。ただこの亡官のかなりの者は、後宮の女性の可能性がある。

また男性名の中で明らかに「夫人」と合葬とされたものが約12%もあり、夫人としての記載は無くとも、内容から妻はいて、子供名があるものは数多く、男性個人名のみは、全体の

則天武后時代の227例 載初～聖暦（690～699）				家族不明	夫婦	夫人不明	小計	計
墓誌題名男性	王族・官人・一般人か中流以上	個人名のみ		33			117	170
		夫人名あり			41			
		子供名あり				19		
		夫人と合葬			22	1 （夫人以外）		
		その他		1（官奴）				
	武人か	個人名のみ		21			53	
		夫人名あり			13			
		子供名あり				15		
		夫人・妻と合葬			3			
		夫人でない女と合葬				1		
墓誌題名女性	夫人名	個人名	夫人	4			7	45
			妻	2				
			公主	1				
		夫・子供名あり			28		38	
		子供名あり				夫不明 5		
		武人の夫と子あり			1			
		夫との合葬			4			
	亡品亡官	個人		12			12	12
計				74	112	41	227	227

資料15　中国　則天武后時代の墓誌実態表

3分の1足らずといえた。

女性名の場合でも夫と合葬例が4例あり、内容から見て女性個人は、わずか7例であった。

また墓誌銘の人物については、当人の業績・身分と共に出身地親族などの状況までも、特に夫人のことを記すものが多く、この場合も、当人同様に出身氏や親族の身分業績までも記され、死者のみでなく、夫人を称える言葉も多いのである。しかし、こうした夫人たちであっても、出身氏や姓は必ず記されているが、個人名が記されているのは半数も無いようであった。

この墓誌で見ていると、「夫人」と記される女性は、氏や姓の示す家と家とで正式に認めて結婚した女性に付く呼称であろう。中国などの男女別姓が今も普通であるのは、男女は長い歴史の中で、性別より常に出身の集団が重視され続けていたためと思われるのである。

墓誌銘には長文のものも多く、充分に解読できていないが、2人の夫人名が記されたものも数例あった。この場合は、同時に「夫人」が2人いたのでなく、一方が早く死亡したと見られる場合である。また文中やタイトル名に「太夫人」という文字もわずか見られたが、これは先代の夫人と思われた。だが「母夫人」の文字は見られなかった。

この資料とした事例は、先に記したように、大量に集中して発見されたもので、唐時代に多人数を埋葬した墓域から出土した遺物という。だが埋葬された人々は、全くの庶民とはいえないだろう。中級官吏やその家族と思われるものがいちばん多いような気がするが、軍人らしいものもかなりある。多少気になったのは、軍人に夫婦合葬例が少ないように見えたが、子供のことは出てくるので、官人と軍人の習慣の違いか、あるいは、軍人には、夫人とする立場の女性が少ないのか、こうした点は正確に調べなければ、よく分からない。

いずれにしても墓誌は広く普及しており、墓誌を作り得る家族であれば、夫婦がほぼ平等に扱われ、夫人の呼称は現代使用されている意味に近く、強いていえば「奥様」的な呼称に思えた。ただ男性の場合は、未婚であっても、一定の地位財力を持った有力人物は墓誌を残しているようだ。しかし女性の場合は、当時の社会通念による結婚はしていないが、有力な地位身分や財産を持つ女性に対する墓誌の有無についてまでは、充分に検討できなかった。「夫人」とのみした個人墓誌であっても、その文中のほとんどに夫のことが記されているのであった。

持統朝以後夫人呼称が示す意味

天武天皇の後は、皇后であり天智天皇の娘であった鸕野讃良《うのささら》皇女が即位し、持統天皇となる。この時、既に幾度か述べたように、『日本書紀』には、夫の天武天皇死後1ヶ月も経たぬ時、大津皇子が反乱を起こしたとのことで捕らえられ、直ちに殺された。24歳であった。彼はたいへん優れた人物で、天智天皇にも可愛がられ、学才もあり文筆にも優れた人物とも書かれ、多くの詩も残していた。彼の妃は彼の母大田皇女にとっても持統天皇にとっても、腹違いの若い妹である山辺皇女で、彼女は夫大津の後を、髪を乱しはだしで追い共に死んだ（この書き方は中国の文献から借用した表現とされ、他の場合でも似た表現が出てくる）。多くの人が嘆き悲しんだ、というように極めて同情的な書き方でこの事件は記されている。

持統天皇にとっては同母の姉で、自分と同じ天武の妃であった大田皇女は、先に吉備の国の大伯（邑久）で皇女を産み、次いで九州の大津で大津皇子を生んでいたはずである。後の持統天皇となる妹の鸕野讃良皇女も草壁皇子を大津宮で生んだと、持統称制前記にある。大津皇子の方はどこで生まれたとも無いが、大津と名付けられているので、九州での大津宮生まれと見てよいと思う。姉が吉備の大伯の海で誕生し、その地名が名前とされていることから見て考えられることだろう。

天武天皇の皇子の誕生順が、史書の上では第一皇子は九州宗像の出身である尼子媛の子・高市皇子、第二を草壁皇子、第三が大津皇子となっているが、実態は草壁と大津二人の出生順は、はっきりしないとも考えられているようだ。ただ壬申の乱として知られる、古代国家として最重要事件ともいえる政治的騒乱時に、夫である後の天武天皇と、終始行動を共にした鸕野讃良皇女・持統天皇の子であった草壁皇子は、父母と行動を共にしている。特に母にとっては、絶対に次の皇位を次ぐべきは草壁皇子とされていたはずであり、むしろ彼は壬申の乱の際、母と共にいなければならない皇子であろう。だが高市皇子もすぐ後を追い、軍の指揮を任される。大津皇子も名前を偽っていたのか、別人と間違われたりしながらも、多くの従者を連れて、鈴鹿関に追ってきて、たいへん喜ばれている。

しかし天武天皇が死亡すると、草壁とは全く同じか、それ以上ともいえる血統を持ち、極めて優れた才能を持って人気のある大津は、草壁の最強のライバルである。ただ母の大田皇女は既に死んでいた。壬申の乱を勝ち抜いた鸕野讃良皇女・持統天皇の、政治的行動力の強さと共に、王権内部の通例ともいえる無情さも、発揮されたと思われる大津皇子反乱と称された事件であった。大津皇子反乱事件に関わったとされた多数の逮捕者は、ほとんどすぐに赦免された。おもな死亡者は大津皇子と妃だけだった。

この時期特に、持統天皇は皇位継承に関して、その順位に、母の出身と皇后の地位重視に、目を向けたものと思う。多くの優秀な皇子がいる中で、母がまず皇女であることを第一とすることで、他の中央だけでなく地方でも実力を有する氏族を、皇位継承においては、下位に位置付けることであり、皇女で皇后となった者、また皇女にも皇位継承権のあることの確立を成文化することでもあっただろう。ただ従来から王権確立が進む中で、この傾向はすでに進んできていた。

だが持統天皇は、自分の父が中心となって進めた、大化の改新と呼ばれた、乙巳の変の後で、実力者であった父が、直ちに天皇とはなり得なかった政治情勢を知っていただろう。また自分の父であった天智天皇が、弟である夫を、次代の天皇と以前から皇太弟と定め、多くの政治を任せていた中で、伊賀国采女の子である若い大友皇子を、次代の天皇にする意向が表れたことで、壬申の乱となった。この騒乱を夫と共に生き抜いたことで、より王権の権威に対する順位を、明文化する必要を感じると共に、目前の最強ライバル大津皇子を葬ったといえる。そうしてここに、次に脅威を与える周辺の豪族や重臣たちからの出身女性を区別すべく、わが国ではあまり馴染みの無い「夫人」位が出現したのではなかろうか。

長々と「夫人」表現について見てきたのは、真備祖母骨蔵器が、その製作された時期の頃、もし奈良の藤原京の周辺であったら、地方豪族に過ぎぬ下道朝臣で、しかもせいぜい中級武人に過ぎぬ圀勝の母に、「母夫人」の文字が使用されるものであろうか……あり得ないだろうということのためだったのである。

4、骨蔵器銘文中の「銘」字とは

最初に述べたように真備祖母骨蔵器の刻字中で、問題の文字として「夫人」と「銘」字を挙げた。「夫人」についての検討が、多岐にわたり長くなってしまったが、それは当たり前に現代の私たちが使っている言葉であっても、使用時期や国別でそれぞれに考慮すべきこと、という常識を忘れてはならないということでもあった。

「銘」字に関しても、同様であろう。現在普通に墓誌や石碑などに刻まれた文章そのものを、私たち自身も「銘」とか「銘文」と呼んできており、何を今更と思われるのは「夫人」呼称と同じだろう。本来「銘」の字は、金属や石・焼物などに刻まれた文字であり文章を指す言葉とされている。ただこの骨蔵器が製作された時期に、この「銘」字が、現在の我々と同じように使用されていたかどうかの問題である。

先に個々の墓誌の文面を取り上げて検討したが、わが国の数少ない墓誌の中では、「銘」の文字を刻むものは、真備祖母骨蔵器の他では、祖母骨蔵器年号の直前の慶雲4（707）年号を持つ「威奈大村骨蔵器」だけである。この骨蔵器の銘文には、最初に題名ともいえる「少納言正五位下威奈卿墓誌銘　并序」の一行がある。ここに「銘」字がある。

この骨蔵器は先にも述べたように蓋と身で球形となる鋳銅製品、底に別鋳の低い高台を付け、表面は鍍金されている。蓋表面に放射状に表題ともで39行に、391文字を刻む。重さは2・5kg、真備祖母骨蔵器も同じ鋳銅製品だが重さは約7・6kgであった。胴径は大村骨蔵器の方が4㎝近くも大きい。いかに真備祖母骨蔵器が、分厚い作りであったか、その違いは大きい。威奈大村の骨蔵器が、いかに精巧に作られた鋳造品であったかが窺える。

ともかくこの威奈大村骨蔵器の銘文形式は、中国唐代の典型的な墓誌形式に完全にのっとっており、文面も手本のコピーといわれる。この時期の中国墓誌銘では、表題として誰々の墓誌としてこれに「銘并序」を付けるのが一般的なものである。ここで「序」とするものは死者の系譜や履歴業績というような、いわば紹介部分を指す。「銘」とするものは死者への賛美や哀悼の意を、韻を踏んだ詩文形態の四字句で示したものである。いわゆる四字名文熟語を連ねたものなのである。大村骨蔵器には系譜など示した「序」の後にこの四字句が、二十続いている。

以上のように、真備祖母骨蔵器以外で、わが国古代の骨蔵器中、「銘」字が見られた唯一の、威奈大村骨蔵器の示した「銘」は、中国の形式通りといえるが、真備祖母骨蔵器には、当時「銘」字の持つ内容は何も無く、ただ当人の名前や死亡年月日とか墓を壊すなという、注意事項だけであった。名前といっても当人ではなく子供たちの名を記しただけであった。わが国には基本的に簡略な墓誌が多いのだが、時に文中に死者を称えるような言葉を持つものもあるが、いずれにも「銘」字などは無い。また威奈大村の墓誌銘のような四字二十句もの長文ではないが、数語句の韻を踏んだ文章を文末に付けているのはある。大村や真備祖母例よりは半世紀以上も後の、天平宝字６（７６２）年の三位石川年足の墓誌だが、これにも「銘」などは付けていない。文中の銘部分も四字熟語五句だけで、いたって簡単である。

こうしたわが国の状況を見る限りでは、中国の墓誌には表題としてまず「銘」文字を持つことから、どのような墓誌にも銘字を付けねばいけない、というくらいの理解から、この文字を日付の頭に入れたのではないかと、思われるのである。

短い真備祖母骨蔵器の文面だが、当然中国での墓誌についての形式を、一応見聞きしたことのある人物でなければ、この「銘」文字は使わない作文だろうということである。

5、天武・持統朝の確立まで

ここで改めて強調しておきたいのは、繰り返しとなることも多いが、左記のことである。船王後墓誌説明中でも、少し詳しく触れたことだったが、天武天皇末年から持統天皇の時期、国の法令が整備されていったことを述べた。これに関わることとして、文献資料中の事例など見てきたのである。すでに述べたように、特に持統天皇がまだ皇后であった時期以後から、その治世中には、後宮における女性たちの身分制が明確になったとされている。天皇の配偶者は、皇女の場合は皇后《きさき》か妃《みめ》とされ、諸王や諸臣の娘の場合は夫人《おほとじ》や嬪などであり、わが国において当時は「夫人」の呼称は後宮での身分表現となっていたのである。

『日本書紀』は持統天皇で終わっているが、先に述べたように、天武天皇の死の直後に、大津皇子が謀反を起こしたとしてすぐ葬られたことが記されていた。その時は既に持統天皇記として記されているが、実際の即位は持統４（６９０）年である。天武天皇が、多くの後継者候補である皇子や弟たちの中で、死ぬまで皇太子を選ぶのに苦慮していただろうとも考えられる（直木孝次郎『持統天皇』吉川弘文館人物叢書41　１９６０・２参照）状況であったことで、皇太子とは記されているが、実質的に草壁皇子の皇太子の地位が確定していなかったともいえる。

その後、一応皇太子と目されていた草壁皇子は健在で、父・天武天皇の陵である大内の陵造営などにも関係し、殯宮にももうでている。持統2年11月4日にはまた殯宮に行き、11日に、天武天皇は大内陵に埋葬されている。こうした中で、草壁皇子は持統3年4月13日に薨とだけ記されているのである。そこには死去の説明も葬儀のことも一切無い。これらの記載の前には、新羅から自ら投化した人物を、下毛野に居住させた。とか、後には新羅から天武天皇の弔問の使いが来たような記事なのである。この頃は渡来人の記述がたいへん多い。しかし最も重要なはずの、皇太子の死については何も記載が無いのだ。

一方で宮廷では、天武天皇にとって実質は長男であり、壬申の乱でも活躍した息子である高市皇子が、持統即位以後は、太政大臣として政務の中心にいたようだ。高市皇子の母親は九州宗像氏出身の采女であり、皇室身分の順位では、8人の息子の最下位に置かれていたとされるが、実質は皇太子の政務だったようだ。

その後持統天皇は、持統11（697）年まで在位するが、その間数日から10日間という程度で、吉野宮に再々訪れている。この地が天武・持統朝の原点であったことは、説明を要しないだろう。ただこの吉野行きは、息抜きだけで思い出の地へ、というのだろうか。皇后であった時代も『日本書紀』の中に「天皇を助け天下を定め……言政事におよび、助け補うこと所多し」とされた持統天皇である。

天皇である。

「後皇子尊」つまりは、後の皇太子と称された高市皇子は、持統10（696）年7月10日に薨去。ここにも何の説明も無い。この翌年の2月に東宮職の任命があり、8月には14歳で皇太子に任命されたばかりの、軽皇太子に持統天皇は譲位したのである。持統天皇にとっては、天皇の位に就き得ぬまま早く死んだ、自分の息子・草壁皇子の息子である、直系の孫の文武天皇である。

文武天皇には皇后はなく、藤原不比等の娘宮子が夫人であった。宮子夫人は大宝元（701）年に首皇子を産む、後の聖武天皇である。聖武即位によって大夫人と称された。しかしあくまで「夫人」である。だが女性としては最高位の女性で、周辺で勝手にこの呼称が使用されたとは思えない。

真備の祖母の死が、骨蔵器の製作時期より多少前であったとしても、作られた時が708年であって、「夫人」の呼び名が、かなり厳密に規定されていたと思われる藤原京周辺で、身分としては下級官僚に近い、下道朝臣一族の代表者とはいえ、圀勝自身が、自分の母を「母夫人」と表現し得たであろうか。

持統天皇の死去の702年に遣唐使が出発しているが、この遣唐使の帰国は慶雲元（704）年である。『続日本書紀』の中には、その時帰国した遣唐大使が、唐国では永淳2（683）年に高宗が死去し、その後、皇太后（則天武后）が位について、国名を大周とした、などを伝えている。この時の遣唐使によって、則天文字の書かれた書物なども伝えられたと思われる。

ここで遣唐使が持ち帰った中国情勢の中には、恐らくその頃中国では驚くほど墓誌が普及していたこともあったかもしれない。その中では、夫人は特に制度として規制される言葉ではない、と受け止め得る実状も伝えたかもしれない。しかしわが国でも国の制度の確立、歴史書などの編集も進められていた時期である。朝鮮半島の『三国史記』などの参考文献から、漢語の「夫人」も既に知識の中にあった中央官僚の中で、持統天皇などの意図もあり、後宮での法規制も既に出来上がっていたともいえよう。天武・持統系を中心とした天皇家の権威確立を目指していた政府としては、中国の墓誌などは大して主要な知識・文化とはされなかったのではなかろうか。

中国などの新文化受け入れに急なわが国でありながら、極めて墓誌製作は少ない。多くの皇族を含む上級貴族や官僚にとっては、死後の自己主張より、現在こそが主張する世界だったのだろう。しかし中・下に固定化されてきた、かつての地方豪族や、かつては中央で活躍した氏族も、また文化を伝えた渡来系氏族出身者などの中では、特に中国の流行や文化に敏感であった文化人が、中国の墓誌を真似たのかもしれない。たとえ中・小クラスの官僚ではあっても、自己の系譜や業績に誇りを持ったものが、古墳築造や石碑など地上で目立つ構造物が禁じられたことで、後世に自己やその一族を伝うべき形として、墓の中に墓誌を残したのではないかと思っている。しかしそれらの中にも「夫人」や「母夫人」は無かった。

真備の祖母はその死亡時から考えて、持統天皇などと同世代を生きていたともいえよう。持統天皇は父である中大兄皇子、後の天智天皇が敢行した大化の改新として知られる、大化元年に誕生し、13歳で大海人皇子の妃（当時は叔父と姪の結婚は普通）となったとされている。その後、『日本書紀』によると、かつてまだ斉明天皇の時代、朝廷挙げて朝鮮半島との争いに対処すべく、瀬戸内の各地の有力地域で、軍備も徴発しながらの船団での九州筑紫の大津宮への移動をしていたと思われる時である。そこには後の天智・天武・持統ともなる皇子・皇女の兄弟姉妹も同行していたと見てよい。

多少本題よりはずれるが、同書には先の95頁でも記したように、このとき吉備の大伯《おおく》（邑久郡）で大伯（大来）皇女が誕生とある。この大伯皇女の弟は、反逆者として誅された大津皇子。この弟の死の後、斎宮であった彼女は伊勢からの帰り、哀しみ痛む歌が『万葉集』に4首ある（『万葉集』１６３〜１６６）。大津皇子は二上山に葬られたようである。

また『備中国風土記』逸文で「邇摩《にま》郷」のこととして、天智天皇が皇太子時代に下道の郡に宿った時、その地がたいへん栄えていたので、軍士を徴集したら、優れた兵2万人が集まったので、たいへん喜んでその郷を「二万の里」と名付けた、というような伝承も残すことになったのであろう。

この時は斉明天皇が、筑紫で崩御したことで、戦を止めたとする。しかし1年の後には大軍で百済に出兵するが、白村江での争いでわが国は大敗し、多くの死傷者を出した。こうした朝鮮半島の情勢によって、その後は遣唐使船などが、朝鮮半島沿いに行く安全な北路も、通れなくなっていったのである。

いずれにしても瀬戸内に面していた地域の人々は、この頃いわば7世紀頃の国家的な事件の前後には、海外への兵役や庸役に徴集されて、命を落とすものも多かったであろう。一方では戦乱を避けて渡来するさまざまな人も多く、また彼我の交流も多くなり、新しい文化に接する機会も多かったはずである。特に白村江の戦いはよく知られ、その実例として『日本霊異記』の中の逸話も知る人は多いと思うが、参考に挙げておこう。

日本霊異記の世界

この『日本霊異記』は、わが国では最初ともいえる仏教説話集で、著者は奈良薬師寺の僧景戒と明記されている。だが、彼自身の生年・没年などは不明である。ただ3巻にわたる多くの逸話から、この本は平安時代も初め嵯峨天皇の弘仁年間（810～823）頃に完成したものだろうとされている（日本文学大系70『日本霊異記』岩波書店　1967年3月参照）。

著者の景戒は市井の僧侶だったこともあったらしく、妻子もいたことでもあり、当時の民間での伝承もよく知り得たとされる。この霊異記の上巻第七話には、広島県の**備後の国三谷郡大領の祖先の話**として、百済を救おうとした戦に遣わされたことが記されている。

その内容では、大領の祖先が無事に帰れたら寺院を建立すると祈り願を立てた。無事であったので、百済人の禅師弘済を請うて共に帰り、この僧によって三谷寺を建立した、とある。『日本霊異記』の主題はその寺建立時の事件として語られているが、ここで話題の三谷寺は、現在は広島県東半、備後の地ではあるが、北部の中国山地の盆地、**三次市の寺町廃寺**に比定されている。

この地域は有数の古墳群集中地域でもあり「みよし風土記の丘」ともなっている。7世紀後半頃のこの寺跡出土の瓦には、軒先の蓮華文を持つ丸瓦の顎に三角の突起を作る水切り瓦が特徴的で、その種瓦の分布から見ても、当時として南北東西での交流地域の中心をなして栄えていたといえよう。こうした地域からの軍勢も徴集されたのである。

なお『日本霊異記』の中には上巻第十七話にも同様に、四国の愛媛県、かつての**伊予の国越知郡の大領の祖先越智直**が、百済を救う時に遣わされたとする話もある。この物語では越智直らは、戦地で唐兵に捕らえられ、8人が同じ島に送られた。そこから力を合わせ、船を造り観音像も作り、それを奉じてその船で無事に筑紫に帰れた。後に申し出て越智郡も新たにつくり、その地に寺を建てて、その観音を祀ってきた。というような話である。

この本が本来仏教説話集で、仏教布教的な内容を強調しているとはいえ、作者の生きた時よりは、せいぜい１５０年ばかり昔のことである。当時の海外での大戦争で多くの肉親を失った話、こうした結果、新たに仏教も広がりをみせ、寺院が建立されたとするような事実は、いろいろな話とともに、長く伝えられていたと見てよいだろう。

だがこうした話の背景には、多くの軍備を課せられ、多くの戦死者を出しながらも、なお寺院建立もできる力を蓄えていた地方豪族の存在、つまりは地方の勢力があったということでもある。

先の**備後三谷寺の話**にしても、禅師が仏像を作るのに必要な金や絵の具を買い付けに、難波へも出かけているのである。その帰りがけに、港で売られていた亀を買って海に放った。それから舟を雇って帰りに、備前のあたりで海賊に襲われ、荷も奪われて自分も海中に放置された。だが、足元の岩が実は亀で、備中まで亀に運ばれた。助けた亀であろう、という話であった。話の結末は、後にこの泥棒が寺に盗品を売りに来て捕まった、ということになるのだが、亀が備中まで僧を運んだとしていることは、備中も備後も海上交通では、一帯的な地域と考えられていたともいえよう。当時は既に各地の交流は盛んで、渡来人の往復も盛んというのが常識での話である。

百済への大掛かりな出兵、白村江での敗戦が、西日本一帯に与えた影響は大きかったと思う。現在の真備町内の小田川沿いだけでも、こうした時期頃建立の寺院跡が、**岡田の金剛寺跡**と古くはいわれていた**岡田廃寺址**や、**八高廃寺祉**、**箭田廃寺祉**（現在の吉備寺地域）と知られている（付記の写真⑭と⑮参照）。この辺りについては後で当時頃の遺跡から、いま少し詳しく述べたいが『日本霊異記』で語られた世界は、真備町一帯でも同様であっただろう。2万の兵を徴集ということの意味は大きい。

となるとこの辺りにも、渡来系の僧侶などのような知識人も、かなりいた可能性は高い。こうしたいわば古くから常識とされていたように、当地方でも火葬や墓誌作成などという新しい文化も当然知られていただろう。ということになるが、出兵をしながらも、寺々を造り得る財力は何であるか、兵役でかなりの地域は疲弊しなかったのか。また渡来人の中で、先の真備祖母の骨蔵器に見た、墓誌文の中の、特異な文字現象の説明ができるのかなどとなると、後は想像というより、妄想になるかもしれない。

7世紀も後半の当時、吉備という地方において、一定の学識もありしかも朝鮮半島の知識だけでなく、中国唐朝の情勢にも詳しいとなると、どのような人物がいたのだろうか。

先に見てきたように百済への出兵により、吉備地方も大きな影響のあったと思われる中では、下道地域にも唐朝の事情などに詳しい渡来人もいたかもしれない。しかしその時、特別に望まれて渡来した人々であれば、何が望まれていたのか?……わが国も大きな変動期である。こうした地で新たに求められるのは、新しい技術導入や生活計画であったり、防衛の知識だったり、それらの精神的拠り所ともいえる、寺院建立の技術のような直接的なもので、文字による学識の需要は、まだ次の段階ではなかったのでは、と思われる時代である。となると、下道の地で、骨蔵器は作り得ても、わが国の他の墓誌銘とはかなり違った銘文を作り得ただろうか。

他の地方では、何の銘文も入らない、骨蔵器とされている銅製品も発見されている。幾度も引用した威奈大村骨蔵器と一回り小さいが、一見、瓜二つともいえる器形の、鋳銅製品である(資料13参照)。精巧さはやや劣るとされるが、精巧なものといえる。東京国立博物館の蔵品となっているが、佐賀県出土とされている(『日本古代の墓誌』参照)。これなどは銘文を入れ得る人物がいなかったのだろうか。他にも各種の骨蔵器が発見されていても、また立派な副葬品を持つものでも、明らかな銘文を持つものは無い。

6、吉備真備祖母の「墓誌銘」作者は誰か

わが国の古代墓誌はわずか16例のみであったが、その中で、最も簡略な系統の真備祖母の墓誌は、その短い文中に、則天文字の「圀」とか「母夫人」「銘」という、当時としてわが国の墓誌に使用は、極めて珍しいといえる3文字を、破綻も無く短い墓誌銘中に書いたのは、一体誰であろうか。

これまで無関係とも思われる奈良時代の墓誌や石碑文、果ては中国唐時代の墓誌までも引き合いにし、長々と記したのも、まずは下道臣の母の墓誌の中の「母夫人」という呼称のためだった。というのもこの言い方が、真備祖母墓誌と前後頃の墓誌文とか碑文などという同じ条件のものには見慣れないという、個人的な疑問でもあった。これが古代の「物」だけを普段は研究対称にしている私たちの、単純な疑問なのか、それとも特別に意味があるのかと、いうことからの出発だったといえる。

私たちの知るわが国の奈良時代の「夫人」といえば、橘夫人であったり、夫人宮子なのである。常識的に見れば真備祖母との身分差とか、社会的知名度の落差の大きさでもある。実はそれだけでなく、後に多くのことを語らねばならなくなる、同じ真備町で、奈良時代の中

で土中から現れた女性を見るときにも、参考となるためでもあった。これは同じ地域における、無位の女性のことである。真備祖母は著名人の孫を持ったとはいえ、孫が著名になったのは、彼女の死後はるか後のことである。にもかかわらず、当時は彼女たちには使用され得ないはずの「夫人」呼称である。当時の常識は、婦とか妻や女であり、比賣や刀自という呼称であった。

後に話題とする女性も、戸籍で見る限りでは、当時の一般的な家族の一人に過ぎない、無名無位の女性である。それにもかかわらず、他に全く例のない、墓地を買ってもらったという証明が、残っていたということである。こうした人物の実態を明らかにしておかねば、吉備下道の実態も分からないと思ったのである。

ともかくも、ここでは真備祖母骨蔵器の銘文は誰が書いたか、ということである。そのことが彼女の実像の一端にもなるだろう。

彼女の骨蔵器自体は、作りから見て、既に記したように吉備地元での製作と考えている。彼女の死の少し前に、持統天皇の崩御があり、都にいた真備の父圀勝にとっては、かけがえの無い大切な母の死ということが、持統女帝の死やその葬儀と重なる思いだったかもしれない。

ここからは全くの想像と思っていただきたい。ただ私たちにとっては、一応合理的な推理の上での想像ではあるが、皆さんも共に異次元世界に遊んでいただきたい。

～異次元世界へ～

―骨蔵器製作は地元・銘文作者は少年真備―

一家（当時の家は大形の家族集団）の長男であった下道朝臣圀勝は、母葬儀のため休暇を取って、息子真備を伴って、故郷へ帰ったのではなかろうか。あるいは母は在京中であったかもしれない。郷土に葬るため火葬骨が持ち帰られたのかもしれない。真備にとっては、初めての父の故郷だったかもしれない。すでに彼は13か14歳になり、都では秀才の噂も高くなっていたであろう年頃である。

吉備の祖母は、かなり度々都を訪れていたか、あるいは多くの期間を都に居住していたのか。小さかった真備にも懐かしい大切な存在だったかもしれない。祖母は故郷にも賢い孫を宣伝した、そうした行動的な下道家の中心となる大刀自（女主人）だったかもしれないのだ。彼女が都で死んで、火葬骨での帰郷か、郷里での火葬であったかは不明だが、骨蔵器の中へは、布袋入りで納められた可能性もある（この火葬骨とされているものは現在も保存されている。一部口絵Ⅰに示す）。

故郷に帰った圀勝は、一家と関係深い、あるいは母の出身氏族であったかもしれない、地元の鉄製武器や日常の鉄製用具も、また銅器製作も手掛ける、有力集団の矢田部氏に頼み、母のために鋳銅製骨蔵器を製作した。母を都での最先端の葬儀で送るために。数年前には、薄葬を主張していた持統天皇は火葬され、金属製の容器に焼骨は納められて、夫である天武天皇の墓に納められた。その後、都周辺では、新秩序を目指す新興氏族などの実力ある官僚などには、新文化仏教思想に伴う火葬も受け入れられていた。圀勝もこうした傾向をよく知っていたことで、母の火葬と骨蔵器製作を意識したのではなかろうか。

地元では弟圀依によって、寺院建立が行われて、人々に仏教思想も浸透しかけた時期でもあっただろう。いわゆる白鳳時代のことである（「白鳳」は日本の正式元号には無い。「大化」の後の「白雉」元号が、より目出度い「白鳳」になったともいわれるが、その期間だけでなく、7世紀後半から8世紀初頭にかけての文化・芸術面での特性によく使用されている）。人々はまだ新文化受容に対して、柔軟性を持っていた時代ともいえよう。

中央の都周辺で製作された、華麗な仏具のような骨蔵器に対し、祖母骨蔵器は、重厚でも一定の落ち着きのある新しい形態の骨蔵器であり、異なった独自的美を持つ青銅製品ともいえる。圀勝・圀依はこれで満足であったかもしれないが、まだ幼いと見られていた13～14歳の真備が、「これには銘が無い」と言ったのでは。

真備はこの故郷へ帰る直前まで、将来唐への留学生となるための、勉学に励んでいたのではなかろうか。都では地方出身の下級官僚に過ぎぬ父、しかも兵衛関係の勤めであれば、基本的には武人であろう。母方がたとえ中央の官人であったとしても、目立つ集団でもなかったかもしれない。ただ文字文化に対しては、多少は恵まれていたかもしれない。

古くからも天才・秀才として名の知られた人物には、幼少期から天稟を示したことは、伝説としてよく伝えられている。現代社会でも13～15歳ばかりの若者の活躍が伝えられるのは、スポーツ界だけではないだろう（つい最近の将棋や碁の世界も思い出す）。真備がまだ少年であっても、こうした中で秀才というか天才というか、その才能と共に努力も重ねていたのではなかろうか。未知の文化に強く引かれる好奇心が最も旺盛な年齢ともいえる。

彼にとっては、つい近年帰国した遣唐使の噂話も、興味の的だってても不思議はない。則天文字も知る機会は逃さなかったかもしれない。わが国ではあまり注意を引かなかった、唐国での墓誌作成にも注目したかもしれない。真備祖母の死の直前の頃に死去した、少納言正五位下威奈大村の鍍金された鋳銅製の見事な骨蔵器に、中国文化に通じた、あるいは中国の名文家として知られた人物の墓誌文章が刻字されたもの、中国での学業を目指す若者は、努力して目にした文面だったかもしれない。

また威奈大村と同年に死去していた、左衛士府の長官で、壬申の乱で功績のあった文祢麻呂は渡来系人物だった。彼の墓誌は短冊形の銅版に、死者の名前と身分に死亡日時を記すだけの簡略なものだった。だが、立派な銅製の箱に納められていた。またその火葬骨は、当時としては最高級品である、緑色のガラス容器に入れられ、それを宝珠つまみを持つ金銅製被せ蓋付きの容器に入れて埋葬されたのである。こうした事実を、新知識探究心の旺盛な少年真備は、衛府に関係していた父を通じ、知っていてもおかしくはない。そこで自分も敬愛していた祖母の骨蔵器に、後世長くその名を残す印が欲しかったのでは、自分が知った墓誌のように、埋葬される人物自身についての説明が欲しかったのではと、勝手に推測するのである。

しかし吉備の地元で、父はもちろん父の弟の叔父も、文字は書け、日常公の場で必要な文章などは、すぐ書けるとしても、墓誌などはどのようなものかも知らない。僧侶がいても、彼らも周辺社会では全く使用されない墓誌などの知識は、持ち合わせなかったのではなかろうか。もし渡来系の僧侶だったとしても、朝鮮半島では墓誌は極めて少ない。当時のわが国の情勢下では、中央の官人たちの中で、既に秀才の噂もある、当主の息子の前では、墓誌などは直ちには思い至らぬものだったのではなかろうか。

このようなことで、結局は少年真備が、自分の学んだ墓誌の知識の中で、印象に残った部分を活かしながら、製品の刻字可能な空白も考えて、あの簡潔な内容の原文を作ったのでは。その中には題名のつもりで「銘」字を入れ、父や叔父の名前には、最新知識の文字「圀」を使い、海外の唐国での本来からいえば、家の女主人である刀自には、全て「夫人」を使用している事実を知っていて、ただ祖母を称えるつもりで使ったのではなかろうか。中国の墓誌の本来ならば、この後には必ず、当人の出身氏名か個人名も記されるはずだが、真備にとっては「ババ」様だけで名前は知らなかったのかもしれない。書く空白も無かったといえる。また祖母の墓地をどこにするかで、多少揉め事もあったことを耳にし、地元の叔父からの願いもあって、墓の移動を禁ずる言葉を入れたのではなかろうか。真備も都で、仲間から都に出仕してきた親たちが、故郷の墓地が放置によって失われていくのを嘆く話を聞くことも多くなっていたのかもしれない。

真備は少年とはいえ、文字の知識やその筆跡は、既に当時の大人に劣らぬものであって、不思議はない。祖母の葬儀は地元民の多くに、改めて真備の才能を強く印象付けたことだったともいえる。

また骨蔵器に文字を刻むことに関しては、既に地元では、鉄や銅による日常品はもちろんだが、武具・馬具類の生産も盛んに行われていたと見てよいだろう。こうした点に関しては、後に遺跡の説明の時、改めて触れたい。いずれにしても、こうした鉄器・銅器などに関しては、当然装飾的加工も施されていただろう。彫金技術の優れた者も少なくなかったと思われる。こうした技術者の中には、既に文字に通じた者もいて、おかしくない時代である。ただ文字を刻む機会は、多かったとは思えない時代でもある。

祖母骨蔵器に刻まれていた文字は、しっかりした良い字と思える。文字の原本は良かったと思うし、彫った人物も文字は読めたと思う。しかし何分にも字を彫った部分は傾斜した面であり、馴れぬことでもあったのだろう。文字の線に細い太の差が多い。また一筆で延ばす線が、複数回で刻まれたものがかなり見られた。この地では、彫金は最も巧いとされていた人物も、こうした対象へ、しかも文字を刻むのは初めてだったのかもしれない。

いずれにしても、真備祖母の骨蔵器は、吉備の地での製作も銘文も、全てにおいて地元の特性が示された特製品だった。そこには中国唐代の文化に夢を馳せていた、少年真備、彼の中では、中央政権内で、「妃と夫人」が何であっても、まだ眼中に無い世代で、自分を愛してくれた祖母に対し、何のこだわりも無く中国の墓誌では当たり前に使用されていた「夫人」呼称を使用し、父や叔父の「母」を夫人と敬愛したのではなかろうか。これが私たちの空想なのである。

参考のため十干十二支を表示した（資料16参照）がそうして今ひとつ、末尾日時の干支が「己酉」は間違いで「乙酉」でなければならない点では、これは単純な間違い、と考えられるのが正当だとは思っている。もし少年だった真備が原本を作っていても、出来上がりの校正まではしない可能性がある。文字が普及していない時代、役所内の記録ならともかく、墓に埋葬するものであり、あまりみんなが細かく文字を気にしなかったというのがこの結果であろうと思う。

ただもし骨蔵器も完成し、その段階で銘文原稿も出来上がっていても、文字を刻むまでに人選に手間取ったか、あるいは葬儀の日が後日と決まっていたら、それまでが偶然にも24日間もあれば、あるいは実際に出来上がった日の干支であったか、あるいは葬儀の日の干支「己

十干			陰陽五行
兄《え》	㊥甲《こう》	きのえ	(陽) き 木 (もく)
弟《おと》	乙《おつ》	きのと	
兄《え》	丙《へい》	ひのえ	(陽) ひ 火 (か)
弟《おと》	丁《てい》	ひのと	
兄《え》	戊《ぼ》	つちのえ	(中間) つち 土 (ど)
弟《おと》	己《き》	つちのと	
兄《え》	庚《こう》	かのえ	(陰) か 金 (ごん)
弟《おと》	辛《しん》	かのと	
兄《え》	壬《じん》	みずのえ	(陰) みず 水 (すい)
弟《おと》	癸《き》	みずのと	

十干十二支(○)を組み合わせ六十で一周(暦では還暦)

十二支		
甲子	ひのえ ね	こう し
乙丑	きのと うし	おつ(い) ちゅう
丙寅	ひのえ とら	へい いん
丁卯	ひのと う	てい ぼう
戊辰	つちのえ たつ	ぼ しん
己巳	つちのと み	き し
庚午	かのえ うま	こう ご
辛未	かのと ひつじ	しん み
壬申	みずのえ さる	じん しん
癸酉	みずのと とり	き ゆう
甲戌	きのえ いぬ	こう じゅつ
乙亥	きのと い	おつ(い) がい

資料16　十干十二支

酉」の文字を、全文を刻んだ人物がわざわざ刻み、最後に「成」と入れたのか……これこそは勝手な思いに過ぎないと思っているのだが、最短で24日間の謎である。

7、6～7世紀頃の祖先たち＝矢田部に関わる古墳や遺跡

以下に続ける内容は、これまでとは全く違った形で、考古学的な遺跡説明が中心になってしまう。それは先に唐突ともいえる形で語った、真備の少年時代の夢物語のような話の中で、母夫人つまり、真備の祖母を、矢田部氏に結びつけていたことについて、説明の必要があるからだ。ここに挿入するのが妥当かどうか、少々疑問ではあったが、後に今回問題とする今一人の女性にも、関係の深いことなので、その前に入れた。また最後には再度真備について触れねばならない問題もあるので、遺跡の中から、いったい下道氏の中の矢田部氏とは何であったのかに注目したのである。

母夫人とされた人物は、白村江の敗北の頃、下道臣の誰かと結婚し、国勝・国依を育てていたはずである。彼女は地元有力者一家の中では、若い「刀自」として地元では、既に一目置かれる存在だったかもしれない。それは彼女の個人的実力もあったであろうが、それだけではないだろう。それが下道氏一族ということだけか、あるいは彼女の実家、いわば出身氏族によるものなのかも分からないが、瀬戸内を往来する中央政府の軍団の中でも知られる存

在だったかもしれない。

百済での敗戦後の防衛活動でも、まだ大軍を海上輸送する技術や、多くの兵や武器の徴集を必要としたことで、真備の父圀勝の中央政府への出仕も行われたとも思われる。この時期は地方の各地に、一定の規模を持つ、横穴式石室を構築した古墳の主の後裔が群在していたといえる。地方の氏族が互いに競い合いながらも、かつては下道国の王者から分流したという意識の元で、対外的には一定の地域全体が一体となって、力を発揮していたともいえる時期だったと思われるのである。

吉備「中の國」地域の特性（資料17・18等参照）

吉備地方といえば、現在の岡山県と広島県東半部を指す広域な地域であったが、現在ではその呼び名も、遠い歴史時代語となって、生活感からは遠い存在であろう。この地域は、現在も多少生きた言葉では、備前・備中・備後・美作地域だが、これも早晩歴史用語だけとなるだろう。残ったのは、吉備団子だけでは寂しい。

この吉備国も、古代の文献の中だけでも、多くの地域名に分かれてくる。古くは吉備上道と下道であったものが、同じ文献の中で、下道であった中の中心的な地域が、「つぅ」「くぼや」「かや」「しもつみち」などそれぞれの地域性を示す名前で呼ばれていた可能性があり、こ

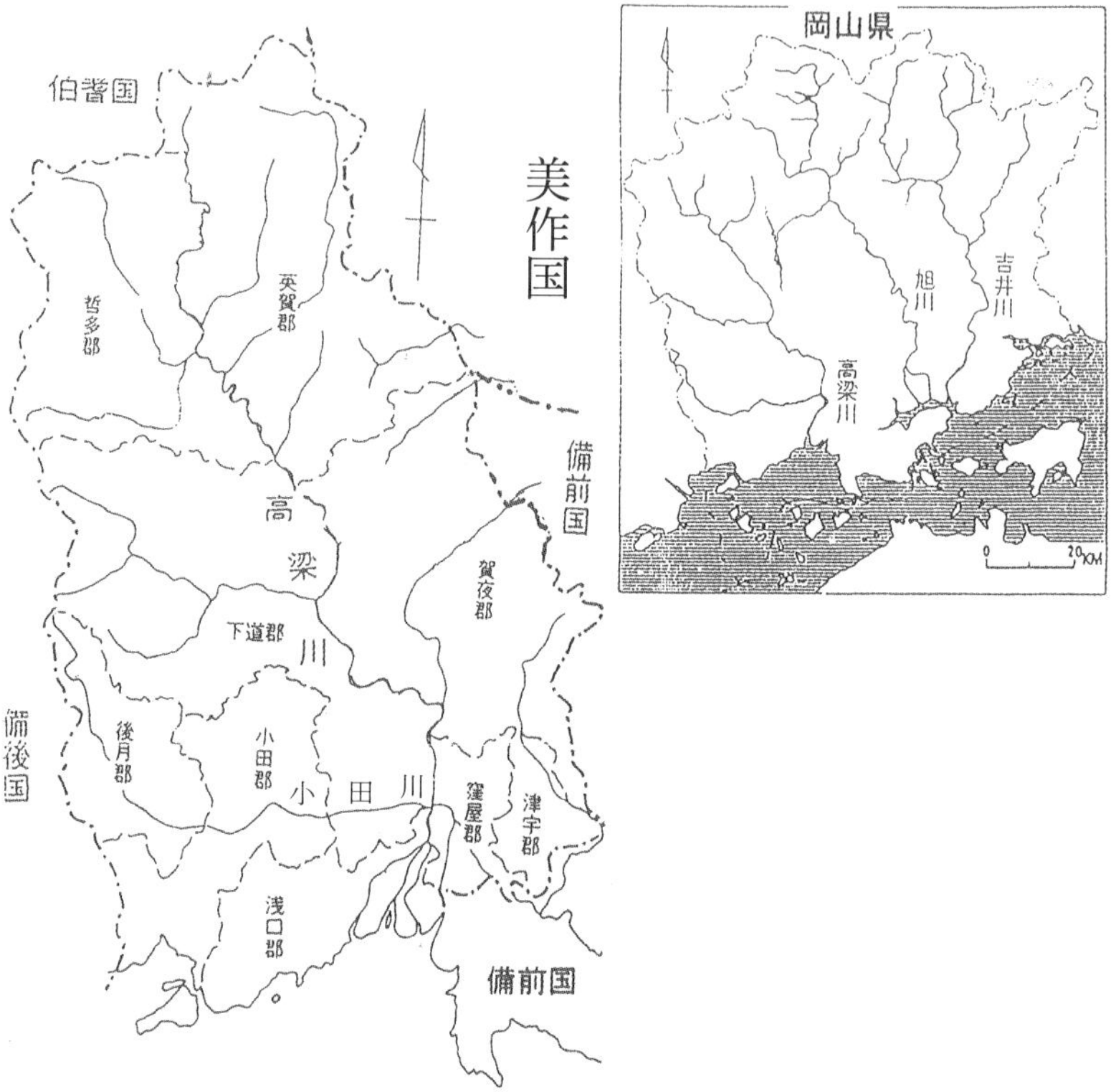

資料 17　古代備中行政区図

の辺りが、吉備中国となっているようだ。こうした傾向は、吉備の反乱として伝えられた時代の頃に、より助長されたとも思われる。「つう＝都宇」地域は、海上から河川へ、また陸上の要路をも結ぶ中心的な地域ともいえる津（港湾）地域を指し、「くぼや＝窪屋」は大形河川の下流域で、古くから、一定の安定した平野と共に、将来は拡大しうる可能性を持つ、沖積中の湿地（窪地）をも含む地域ともいえる。

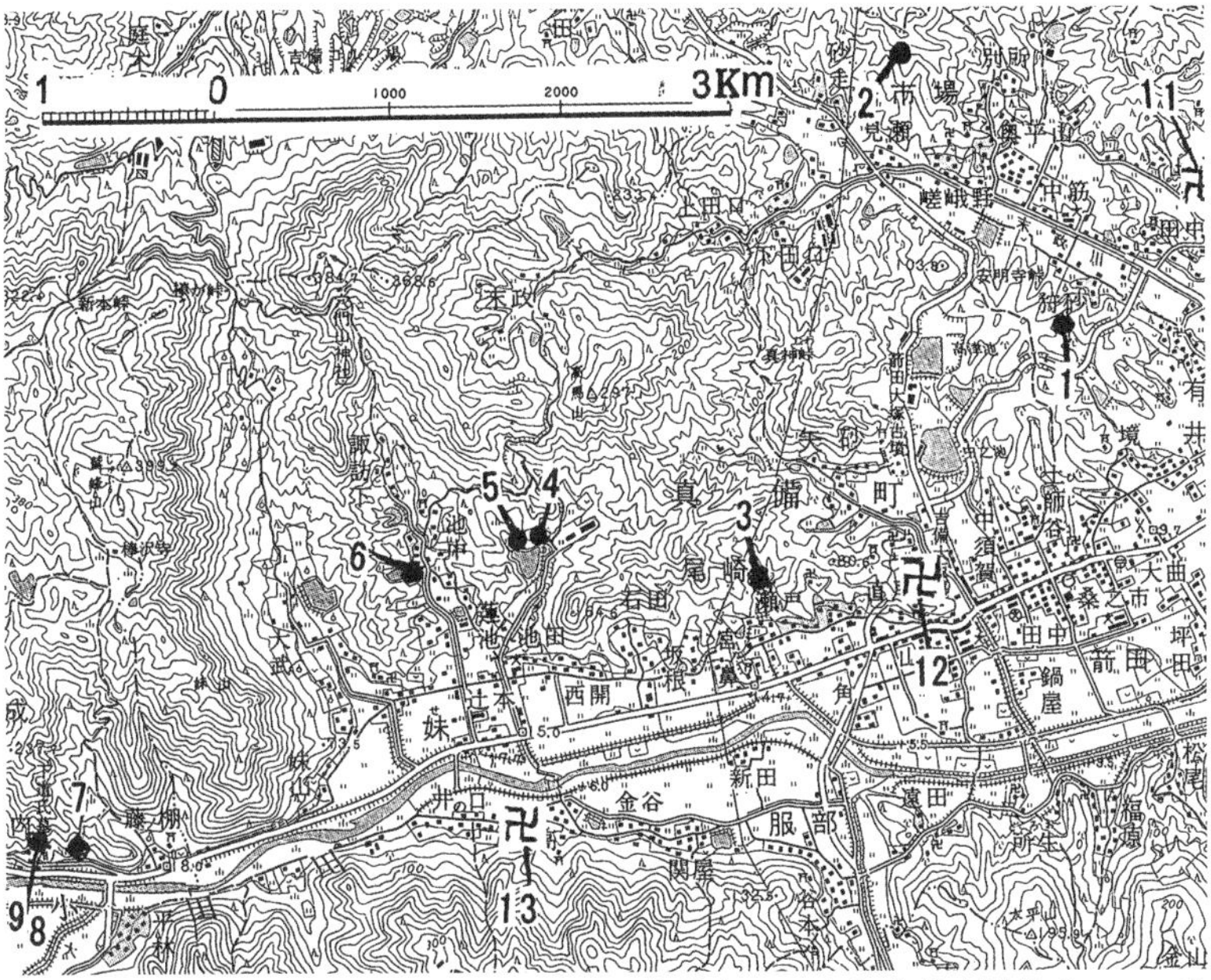

資料18　倉敷市真備町・小田郡矢掛町の古代墓（1～9）と古代寺院跡（11～13）
１箭田・阿知境奥墓、２市場墓、３白髪部毗登富比賣の墓地買地券出土地、４妹・内山池北Ａ地点墓、５妹・内山池北Ｂ地点墓、６妹・坂本墓、７東三成・谷川内墓、８下道氏墓地塼敷墓、９下道圀勝・圀頼母夫人墓、11 岡田廃寺、12 箭田廃寺（吉備寺）13 八高廃寺

「かや＝賀夜」はかつての下道氏の中心勢力を育てた地域でもあるが、こうした勢力のもとで、朝鮮半島からの渡来人が各種の新技術をもたらしながら定着し、それぞれに財力を蓄えた地域、近現代には各地に「銀座」名の付く場所や、海外の名前を付けた地域が出来るのと同じであろう。また「しもつみち＝下道」は、本来的には先の分化した地域名全てをも含めたものであったが、それぞれの地域性を明確にしてきた中で、かつては吉備地方の一角を代

表した、区分的呼名であった下道を、氏族名とした、かつての支配的氏族の多くを残した地ともいえる。そこは、基本的にはその名のように、後の備後に通じる道であり、北の出雲にもそれぞれに通じる地域だったといえよう。だが、これら多くの地域に区分された一帯は、対外的にはなお一体的なものとして理解もされ、また行動していたものであろう。だからこそ下道の入り口ともいえる高梁川の河口の地で、百済出兵の前夜、中大兄皇子が2万の兵をこの地で集めたというような伝承も残し得たのであろう。

その後、中央政府では中大兄皇子が、皇位に就き得て、対外的には既に天皇家権威は確立していたとはいえ、各地方における勢力を、如何に統治し得るかもまだ問われる時代だったともいえる。

ここで忘れてならないのは『日本書紀』の舒明天皇即位前紀から2年までの記事である。この天皇にはかなり長い前紀があり、そこには推古女性天皇死後の政治的問題のあったことが記されており、重要な内容だが、ここの問題ではないので割愛し、2年の記事だけ上げよう。

舒明天皇といえば、後に皇極・斉明天皇となる宝皇女を皇后とした天皇である。言うまでもなく、後の天智・天武天皇の父である。この舒明天皇はその他「夫人蘇我の嶋大臣（馬子）の女（娘）法提郎媛」をいれて古人皇子、吉備国の蚊屋采女を召して蚊屋皇子を生む」とある（ここで夫人に対してサイドラインを付けたのは、先に天皇家において妃に対し夫人を使用していた特例を意識することでもある。蚊屋は賀夜・賀陽である)。

また宝皇女に関しては皇極記では、父は敏達天皇の曾孫で母は吉備姫とする。吉備姫は欽明天皇の曾孫とされるが、その系譜はともかくとしてその名前は気になる。天智・天武両天皇の一応の兄弟として、蚊屋皇子のいたことは、先に示した中大兄皇子の天皇即位以前、朝鮮半島出兵の際に、「邇摩」の地で2万の兵を得たとすることにも、つながるものだったとも思われる。蚊屋皇子のことは一切語られないが。

この下道の地で、母夫人の長男圀勝が中央軍団に加わる一方で、吉備の地元では弟の圀依は、中央政府の意向に呼応しながらも、吉備下道の独自勢力拡大に努力していたと思う。あの母夫人の尽力も大きかったはずである。それは同じ地域内においても、新興の氏族が実力を持ってきており、母夫人の出身がこうした氏族出身だったのでは、とも思われるからなのである。この点は周辺遺跡の状態を見た上での憶測に過ぎないが、古くから私たちも調査した遺跡に加え、その後に判明した多くの遺跡からも、一応根拠となるように思ってきた。こうした遺跡の実態を簡略だが示しておきたい。報告書まがいの文面もお許しいただきたい。

5世紀後半~末頃の古墳被葬者たち

吉備真備の祖母が、持統天皇とほぼ同世代人だったとすると、5世紀末頃といえば彼女にとっては150年以上も昔の話になるだろう。現代人にとって見ると、幕末にペルーが来た頃かな、いや明治維新頃かな、など思い浮かぶが、あの母夫人の時代ではこうした過去がどのような感覚で受け止められていたかは思いつかない。恐らく当時も「語り部」はいて（吉備地方で古代人の氏名に「語部」名はよく分からないが、出雲国などでは、正倉院文書の中などに、この氏名は多い）当時も大事件や英雄たちの活躍は、語り継がれていたことだろう。それを一心に聞く子供もいたはずである。ただそれらが、時間的な問題となると正確は期しがたい。

（思い出）

自分の経験で申し訳ないが、今から70年も昔の話、岡山で戦災を受けて、田舎へ移住した私たちに、地元の人が親切に周辺のことを教えてくれた。その中には、一寸した警察沙汰になった事件もあった。まだ中学生であった私も、母もその事件は、つい最近のことと受け取った。しばらく生活するうちに、その事件は、当時より50年も昔の事件だったことが分かったのである。その時間差の感覚の違いには驚いた。だがその地にとっては、大きな問題や事件は、時間を無視して語り継がれることもある実態を、知ったのである。こうした経験は、後に古い伝説を見るときに参考にもなった。

とりあえず、周辺で関係すると思われる、5世紀末頃からの遺跡の実態を見てみよう。だがこの頃の遺跡といっても、外見で目に付くものといえば古墳であり、しかもこの周辺に限っても、この頃と思われる古墳の数は多くなる。取りあえずは私たちがかなり昔に関わった古墳から話を進めたい。

随庵古墳の実態

1958(昭和33)年12月のことだった。今から60年も昔のことである。

所在地は、総社市西阿曾通称随庵と呼ばれていたところで、奈良時代頃には備中国賀夜郡とされる地である。その地点は北から伸びた山丘の尾根端部。簡易水道送水池工事で発見された。知らされた時は、既に古墳の墳頂は削られ、中央に一辺8m深さ2mの送水池の区画が掘り取られていた。その中央に竪穴石室が、これも上半部以上が露出した状態だったのである。しかも竪穴石室の一部側面から石を抜き取って穴が穿たれていた。工事は12月19日から27日までは中止するというようなこと。

この時、実は私たちは倉敷の浅原にある安養寺で、日本では最初でもある、瓦経塚発掘中だったのである。この時代が、文化財に対する意識がどのようなものだったかは、現代仕事として文化財に携わる若い人には、想像もつかぬかもしれないが、公の調査機関の全くない時代、二つの重要遺跡、両者とも一方を休止することも、誰かに援助を求める時間も無い状況下で、平行した調査だったのである。岡山市内在住だった私たちは、早朝から吉備線（最近の桃太郎線）と山陽本線に分かれ、日によってそれぞれの遺跡にかよった。随庵古墳へは、足守駅から毎日片道３㎞以上歩いていた。これも車社会の人には想像もつかぬであろう。この年生まれた娘はまだ４ヶ月、母に預けていた。

当時のことを思うと、つい自分たちのことを思い出してしまうが、この古墳がこの地方で重要な意味を持つことは、今も変わりない。ここで注目することは、この古墳の副葬品に、鍛冶屋道具の一式が出土していることである。古墳についての一応の報告は、薄い冊子だが『随庵古墳』として総社市教育委員会から１９６５年に出版されている。編集者は鎌木義昌となっている。同氏は当時倉敷考古館の主事であり、教育委員会との交渉や出版に関する交渉の全ては行った。ただ本文中では鎌木義昌と間壁二人の連名だが、内容の整理や記述、図や写真作成には鎌木氏は全く関わっていないので、報告内容についての責任は、私ども二人にある。いずれにしてもこの古墳が、一応日の目を見てその重要性を明らかにすることができたのであった。この古墳の概要は、この報告書によっていただきたいが、主要な出土品などの図や内容は、『岡山県史・考古資料』１９８６年に多く転載されている。一応の概要だけは次の通りである（資料19・20参照）。

形態は、長約40ｍ弱の帆立貝形、後円部径は30ｍ強、墳頂中央に長軸平行に竪穴石室があり、内法が長さ3・5m、高さ1・1m、幅0・8〜0・9m、床面は小円礫敷、特に中くぼみは無く、石室両長側沿いに、2〜3個の不整形平石があり、その上に割竹形木棺が、蓋材と棺身共に、両端は腐食破損しながらも、かなり残存していた。本来の棺の長さは3mくらいと思われた。

棺は曲線を持った鎹《かすがい》と、直角に曲がる同種ものがあり、蓋と身を留めたものと、小口板と身や蓋を閉じていたものと思われる。

鏡は1面で、位至三公鏡、滑石製有孔円盤・勾玉・臼玉、紫水晶の勾玉、衝角付冑に三角板鋲留短甲、馬具一式、刀・剣・鉾・鉄鏃・刀子はもちろん、漁具・工具・鎌・手鎌は見られたが、鍬先・鋤先らしいものは分からなかった。その代わりに、普通にはこの時期の古墳としてはたいへん珍しい、鍛冶屋道具の一式が副葬されていた。これらは鉄鉗《かなはし》（鉄をはさむ道具）鉄床《かなとこ》・鉄鎚《かなづち》・鏨《たがね》・鑢《やすり》に砥石が、遺体の足元側に置かれていた短甲の中や周辺で発見された。こうした道具を、墓に副葬していることは、鉄の道具類の生産と無縁でない人物の墓、ということだが、それは当時では、鉄素材の加工技術、ひいては鉄そのものの生産にも関係する問題とも考えられることなのである。

というのも、こうした道具の現れる時期から、馬具・甲冑・刀・鉄鏃など鉄製武器に関する遺物が古墳内に急激に増えているのである。それは同時にこうした武器類を必要とした時代だったことを物語ってもいる。全体として5世紀も後葉頃の古墳であろうと報告した。そうしてそこでは「古墳時代では吉備地方の中心地、それも造山、作山というような皇陵級の古墳を造り上げた地方の一部で……この随庵古墳の主は……吉備氏主流の人々というのでなく、むしろ吉備氏を支え、ついで吉備氏の勢力が衰える途上で、分化し、次の世紀を背負う層の上部に現れてくる勢力と思われるのである。……」というように60年前に結んだのである。基本的には私たちはこの考えに変わりはない。

岡山県内の鍛冶具を出土した古墳

なおこの種の鍛冶屋道具を副葬した古墳は、岡山県では、他に3基知られている。岡山市（備前国）一本松古墳・津山市（美作国）長畝山二号墳・真庭市蒜山（美作国）四つ塚一号墳である。岡山県下に4箇所もあると、全国的にはかなりあるように思われるが、道具セットがほぼそろった形で古墳出土かといえるものは、20例ばかりではなかろうか（潮見浩『東アジアの初期鉄器文化』など参照）。近年では各地での調査も進み、鍛冶道具の出土も注目されるが、それでも30例ばかりとされ、出土地が住居跡周辺とか、鍛冶道具全体が揃っていない場合などとなると、同様には扱えないものなのであり、岡山県下のこの種の古墳の多さは、特別と見てよい。こうした古墳の構造や副葬品について、詳しくいえば本題よりますます遠くなるので、近くの例として、岡山市の一本松古墳の実態だけは、ちょっと見ておこう。

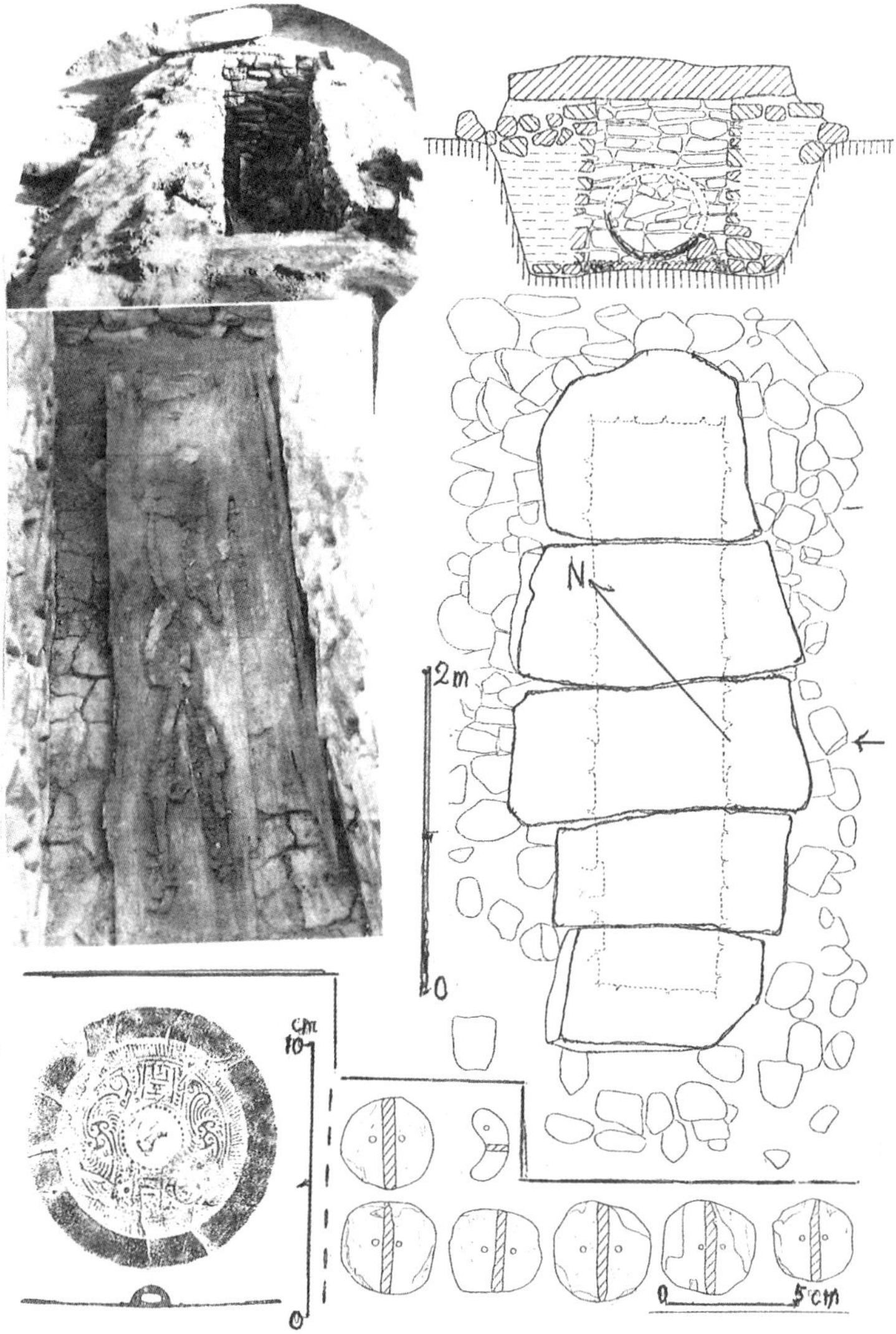

資料 19　随庵古墳の石室図と内部写真
下の出土品は位至三公鏡と滑石製有孔円板(『随庵古墳』総社市教育委員会、1965年)

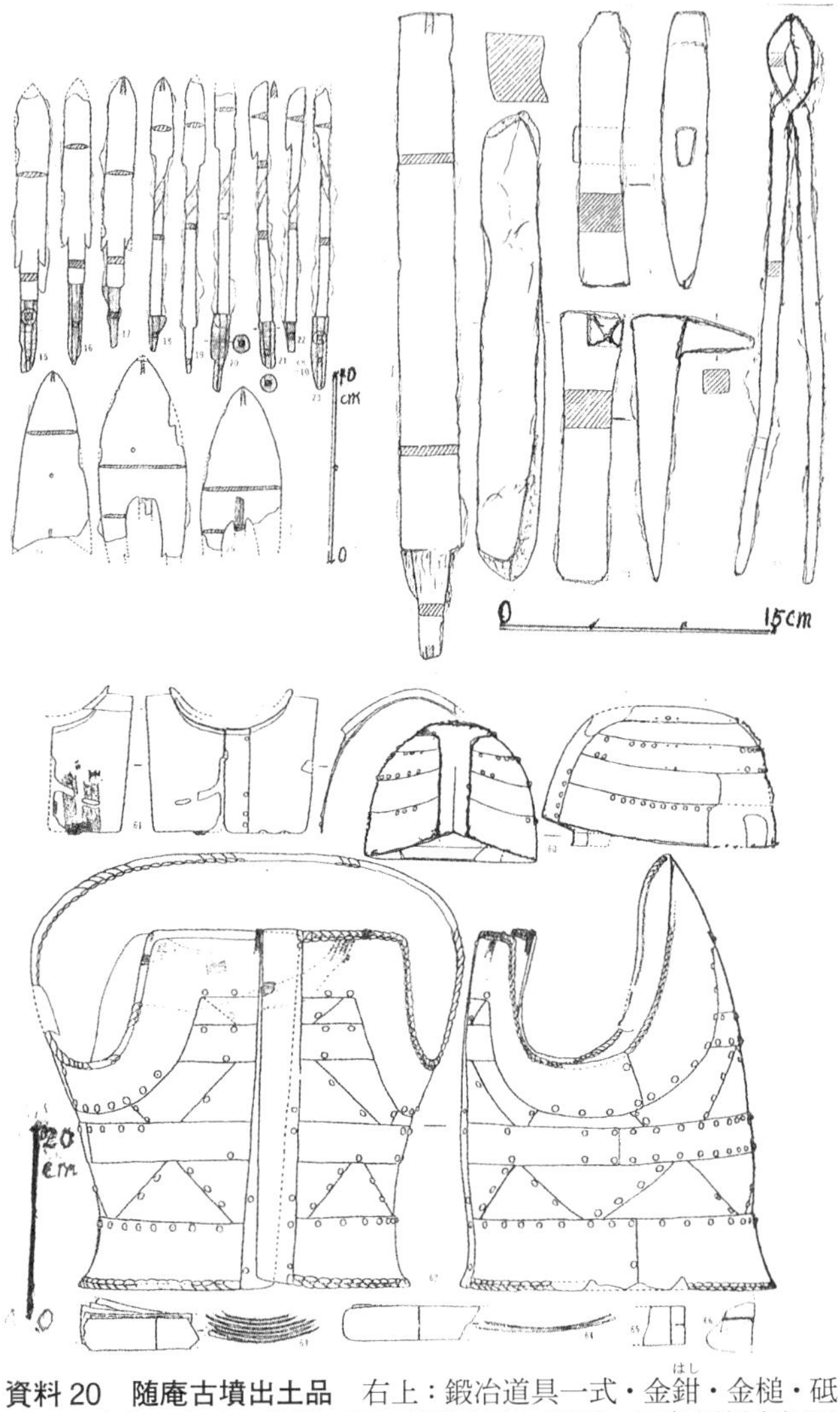

資料20　随庵古墳出土品　右上：鍛冶道具一式・金鉗《はし》・金槌・砥石・やすり、左上：鉄鏃、下：衝角付冑・頸甲・三角板鋲留短甲

岡山市一本松古墳

所在地は、かつての備前国・岡山市街地北方の半田山の一角である。旭川が岡山平野へ流出する出口の、西に連なる丘陵ともいえる半田山の東端で、現在は岡山市の半田山植物園内になっているが、理科大の東に接している。昔は自由に登れたところで、岡大の創設時期頃は、大学のグラウンドからは、古墳の墳形がはっきり望める状況であった。それ以前は戦時中、この古墳の真ん中に高射砲陣地が造られていた。戦後も長く陣地によって破壊された竪穴石室の一角が露呈していた。

前方部は低く小さいが、全長では約65mばかりあり、高さも6mはある。竪穴石室は板状の石の小口積み、床面から見て、5mばかりの割竹形木棺だったと推察されている。ここ出土の遺物は東京国立博物館に所蔵されており、甲冑（眉庇付）片や槍先に鉄鉗と鉄鎚などが出土していた。

他の2基の古墳の出土品などは次のようなことであった。津山市の長畝山二号墳は、円墳で木棺直葬、鉄鉗・鉄鎚・鏨が出土。　真庭市蒜山の四つ塚一号墳は、円墳で横穴式石室、鉄鉗・鉄鎚・鏨・砥石などが出土。またその他馬具・須恵器など多数出土している。

これらの古墳は他地域での同様遺物を出土する古墳も含め、その多くは随庵古墳や一本松古墳と同様に、5世紀末近いものから、四つ塚一号墳のような6世紀前半頃までと考えられるものであろう。

随庵古墳所在地「阿曾」とは

再び随庵古墳に関連した問題となるが、この古墳存在地が阿曾であることも、決して、偶然ではないと思われる。この地は後に、鍛冶屋とも無縁でない鋳物師の里として、知られることとなる。それは岡山県人に限らず広く知られた、今も続く吉備津神社の鳴る釜神事に、奉仕する女性は阿曽女と呼ばれ、阿曽鋳物師の里出身でなければならなかったからである。吉備津彦に討たれた、鬼ノ城の温羅の首は、吉備津神社のお釜殿の下に埋められたが、13年間もうなり続けた。そうして、吉備津彦に夢で、「自分の妻、阿曽里の阿曽媛に釜殿で神饌を炊かせよ。世の中で事があれば釜の前へ来れば、幸あれば裕に鳴り、禍あれば荒らかに鳴ろう」といった。それにより阿曽の女が釜殿に奉仕するようになった。

文献上でのこの地の鋳物師の系譜は明らかでないようだが、古くから存在していたとされている。鬼ノ城に近接してある平安時代の阿曽新山寺は山岳仏教寺院として知られており、入宋僧として日宋文化交流上不朽の功績を残したとされる、著名な成尋阿闍梨（1011～81）などもここで修行している。山上に大きな鉄釜が今も残り、阿曽で作られたものだろうと推測されている。周辺の谷間には、礎石らしい石もあり、瓦が集中して出土するところも山中にあった。

中世では備前一宮である吉備津彦神社と備中一宮の吉備津神社は、いわゆる吉備の中山として知られる山丘の裾に、東西に近接して鎮座するが、それぞれの神社文書によると、阿曽の鋳物師は14世紀頃には、(たたら役)とか(釜役)などとして、羽釜やごとくや5升鍋や牛鍬先などを納めているのである。その代わりとして阿曾鋳物師の公事が免除され、国内での営業権も認められているようだ。かなり盛んな工業地といえよう。

阿曽の地名については、正倉院文書中の「備中国大税負死亡人別帳」天平11(739)年に賀夜郡内に阿蘇郷とあり、平城宮木簡には天平19(747)年に「備中国賀夜郡阿宗里白米五斗」などあるように、古代以来の地名である。しかも平城宮木簡中には、賀夜郡から「鉄一連」とか「大井鉄鍬十口」などの木簡もあることは注目される。

こうした平城宮の時代より、より古く6世紀末から7世紀には、先の随庵古墳があった辺りも含め、やや西の鬼ノ城遺跡の南東一帯や、その南の平地一帯は、近年の各種工事などに伴う遺跡調査によって、重要な遺跡が集中していたことが判明してきたのである。中でも製鉄遺跡の集中地域であることが明らかとなり、注目を集めてもいた。随庵古墳の性格がより具体化されたともいえる。こうした遺跡の概要を見ておきたい。

窪木薬師遺跡

この遺跡は一般的な住居址から、古墳時代鉄素材の1つとされている鉄鋌が出土したことで注目を集めたが、全体として鉄滓、鍛冶炉、朝鮮半島系の軟質土器・陶質土器等を出土した49個の竪穴住居址や、掘立柱建物、多くの土壙等を出土したのである。

遺跡地は、市街地の東南部、総社市窪木薬師にあり、古代には備中国賀夜郡とされる地である。近くを流れる前川の河川改修工事に伴う遺跡調査で発見された。詳細は『岡山県埋蔵文化財発掘調査報告　86』の『窪木薬師遺跡』１９９3年3月を参照。

この遺跡地点は、先に述べた随庵古墳からほぼ真南約４㎞で、間に平地と小丘長良山を隔てた平地の中であった。ただ南側背後には、これも低い丘陵地が断続的に連なり、遺跡から南東に小丘を越えると小造山古墳があり、そこからはやはり南東方向、１㎞先に全長３６０mの巨墳造山古墳を眼前にする地域である。いわばこの一帯は5〜7世紀台には、吉備を代表する一角だったといえよう。

この報告書を纏めた島崎東氏によると、ここは弥生時代後期以降断続的に近世まで続く集落遺跡だが、特に5世紀前半以降7世紀までの鉄器製作地と思われ、一帯の製鉄遺跡も含めて「古墳時代後半における製鉄のあたかも一大コンビナートを彷彿とさせる等、先進性を示している。」としている。

この報告の中で特に注目したいのは、この遺跡で製作された製品の種類を分析したものである。それは遺跡に残された鉄片や、残留物からの推定に過ぎないとはいえ、製作品の傾向を示していると見てよいだろう。これによると鉄鏃が40%以上を示している。ただ不明鉄片も30%はある。その他は鎌・鑿《のみ》などが2%程度で、刀・刀子《とうす》（ナイフ）・鉇《やりがんな》（手持ちのかんな）斧もあり、鉄鋌2点に鉄素材として4点がある。こうしてみると生活必需品も確かに製作さているが、鉄鏃の多さは注目されるだろう。

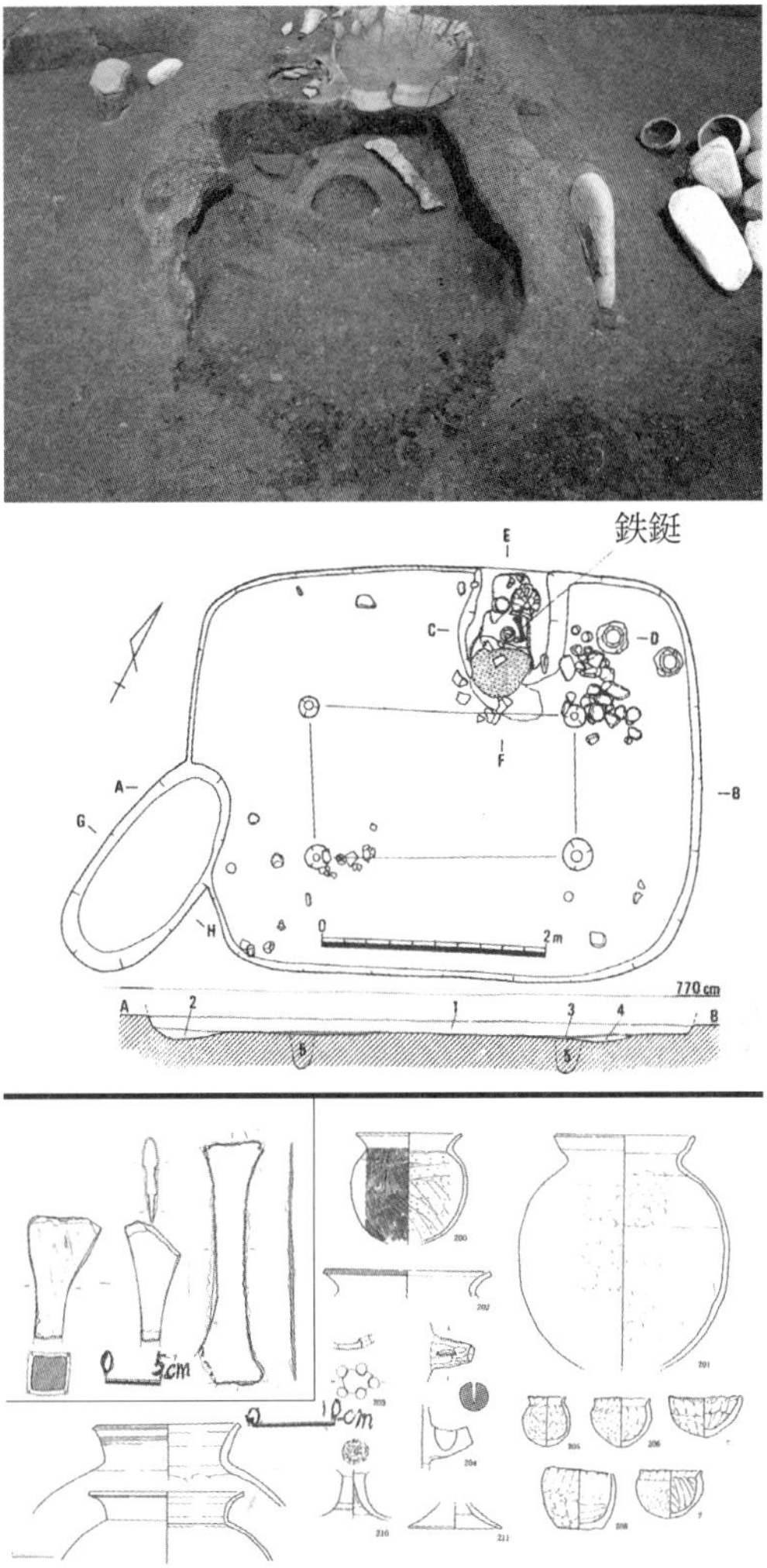

資料21　総社市窪木薬師遺跡
鉄鋌出土の13号住居址と他の出土品。下段左よりが鉄鋌と砥石と鉄鏃（『岡山県埋蔵文化財調査報告86 窪木薬師遺跡』1993年より作成）

報告書の中で、これら鍛冶遺物と見られる鉄関係資料の理科学的分析を担当、報告を行った大澤正己氏は、時代別にそれぞれの肉眼観察・顕微鏡観察・化学組成観察・硬度観察等その他も組み合わせての観察結果を細かく示されている。詳しい内容を充分には纏められないが、次のようなことであろう。

この遺跡では、古墳時代5世紀台には鍛冶集団の萌芽があり、6世紀後半には飛躍的発展があったと見られる、とされる。しかしそこでは鍛冶集団といっても、製鉄の場での仕事である原料の吟味や、不純物を含む荒鉄の選別なども行われたと見られ、完全な製鉄と鍛冶の分業は成立していない状況を示している。

また5世紀前半から6世紀後半までの遺構では、鉱石系の素材が主流だが、6世紀後半にはわずかだが砂鉄系の素材も加わる。この遺跡に供給された鉄素材は、その含有成分から、総社市久代の西団地内遺跡の資料に多く類似する物のようだともある。

この遺跡は最初に述べたように造山古墳にも近接し、すぐ西の金井戸地域には古代備中国の国庁があった可能性の強いとされる地域に位置しており、現在の総社市域の中心にも近い、いわば吉備国の一つの中心的地域における専業的な集団の存在を意味するものだろう。

ところで多少とも日本の歴史に興味を持つ人にとっては、周知された本である『倭名抄』（正式には『倭名類聚鈔』平安中期の官人で歌人としても著名な、源順（９１１～９８３）が編纂した、約3000の漢字の事象に万葉仮名で倭訓を付けた辞典、当時存在した物や地名などをその読み方と共に知ることができる）の中の地名で、備中国の賀夜（陽）郡には14の地名が記されている。「庭瀬・足守・大井・阿宗（安曾）・服部・刑部・日羽・有漢・巨瀬……」などは地元の人であれば、現在でもまだ、「あのあたりだ！」と気付く人も多いと思う。だが「八部（也多倍）」となると、総社市の人でもどれほど江戸時代の矢（八）田部村を思い出すであろうか。

現在でも大字名として残る地名が、江戸時代の村名の名残だということを知る人は多いであろうが、しかもこうした名前の中には、はるか遠くの『倭名抄』に出てくる呼び名と、同一であったり、極めて似ているものも多く、こうした場合は、『倭名抄』の遺称地ともいわれる。ただ気をつけねばならないのは、古い時期でも地域合併などが行われた所では、土地の学者が周辺での

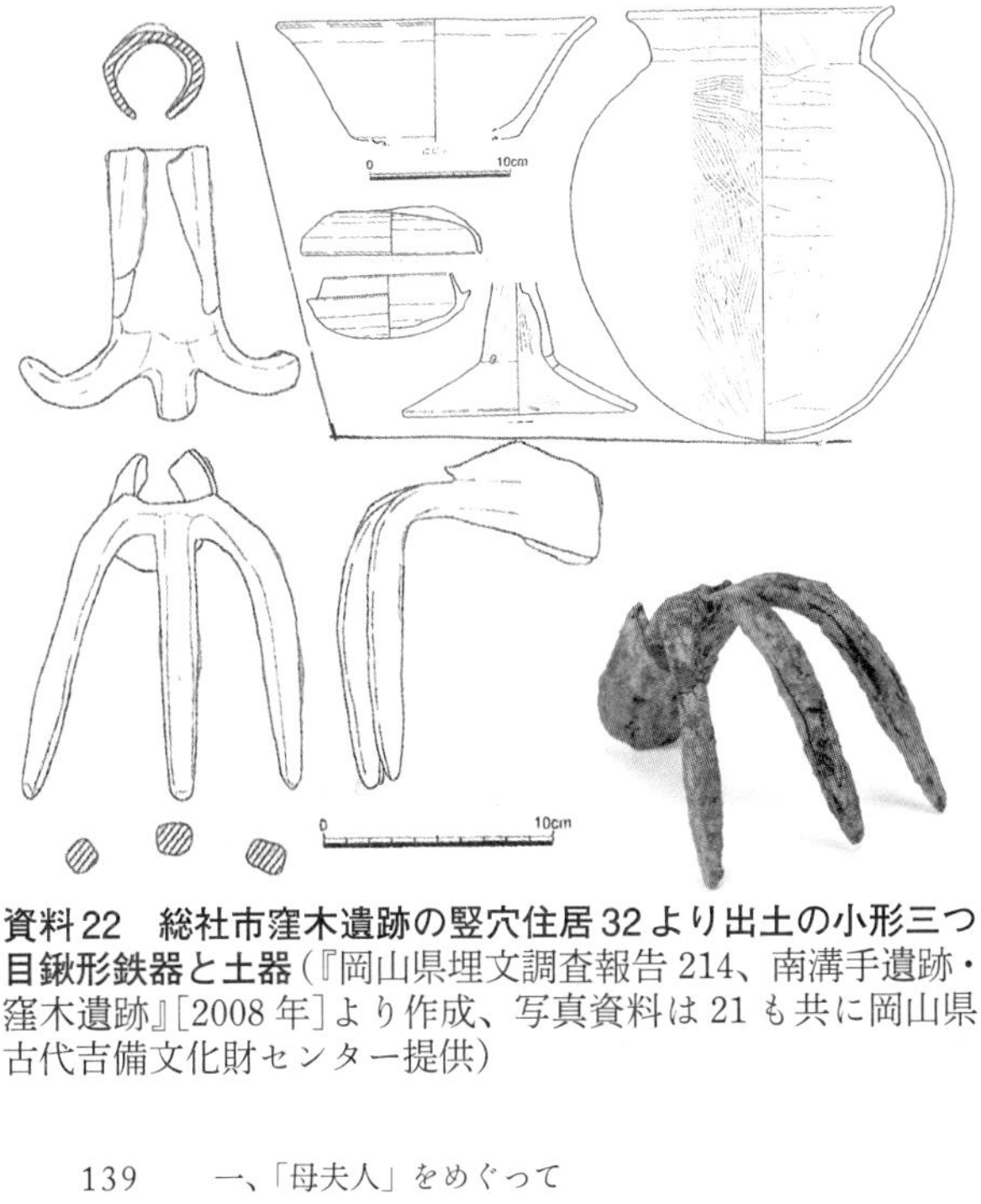

資料22　総社市窪木遺跡の竪穴住居32より出土の小形三つ目鍬形鉄器と土器（『岡山県埋文調査報告214、南溝手遺跡・窪木遺跡』［2008年］より作成、写真資料は21も共に岡山県古代吉備文化財センター提供）

古い地名を付る場合もあり、地名の移動も考えねばならない。近年では、急速な地域合併、新地名が生まれ、地名の中に残された大切な歴史が失われていくが、それでも１０００年以上昔の人が、その地域を、同じ地名で呼んでいたことが知られる地域は多いようだ。

ところでこの賀夜郡の中に、「八部」と書いて万葉仮名で「也多倍＝やたべ」とする地名がある。そのことをよく知っている人でも、現在それがどの辺りのことなのかまでは知らないのではなかろうか。実は江戸時代までは「矢（八）田部村」があったのである。しかもそれは現在の総社市の中心地域ともいえる総社宮のある辺りから、金井戸辺りまでだったようだ。その東に隣接していたのが「服部村窪木」地域なのである。今は失われた「やたべ」はこの遺跡にも重なるようにも思われる、古代からの中心的地域でもあった一帯を指す名称だったのである。いずれにしても現在まで、「やたべ」はこの一帯では、最も中心的な都市的地域を指していたことになる。

なお同じ窪木地域だが、薬師遺跡より北西に１km以上離れた地点では、80号線バイパス建設の際の調査で、多くの弥生時代や古墳時代の住居址が発見された。その中で6世紀も中頃の、須恵器坏や土師器甕や高坏と共に鉄製三つ目鍬を伴った（資料22参照）、方形竪穴住居址も調査されている。

『播磨風土記』の中で、履仲天皇の孫である二人の皇子が発見された時歌った歌に「……吉備の鉄（真がね）の　狭鍬持ち　田打つ如く　手拍て子ら……」とあるように、少なくとも、風土記が纏められた頃には、吉備の狭鍬・鉄製三つ目は農具のブランド品であったといえよう。

またこの遺跡と共に、この時調査された、西に続く南溝手遺跡では、かつての河道跡出土遺物も注目される。多くの土器類の他に、瓦の出土も多い。こうした瓦の中には南西２００ｍばかりの地にある、栢寺廃寺出土瓦と同類の物も多い。

資料23に示したような墨書が、径10㎝ばりの浅い土師器坏の底にあった。狩野久氏によると、「八邊」の可能性が強いとされる。確かにそのように思われる。ただこの辺りは、かつて賀陽郡八部郷だが、八部を八邊と表記した例は無い、と教示されたと報告書にある。またこの遺跡からは、円面硯片、土馬や塼断片までも出土。周辺には特別な建造物があった可能性もある（これらの遺跡については『岡山県埋蔵文化財発掘調

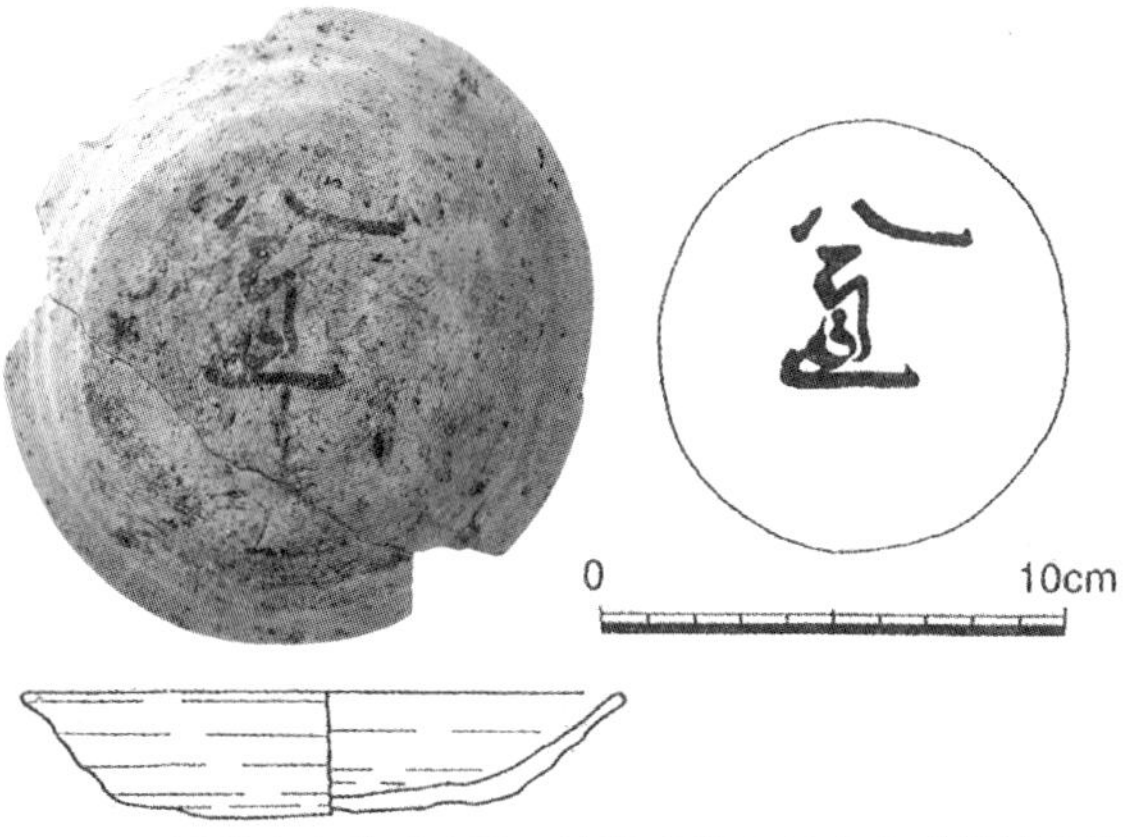

資料 23　総社市南溝手遺跡の流路遺構より出土（『岡山県埋文調査報告 214、南溝手遺跡・窪木遺跡』[2008 年] より作成、写真は岡山県古代吉備文化財センター提供）

査報告214　南溝手・窪木遺跡』２００８年を参照)。

岡山県では古代の木簡や墨書土器などの発見例が、少ない地域でもあろう。今後に期待したいが、自然環境も関係しているのだろうか。いずれにしても倭名抄で「八部」は「也多倍《やたべ》」と読まれており、江戸時代まで八（矢）田部村は存在していたのである。それは高梁川の西でも「箭(矢)田」の地名は残っているのである。

奥坂遺跡群（千引カナクロ谷遺跡他）

窪木薬師遺跡の北方５㎞辺りの、総社市奥坂一帯で、「鬼ノ城ゴルフ倶楽部造成にともなう発掘調査」で出現したのが、この古代の製鉄遺跡群であった。この遺跡群の中で、千引の地域は、近年総社市の「鬼ノ城」として知られている古代山城遺跡で、展望のよい山上に立ち、東方を眺めれば、眼下の深い谷を隔てた向かいに、やや低い山塊が続くが、その一角に当たる。鬼ノ城からの直線距離では１・５㎞ばかりであろう。先に述べた随庵古墳とは、その北に続く同一の山塊上で、古墳からは北にこれも１・５㎞ばかりの一帯である。そこにあったのが、千引遺跡や千引カナクロ谷遺跡で、その間一帯には、新池奥・くもんめふ・名越・林崎・宮原谷などの製鉄祉遺跡群が散在していた。この遺跡の詳細は、『奥坂遺跡群』総社市埋蔵文化財発掘調査報告15　１９９９年3月を参照。

これらの遺跡群では製鉄炉と製鉄には必需品である炭を焼くための窯と考えられている、焚口が並んだ長大な窯が20基ばかり発見され調査された。またその他に須恵器窯跡1基、古墳は10基などの調査も行われ、住居址の調査もある。だが基本的にはこの遺跡は集中的に存在

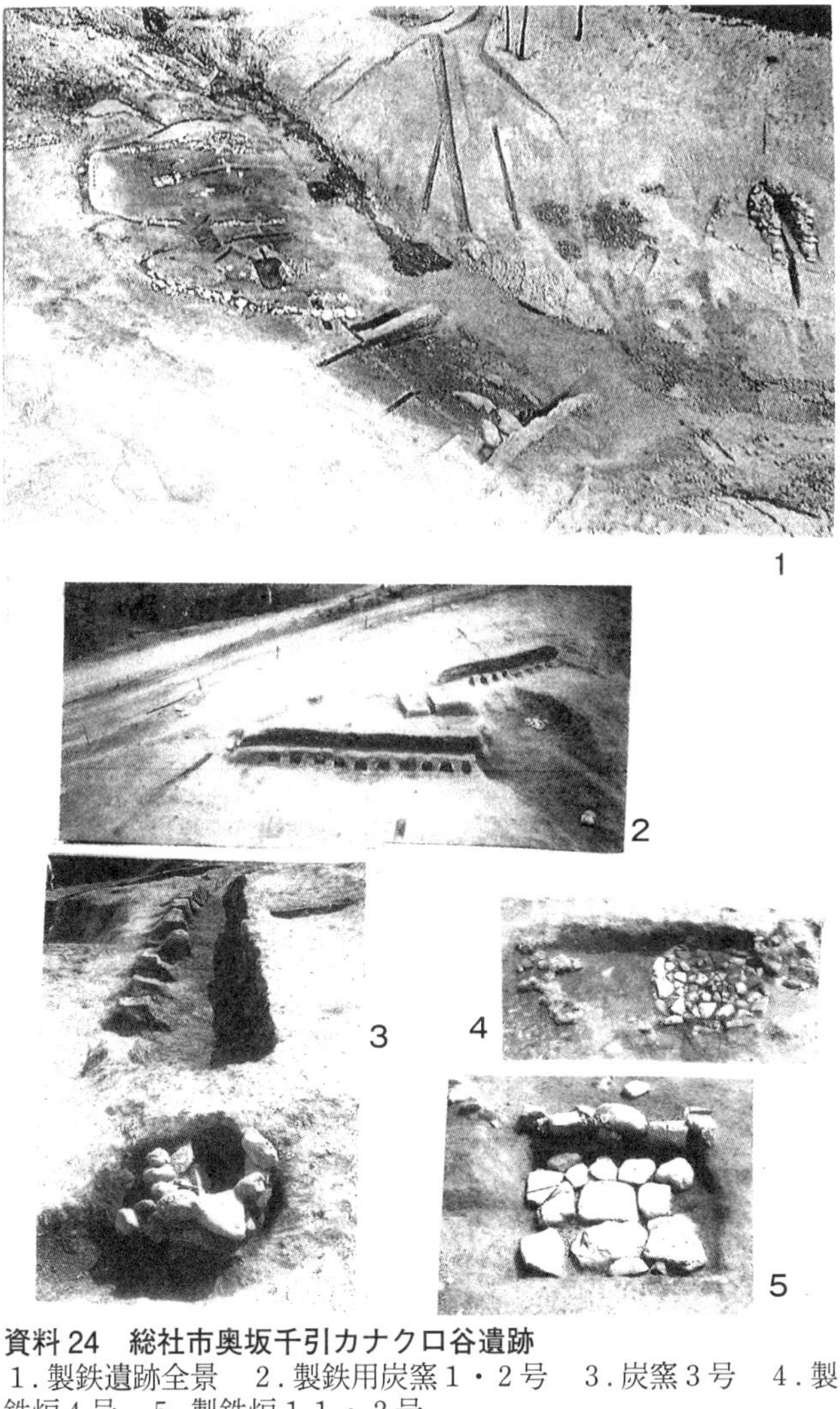

資料24　総社市奥坂千引カナクロ谷遺跡
1.製鉄遺跡全景　2.製鉄用炭窯1・2号　3.炭窯3号　4.製鉄炉4号　5.製鉄炉11・2号
(『総社市埋蔵文化財発掘調査報告15』により作成)

した製鉄遺跡として注目されたものであった。その稼動時期は、千引ヵナクロ谷遺跡では6世紀後半から末にかけて始まり、宮原谷では6世紀末から7世紀の前半頃まで、林崎は7世紀前半、新池奥では8世紀初頭頃までと考えられている。

その製鉄炉は資料24の4・5で示したようなほぼ1m四方程度に被熱した石塊の敷かれた平面や、焼土・炭などの塊や土層凹面などが残る状況の炉跡（製鉄炉は製鉄後には壊されて、地中には炉の下部構造しか残らない）である。また緩い傾斜面に作られた長さが10mにも及ぶようなものもある炭焼き窯は、これも資料24の2・3で示したような形態である。現在は誰しも、こうした窯址に出合うと、すぐに製鉄用の炭窯だろうと理解するであろう。しかし私たちはこの種の炭焼き窯を初めて目にした時は、まだ製鉄用の炭焼き窯とは確定していない時だった。この遺構をその形から「ヤツメウナギ」と言ったものだ。何かを焼成した窯であることは分かっていても、製鉄そのものに関係した窯かどうか疑問が多く、製鉄炉と結ぶには、多少の時間がかかったものだった。しかしわが国の列島改造論の下で、各地で各種の大型土木工事が進む中で、従来は山中に深く隠されていた鉄生産遺跡などは、急速に発見されていったのである。もし吉備地方でのこの種製鉄遺跡に興味があれば『吉備の考古学的研究　下』近藤義郎編1992、11の光永真一著「製鉄炉・鍛冶炉」などに集成されているので参照。

この奥坂遺跡群の報告書の中でも、製鉄に関わった遺物については、大澤正己氏による分析検討と報告がある。それによると基本は鉄鉱石だが7世紀前半までは、良質の磁鉄鉱だが、8世紀の初頭になると品質が悪くなる。また砂鉄は一応当初より使用されているが、量的には少ない。ただ使用は続いていたようで、良質の鉄鉱石枯渇で砂鉄利用に変化するようだが、この点はまだ今後の検証が必要である、とされている。

このように述べたことについて、7世紀台とされる倉敷市の矢部古墳群中の古墳石室床面に砂鉄製滓出土とか、岡山市だが足守川に近接した津寺遺跡の6世紀から7世紀の住居址出土の鉄滓が、鉱石が主で、砂鉄が従というような、その他の事例も示されている。

この遺跡群の中では、古墳のことはあまり話題となっていないが、同時に調査された古墳の中でも、注目すべきは千引7号墳であろう。この古墳は他の古墳とは立地が異なる、深い谷奥にある単独埋葬とされる、横穴石室墳である。墳丘前半部は流失しているが、一辺6mの方形墳、石室残存部は床面で幅1m前後、長3mの小さい長方形である。棺台らしい石が2箇所あり、入り口に近い棺台石は、2個横並びで、奥壁より1・8m辺りにある。そのすぐ横に径18㎝の円面硯が置かれていた。この円面硯は、海部の縁となる上端部分の全てが、まるで意図的に欠かれた状況であった。この硯について報告者武田恭彰氏は「円面硯は使用による摩滅が認められ、副葬にあたり上端を意図的にうちかいていることから、被葬者の固有の所有物であった可能性が高いが、県内では副葬品としての類例を見ない。」としている。副葬品の土器類は多いが、この中の土師器碗などを畿内の製品と見て、7世紀末の時期を示している。この古墳を、千引古墳群内の最後の古墳とする。

しかもこの古墳では、内部やその周辺石材にも、石室外部付近にも何らの焼成状況も見られないが、内部には棺台を置いた後に炭層が5～10㎝の厚さで敷かれたと見てよいものだった、とある。終末期古墳の形態を示すこの古墳は、製鉄遺跡群とは特別の関係を示すものであろう。7世紀末の死亡と思われるこの古墳の人物も、注目されるものである。

また今一つ注目されるのは、この調査地域中で、くもんめふ遺跡からは須恵器窯址が発見されていることだ。その出土品から見て7世紀末8世紀も最初頭頃までと思われ、製鉄作業時期とも重なっている可能性は強いが、須恵質塼製品も製作されていることは特に注目される。寺院建築材か、墳墓用か、特異な生産品の製作であったと思われる。

製鉄作業も須恵器生産も、ともに山中に窯を築く点では共通しており、この地では、互いが近い関係にあったことを示すものであろう。この窯での製品の用途先も気になる点である。

水島機金属工業団地協同組合　西団地内遺跡群

遺跡所在地は総社市の高梁川以西にある久代字藤原地区で、倭名抄では下道郡の「釧代」とされる地域である。高梁川に西から流入する小田川より3㎞ばかり上手で、やはり西から高梁川に流入するのが新本川でこの流域の遺跡である。しかし倉敷市真備町の北側背後の山塊上高所付近は、現在では総社市との境となっているが、新本川はこの山塊の北を迂回しながら西に伸びており、この遺跡地は新本川の南側、総社市内とはいえ、真備町北の山塊の北側裾にあることから、高梁川からの距離でも5～6㎞はあるが、真備町側からの距離も変わ

資料25　総社市久代の水島工業団地内製鉄遺跡・沖田奥遺跡
上：1・2号炭窯発掘風景
中：同3号炭窯と沖田奥6号墳
下：同4～6号炭窯と発掘風景
（『総社市埋蔵文化財調査報告9』により作成）

らない距離にある。この真備町はもちろん下道郡である。実は下道郡にも八《や》田があり、現在では箭田の字が当てられている地域を指すとされる。先の二つの遺跡で見た地域は賀夜郡の八倍が「やたべ」の呼び名で、江戸時代には矢田部村ともいわれた地域に近接し、生活圏では一体的な関係のある地だった。高梁川を隔てながら、古代では郡も異なりながら、ここに説明する遺跡も加えこれらの遺跡は共に極めて似た地名に近接していたのである。

この地に新たな水島関連の工業団地が計画され、１９８６（昭和61）年2月から調査が始まった。調査前の木材伐採伴出作業中に、製鉄炉が発見されたことがきっかけで、この遺跡における多数の製鉄遺跡群・鉄滓など出土した古墳群の発見となったのである。調査された5箇所の製鉄遺跡からは全体で62基の製鉄炉と、16基の炭窯が発見されており、こうした遺跡での生産は、7世紀台を中心にすると考えられている（資料25参照）。

古墳の新発見も多くかなり保存もされたが、調査され破壊されたものも多い。また住居址調査も多い（詳しくは『西団地内遺跡群』総社市埋蔵文化財発掘調査報告9　１９９1年3月参照）。

特にこの調査では、製鉄窯や製炭窯周辺での作業場が調査されたことで、一遺跡周辺でどのように作業が、幾度続けられていたかなども明らかにされている。また周辺古墳の継続状況や形態の特性も示され、鉄滓副葬に関しても、石室内部出土と石室前庭部出土のある点にも注目する。例えば板井砂《いたいざこ》遺跡群などでは尾根上に7基の住居址や他の遺構があり、古墳は全体地域に15基も存在、内3基は保存された。

6世紀前半とされた古墳は箱式石棺が主体だったが、その後は横穴石室墳となり、それが一般化した後には小形化が認められた。明らかに製鉄が終わって、その上に構築された古墳もあった。

またこれらの古墳の中には10世紀前半には、石室を利用した再埋葬も行われている。この時期に他地域でも見られる、古墳の再利用である。この傾向は11世紀前半まで認められている。周辺に集落が継続していたのか、別の意図があったのかは、また別の問題となるので触れないが、もし興味があれば、拙著『吉備古代史の基礎的研究』学生社1992年の中に「八・九世紀の古墳再利用」として入れているので参照していただきたいが、ただここの遺跡については言及していない。

この遺跡での製鉄関係炉は箱形で、基本的には7世紀を中心としたものとされたが、金属資料関係の検討報告は、大澤正己氏による。5箇所にわたる製鉄には基本は磁鉄鉱使用であったとされるが、古墳に供献された鉄滓には、砂鉄精錬に由来するものもあり、両素材の使用も考えられている。

なお精錬後の鉄素材には炭素量が多様な状況で、精錬鍛冶（大鍛冶）が必要とされる。また使用木炭については、熱効率の良い窯外消火法をとって生産される、白炭系のものと考えられた。

8、地名（八田＝矢田）と矢田部と石棺材

ここまで見てきた、古代の吉備のなかでも注目を集めた、鉄生産関係遺跡の中で、その所在地が「やた」の発音を持つ地域に近接していたことには、その都度触れてきた。それを恣意的なものといわれればそれまでであるが、「まがねふく吉備の中山……」として、吉備の枕言葉にもなった「真金＝鉄」産地として知られた地が、「やた」なのかと思うとき、鉄製品の加工地であった窪木遺跡では「矢」の生産が主要であったことが示されていた。この時期は、狩猟用の矢でなく、武器としての多量の矢が要求されていたことを示していた。後期古墳内の副葬品に、束となった矢のいかに多いか、馬具・甲冑もあり、もちろん刀剣槍も多い。こうした生産に携わるためには、多くの工人を養い得る田だけでなく、素材を探す土地と共に、多くの燃料となる樹木をも必要とする、そうした広大な土地を自由にできねばなるまい。それが「矢田＝八田」であり、生産者は矢田部であり、生産地も生産者の住まった地域も、矢田部や矢部などだったのであろう。

奈良で藤原京時代の飛鳥池遺跡南地区出土の木簡には「加夜評矢田部里」と書かれたもの

があった（『評制下荷札木簡集成』奈良文化財研究所２００６年3月参照）。これで見れば、本来「や」は「矢」であって違いないと思われ、これらの地域が、何かの形で「矢」製作に関わっていたと見てよいだろう。

しかし、奈良での都も藤原京から平城京に移った後、元明天皇和銅６（７１３）年全国に『風土記』の編集が命じられた。その時、地名も「二字の佳字」に改めることとされた。そのため加夜郡は賀夜郡となり「矢田部」は「八倍」となり、下道郡では、「矢田」は「八田」になったのだろうと思われる。この年は、備前国の６郡を分け美作国が作られた年でもある。この頃はすでに、国としての行政区画が、地方にまで浸透してきたことを意味してもいるのだ。

一方では『古事記』『日本書紀』などの国で制定された歴史書の中では、この「八田」の地名は、別の由来のように語られている。かつて5世紀頃の倭国では、偉大な大王たちであって、河内国の地に巨大な墳墓群を残したとされている一人で、「仁徳」と後世に贈り名された大王・仁徳天皇の最初の皇后は『日本書紀』では、葛城氏出身の磐之媛《いわのひめ》であり、彼女のために「葛城部」という「名代」が定められたと記されている。特に特例というのでなく、この時期には名代の定められた例が多く記されている。

（子代・名代は、土地に指定の人物の名を付けるということと共に、それぞれの名の主に与えられた土地の意味もある。ただその地に指定の名が付いていても、実質的な支配が伴ったかどうかも問題であり、またこうした制度が、いつから始まったかも、大きな問題ではあるのだが、今ここでは「子代」「名代」はそれぞれの『記紀』の文面上だけを問題としている。）

この磐之媛皇后は、大后とまで書かれており、権力は絶大だったようで、『記紀』両書の中ではその妬み深さを、まるで揶揄するかのような散々な書かれようである。これに対した仁徳天皇の遠慮した姿も対照的である。『古事記』に記された逸話には、吉備の黒比賣の話もあるが、この皇后が登場し、吉備に逃げ帰った黒比賣と、仁徳天皇の関係については、岡山県人の中では周知されているだろう。しかしこの話は『日本書紀』には記述は無い。

『日本書紀』の中では、磐之媛の死後に2度目の若い皇后となった八田皇女は、生前の皇后磐之媛から強く嫉妬された状況が語られている。しかし八田皇女が皇后になっても、彼女に対しての名代の設定はない。彼女は両書に記されており、『古事記』の中でも散々嫉妬され、そのため仁徳天皇も苦労をしている。しかし次の皇后になったとは記されていない。また彼女に子供が無かったので、ここでは名前を残すために「八田部」という名代を定めたとされているのである。『日本書紀』には無かった話なのだ。

なおこの八田皇女は応神天皇の皇女の一人で、仁徳天皇には庶妹に当たると記されている。また応神紀では「矢田皇女」と記され、彼女の母は大和の天理市和邇辺りを拠点とした豪族、和珥氏出身とされている。『古事記』での応神記にも『八田若郎女』とあり、母の名も出身氏族も『日本書紀』と同一と見てよい。

『記紀』に描かれたこの時期の、大王とそれをめぐる女性関係は、時に恋歌の応答を交えながら、国史編纂期の当時に伝承流布されていた物語でもあろう。編集時の意識で取捨されていても、5世紀当時の大王となった河内の豪族と、その豪族をめぐる各地の豪族との力関係が、大王とそれをめぐる女性の扱いの差に集約されて伝えられているようだ。

〈記紀物語の成立とは〉

皇后や皇女とは、全く関わりも無い話もある。『日本書紀』の中には、仁徳紀の最後部分ともいえる67年に、吉備中の国のこととして書かれた、「川嶋川の川俣の大虬《みづち》を、笠臣の祖が退治した」という話がある。岡山県では知る人も多いかもしれないが、仁徳紀に備中国はあり得ず、天武朝以後の話と解説されている。ただ地元に住まう私たちには、こうした話が、仁徳陵とされる最大古墳の築かれた頃には、かつては吉備でも造山古墳のような巨墳が築かれていたとか、吉備の水軍や水運に対する能力を恐れた時代だったなどという遠い記憶が、より古い時期の吉備の伝承と合体し、ここにこのような話を入れたようにも思われるのである。記紀の物語は、こうして残されたものだろう。

この話は川嶋川＝高梁川が、かつては総社平野で分流し、東にも流れる川もあり、後に窪屋郡となる地域が島のように区分された状況であったことで、このように呼ばれたのであろう。この川が足守川に合流する辺りは、まさに川俣である。その川俣に接するのが、王墓山丘であり、楯築神社や、女男岩遺跡のあったところである。

楯築神社の神体石（資料26参照）は大虬（渦巻く水の精であり、竜・大蛇）を具現したものと見て間違いないだろう。つまりは水を司る精霊ともいえる。この勢力を抑えることが、この頃の吉備を制することだったはずである。しかし大虬が具現されたのは、弥生時代の終末、瀬戸内では、大和と吉備の力が拮抗していたともいえる時である。虬退治の時、虬は鹿となって争った、と書かれている。

不思議なことに、先に述べた王墓山丘北側の矢部の地と、足守川を挟んだ東の地点、現在は岡山市の加茂遺跡から、楯築時代に近い時期の器台形土器片に、まるで鹿の体を思わす動物が人面である線刻の絵が描かれていたのである。弥生時代から古墳時代にかけて鹿

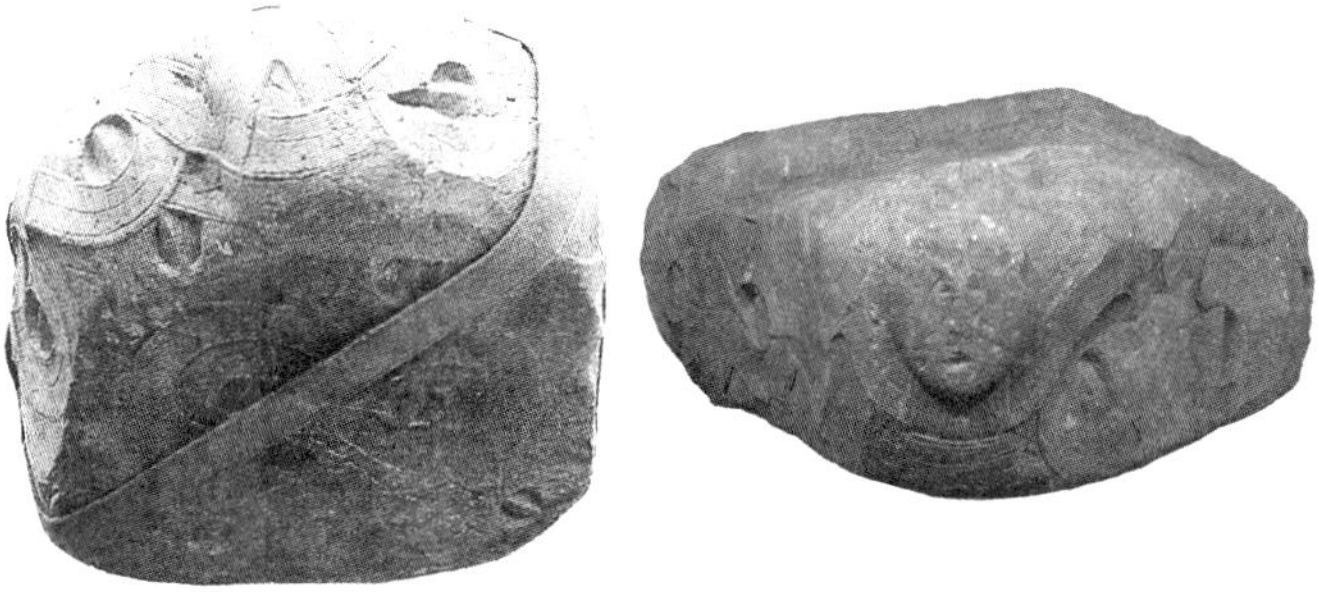

資料26　倉敷市楯築神社神体石（瀬戸内の渦潮流の表現か）。右写真は倉敷市提供。縦横共に90cm、高さ30～20cm。自然の凹凸を残した面、全体に文様は彫られている。左はつり上げた形で、裏面にも全面に渦文がある。

の絵は多く、当時の人々には、鹿は土地神でもあったと考えられていたようだ。虬の本体は楯築の神体石、これに代わって戦ったのは地元の人々、笠臣が退治しことになったのは、これこそ『記紀』編纂期の政治的状況の反映。この伝承の基本は吉備についてのたいへん古くからの伝承であったものが、多くの歴史的要素の中で変化したといえるだろう。

また多くの虬の仲間を切ったことで、川の色が血となったというような話は、吉備津彦の温羅退治の時にも語られる。吉備津彦が中央からの派遣者と語られるようになって、温羅も退治されたのであり、「矢田部」は皇后の名代とされ「八田部」が定められた話になってもおかしくない。

ここでの虬退治の最初は、虬にひょうたんを川に沈められれば、退治しないと持ちかける。しかし鹿となった虬には沈められなかったので、退治されたのである。この話のパターンは実は、すぐ近いところでも語られている。同じ仁徳紀の11年に河内で茨田堤を築く時、2箇所の崩れを防ぐため人柱を建てることになった。仁徳天皇の夢に神の告げがあり、二人の候補者がきまったが、一人は関東の人、今一人は地元河内の人だった。ところが河内の人は、川の神の力をひさごで試し、水中に引き込めなかった結果で、人柱を拒否、関東人は泣き悲しみながら人柱となり、堤は完成した。とある。多くの伝承はこうして、編集者の知識や意向・時期差無視も混じえ、さまざまの要素で出来上がっているともいえる。

また少々脱線したが、吉備国を支えた柱でもあった、地元では「矢田」や「矢田部＝矢田の人々」やまた地名の「矢部」などを、栄えた日々の思いと共に残し、多くの歴史は土中で忘れ去られても、その名は消えることは無かったのであろう。

ところで土中にだけ残された証言の中にでも、すでに発見されていても、誰にも見返られていないものもある。いま話題にしている矢田部に関係すると思われるものに、じつは真備町に限らず、古代の歴史に興味を持つ人には古くから著名であった、箭田の大塚内の棺や、総社市久代の長砂にある横口式石槨墳なども、皆一連の問題だと思われるのである。そのためには石棺材の話になるのである。

もしここまで放棄せずに読んでいただいている方でも、ただこれらの古墳と矢田部の関係が、なんで石棺材の話なのか、吉備真備の祖母の話が、製鉄遺跡の話となり、かなり我慢をしていたのに、こんどは石棺材とは何事だ……とお怒りであろうが、いま少し我慢していただかないと、納得されない方も多いのではと思うからである。

少し時代を後戻ることを、お許しいただきたい。

王墓山古墳の石棺から・浪形石

随庵古墳の調査からいえば十数年も後のことになるが、日本も本格的な高度成長期を迎えたことで、私たちが関わらざるを得なかった、倉敷市にとっては重要な遺跡群の調査があった。この遺跡群は、1971（昭和46）年に倉敷市に合併された、かつての都窪郡庄村の、矢部・西尾・日畑にまたがる標高では50mにも満たない、南北で1・2km、東西では0・8kmばかりの低丘陵上に分布していた。その北の一角には、楯築神社もある。山丘南東裾には西尾縄文貝塚もあり、この**丘陵自体が王墓山**と古い陸地測量部（今の国土地理院）の地図には記されていたが、今は見られず、一帯は現在、庄新町となっている。だがかつては100基近い古墳があったと思われる山丘であった。

明治末年頃に石材利用のため、大形の古墳石室が壊され、大量の遺物が出土し、それが地主の矢尾寅吉氏から東京国立博物館に寄贈されていたのである。またその時出土していた石棺は現地に残されていた。こうしたことが契機で、周辺に同様の古墳も多いことから、丘陵一帯が王墓山と呼ばれるようになったようだが、地元で王墓山古墳といえば、石棺出土の古墳を指していた。

この丘陵の一部も含む北側山裾一帯が、既に話題としてきた**矢部地区**だが、そこには奈良時代瓦出土地があり、駅家の可能性がある。そこより西に、低い峠を越すと西北の眼前が開け、その中に横たわるのが全長360mの造山古墳である。現在は人家で遮られて全体は見えないが、矢部から直線距離であれば2km足らずである。先に見た鉄器生産遺跡であった総社市窪木薬師遺跡とは造山古墳を中にして低い丘陵を越えても直線では4kmばかりだろう。多少の高低や回り道があったとしても、現代人にとっても、ハイキングコースの距離であろう。いかにこうした地域が互いに近い地だったかということである。

この地はかつての、備中国都宇郡であり、倭名抄の読みは「津」とある。王墓山古墳自体はこの山丘のほぼ中央あたりの東寄り地点で、東斜面の尾根近い位置にある。そこからほぼ東下の山裾日畑地区には、**日畑廃寺**として知られる白鳳期の寺院址がある。いわゆる吉備式といわれる華麗な軒丸瓦を出土している寺址

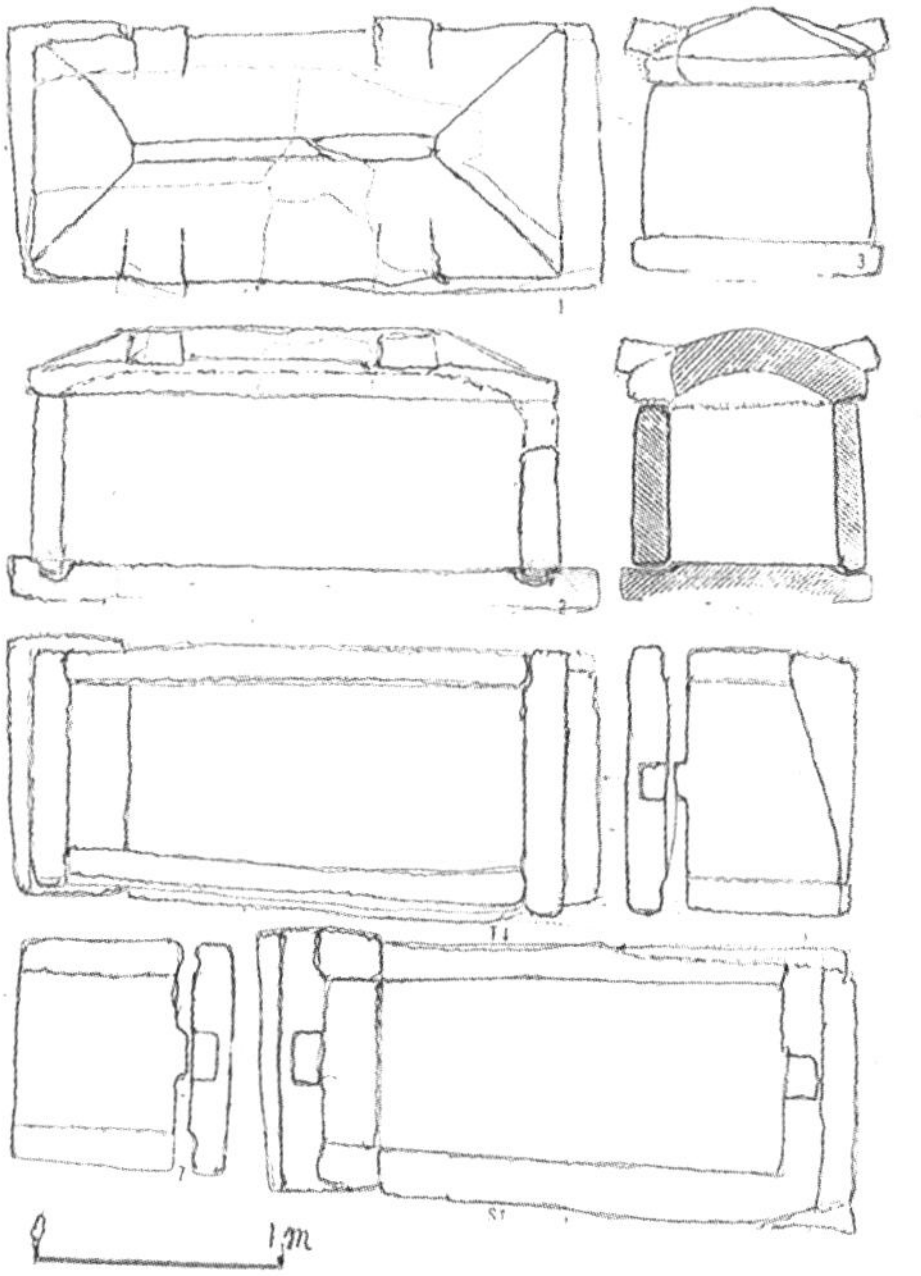

資料27　王墓山古墳の浪形石製組合式家形石棺図
木材の加工を思わす加工が見られる。

である。この種の瓦を持つ同時代の寺々については後で触れるが、総社市にも真備町にも分布し、これらも古代に既に郡名が異なる地域だが、いかに一体的な地域だったかを語るものだろう。

ここの王墓山地域で全面的に宅地造成が計画されたのは１９６９年頃からだったが、正式に県に開発届が出たのは１９７０年。多くの古墳群のあることは周知されており、岡山県教育委員会が対応していたが、その間庄村が倉敷市に合併したこともあり、責任が倉敷市に移動した形となった。遺跡の全面保存を訴えており、かなりの部分は残されたが、分布調査後、樹木伐採で発見された遺跡も多く、かなりの遺跡調査を、余儀なく私たちも行う羽目にもなった。この時期にもまだ、倉敷市には遺跡調査の専門職員のいない時期であり、もちろん倉敷市の職員とともに、遺跡保存を訴え続けた私たちも、岡山県の職員も、有志の人物を加えての調査となったのである。こうした調査の報告は、『王墓山古墳群』として倉敷市から１９７４年に出版している。しかし報告の主要部分と編集の全ては、調査後、倉敷考古館で行ったことから、『倉敷考古館研究集報第10号』の中に同文の内容を載せ、それに加えて、「石棺研究ノート（二）」を入れて、１９７４年11月に出版している。

実はこの時、王墓山古墳の一角は保存地域となっていたが、古く丘陵の呼び名の元ともなった、この後期古墳王墓山古墳（古墳群名としては赤井西１号墳）の状況と出土品の報告も加えることになったのである。ただこの古墳の実態は失われていたのである。

周辺地域調査前の木材伐採で、その搬出の際、古墳盛土らしい部分が見られたことで、周辺の地形測量と共に、東博蔵の資料と石棺の実測図を報告書に加えることとなった。この古墳が、全体の遺跡群に対し重要な意味を持つものであることは、多くの調査参加者の認識でもあった。『考古館研究集報　第10号』には、石棺研究の（一）を載せたが、この報告の出た時期には、すでに石棺研究の方は近畿や香川県の石棺石材研究の調査状況を記すようになっていたのである。

だが実は私たち二人にとっては、さまざまな調査や研究にも携わるのが仕事であった中でも、石棺石材研究に始まって、その研究自体が、古墳時代の政治体制と深く関係する問題であったことが、明らかになってくると、その研究は生涯の仕事の一つともなったのである。その発端が、この王墓山古墳の石棺だったのである。しかしこの時はまだ簡単に、この古墳群で中心ともいえる王墓山古墳の、現地に残されていた石棺の実態や実測図くらいは、当然報告に加えねばなるまいと思った程度のことであった。

また王墓山古墳の石棺は、岡山県西部の井原市野上町浪形（付記⑨参照）から美星町や矢掛町の一部に広がる、貝殻石灰岩といわれる堆積岩によるものだった。従来からこの石材製石棺は、岡山県だけであり王墓山例を含めても、わずか4棺が（その後1棺新発見あり）知られているだけであった。岡山県内で加工された古墳時代の石棺は、20余例だったが、これらの石材は何であるのか、王墓山古墳石棺との比較も、一応報告に必要と思ったからでもある。

王墓山遺跡群の調査は2ヵ年にわたったこともあり、その間、暇を見て県下の石棺調査に赴いた。当時の考古学関係者の常識では、古墳時代の加工された石棺のほとんどは石棺が所在する近隣に産する凝灰岩ということで、私たちもその程度の常識だったのである。ところが、古くから岡山県産の浪形石製とされた石棺は、限られていたし、他の石棺石材については誰もあまり気にしていなかったのである。改めてよく観察すると、いったいどこの石材か全く分からず、私たちの高校時代からの先生であった、当時は岡山大学理学部地質学教室の教授逸見吉之助先生を訪ねたのである。先生も既に他界されて長いが、この時いろいろお尋ねした後、石棺石材調査では、全面的な支援をいただいたのである。

石棺石材から見る古墳時代のことに関しては多くの関係論文を公にしたが、既に間壁忠彦が概説的な本として『石棺から古墳時代を考える』とし同朋社出版から1994年に公にしている。以下のことはそれに詳しいので、参考にしていただきたいが、このような研究を始めることになったきっかけだけは書いておかないと話が進まないのである。というのもここでは地元産の貝殻石灰岩製品が、なぜ少ないのかが、問題だからである。

岡山県内の他の石棺の多くは、実は兵庫県の播磨の高砂市にある**竜山石**で、これは火山による凝灰岩であった。加工にも便利な石材で、現在も石切り場がある。山陽線では「宝殿《ほうでん》」

という駅名ともなっている**「石宝殿」**と呼ばれてきた旧跡もある。竜山で大きな岩山を上から掘り込み、中にまるで横倒しになった社殿の形を掘り出したままの造形物が残されていて、**播磨風土記にも書かれている**、古代からの旧跡である。江戸時代などは有名な観光名所でもあったし、古代以来の石材産地でもあった。実はこの地域一帯は同種の石材を広く産出している。石切り場も、周辺各地にあったともいえるが、もちろん時代によっての消長はある。

明治時代以後のコンクリート製の建造物外装などには、コンクリートに混ぜる砂の代わりに、この竜山石を粉砕し砂の代わりにしたものを、骨材と呼んでいたが、それを混ぜ、石材の黄色を生かした外装を作ったものも多い。大原美術館にもそうした外装部分が残されていた。つい最近（２０１９年）にこの石材でタイルを作り、消臭・防湿剤になるなどのニュースにも接した。

ここの石材による古墳時代の石棺は、播磨一帯では随所の古墳から発見さており、考古学関係者の中では常識でもあり、兵庫県内では、それぞれの石切り場との関係の検討もされていた。しかし誰一人として、この石材が兵庫県を越えて他県まで運ばれるなど考えてもいなかったのである。

ただ私たちは逸見先生の指導でX線回折を用い、耳かき一杯ばかりの石材の粉によって、石棺材産地との関係も調べ、肉眼観察も重ねて、地上に現れている石棺の石材産地を調べて回ったのである。現在では各種の考古学研究の課題で理化学的な方法利用は、全くの常識で、多くの進歩を見ているが、すでに半世紀も前の当時には、石棺研究では全く知られないものだった。

竜山石を用いた石棺の中で、古墳時代も中頃の石棺は、長持形石棺といわれる棺形であり、これは今回世界遺産に指定された、主に5世紀を中心とする近畿の巨大古墳にだけ用いられている棺であった。この地まで竜山から石棺が海上を運ばれたのであろう（石材だけ運んだのでないことも、検討している）。

ところが古墳時代も後期となって家形石棺が主流となってくると、兵庫県では、他地域に類を見ないような多くの石棺が作られ、近畿周辺にも広く運ばれ、岡山・広島県にも運ばれてもいる。しかし一方では、各地では身近な地元での石材開発がされ、その地の豪族の象徴的な棺になっていたのである。大和の内部でも二上山の石材を棺材に多く用いており、蘇我馬子の墓といわれる石舞台でも、この棺材が用いられていた。

実は石棺の話は、このような簡単なことではなく、四国の石材、九州の石材も、日本海側も複雑であり、南海も関東もそれぞれの傾向がある。ただ後期古墳期には各地で新たな石棺石材開発が進み、地域の特性が強くなっていることを示してもいるのであった。

こうした中で、吉備でも地元の石材開発で、**貝殻石灰岩**（付記⑨参照）が使用されたのである。しかもそれは、王墓山石棺が、６枚の板石と、大形の一枚石で屋根形を作った家形石棺で、板石の組み合わせには溝を切るだけでなく、底石には小口側では溝の中に枘穴をつくり、小口石には枘を作って合わせていた。本来であれば蓋石を別にすれば板石は5枚あればよいのだが、底石が短く小形の平石が足されていたが、まるで木製板のようにきっちり合わせられていた（資料27参照）。

立派に加工された石棺だったといえるのである。この組合式家形石棺は王墓山古墳のみで、他の4例は蓋と身だけの2石材の刳抜式家形石棺であった。

実はこのほぼ独立した低丘陵は先に記したように、北東端の尾根上に楯築神社があり、この神社をめぐる遺跡については、地元だけでなく、また考古学マニアだけでなく、伝説や吉備津神社に興味を持つ人々にも説明を要しないはずだ。この山丘の東には足守川が南流し、この流れを隔てた東には、吉備津神社のある吉備の中山を望む地でもある。

丘陵の南半部の中心ともいえる地域では、かつては段々畑であった頂部近くで、工事のため伐採が進み木材搬出後に、地上に土器片のわずかな露出を見た。あまりにも僅かな砕片の資料ではあったが見過ごせず、50mばかりも試掘トレンチで追った先で発見できたのが、楯築遺跡と同時期に始まりそれに続く時期までの遺跡群である、女男岩《みょうといわ》遺跡や辻山田遺跡であった。これらの遺跡から発見された、器台付き家形土器等もわずかに残された遺構からの出土遺物であった。吉備における重要な古墳時代開始期の遺構だったのであった。こうしたことにまで言及したのは、この地にあった王墓山古墳が、吉備において多数の後期古墳が出現する中にあっても、いかに重要な地を占めた古墳であったかを示すためであった。ここに貝殻石灰岩製の石棺が存在していたのである。

箭田大塚古墳・花崗岩

岡山県の人、まして真備町の方々に、箭田大塚のことを説明するなど、全く不必要なことであろう。とはいえ、今頃のように、さまざまなニュースや娯楽の溢れる時代、繰り返して言葉にしないと、全てが忘れ去られる時代でもある。ここで今一度、箭田大塚は、岡山県下で三大後期古墳といわれている一つだということを、強調しておきたい。この古墳と、他の二つの大古墳の実態を、少し具体的に示しておこう。これも言うまでもないことながら、他の一つは総社市上林の「こうもり塚古墳」、いま一つが岡山市北区牟佐にある「牟佐大塚古墳」である。

三大横穴古墳の比較

外形は、箭田大塚は径約46ｍの円墳で、長さ5〜6ｍばかりの造出を持つ。こうもり塚は全長１００ｍばかりの前方後円墳。この時期の前方後円墳としては、全国的に見ても屈指の大きさといわれる。牟佐大塚は径30mばかりの円墳だが、外形の変形が大きく、本来はもっと大きいと推測されている。

横穴式石室の全長は、箭田で19・1m、こうもりで19・4m、牟佐で18m。石室の大きさ比較には、その幅や高さも必要だが、牟佐の石室（玄室）幅が2・8mの以外は、全てがほぼ幅・高さとも3mを超えるばかりのものである。外形の違いを別とすれば、この3古墳の石室の大きさは、周辺の横穴石室の追従を許さない。石室長だけでいえば全てが奈良の石舞台に匹敵する。（奈良の石舞台は玄室長が7・7m、幅が3・5m、高さ4・7m、羨道長11m。これと比べればこうもり塚は、玄室長7・7m、幅3・6m、高さは3・6m、羨道長約11mで、高さ以外は両者ほぼ同じ）。（岡山の古墳の概要は、『岡山県史・考古資料』参照）。

埴輪・葺石など外部施設については、箭田大塚では墳丘の範囲確認調査が行われたことで、かなり判明しており、3段築成で、周辺に4～6mの周溝があり、土師質の円筒埴輪だけでなく、須恵質のものも存在する。人物埴輪の顔や足の断片も出土（資料29上・付記⑩上など参照）。一方こうもり塚、牟佐大塚では、ともに埴輪や葺石などは確認されていない。

出土品も3古墳とも古くから盗掘や破壊があり、特に牟佐大塚の出土品は不明である。箭田大塚では吉備寺や東博に保管されていたものに、青銅の地金で単竜・単鳳などの飾り彫りに金箔を貼った直刀の環頭柄3点や、馬具類、鉄鏃、勾玉、金環（耳飾り）類がある。調査等も含めわずかに残っていたものには、須恵器も坏・高坏などの他に、台付壷の肩に小壷数

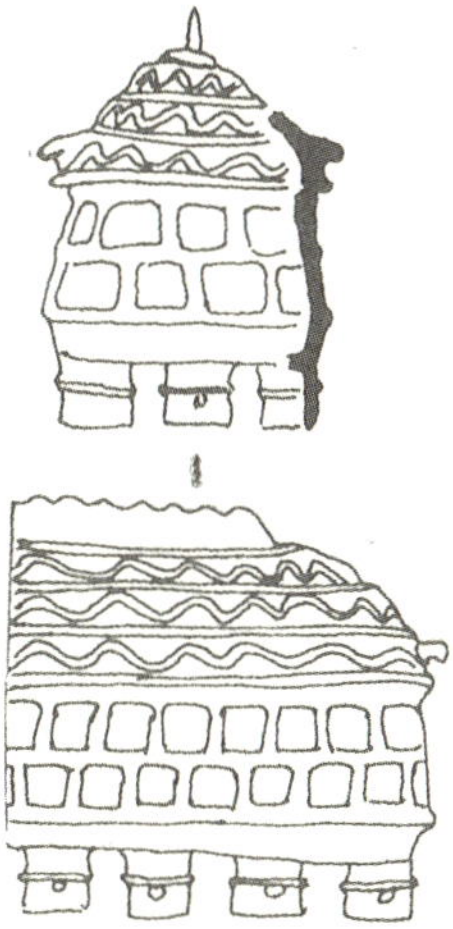

資料 28
(上)こうもり塚古墳の浪形石刳抜式家形石棺
　　身の長さ 2.3m、幅約 1.4m、全高約 1.25 m
(下左)同・羨道出土の土師質亀甲形陶棺模式図(葛原克人『備中こうもり塚古墳』(岡山県教育委員会、1979 年)参考制作
(下右)江崎古墳の浪形石刳抜式家形石棺
　　大きさはこうもり塚古墳とほぼ同じ。高さだけ 10㎝ほど低い。

個を付ける装飾須恵器片なども出土している。

こうもり塚でも同様で、単竜環状柄頭や直刀・鉄鏃片などの武器類片、馬具・玉などの装身具類、須恵器、土師器も多いが、鉄滓も出土している。

埋葬施設が問題である。箭田大塚では石室の奥壁と、それに接した西側の壁面石とを利用して花崗岩の自然石の板石で、数個の箱形石棺を思わす囲いを作っている。多数埋葬の場合、先葬者を集骨再葬した設備とも思われる。わずかに残された出土品を見ても、木棺を止めたと思われる鉄釘も出土していたので、主体は皆木棺であったのだろう。他にもこうした事例はあり、箭田は当時の墓としては巨大ともいえる空間であり、多数の人の他界での集合場所だったとも思われる。

こうもり塚と**牟佐大塚**には、貝殻石灰岩による石棺があった。しかも王墓山とは異なった大型の石材2つを刳り抜いて作ったもので、長方箱形の上に、家の屋根を思わす形の蓋を載せた家形石棺だった。こうもり塚にはそれだけでなく、土師質の陶棺（資料28下左参照。焼き物の棺で、古墳時代のものは多くの支えの足が付く、土師質と須恵質があり全国の7割以上が岡山県にある）も羨道（玄室に続く道）に納められていた。埋葬は恐らくそれだけでは無かったであろう。実はこうした石棺や陶棺にも、内部に複数の遺体がある場合はしばしばで、それらは同時埋葬でなく、後で追葬した状態が窺われるものがほとんどである。

牟佐大塚の場合の石棺は、こうもり塚と同じ石材で形も類似した、刳抜式の家形石棺ではあったが、屋根形がやや違い少し段を持った形をしていた。この古墳では詳細は分からないため、他の埋葬者についても不明である。

築造の時期

これらの古墳の築造開始時期が、どれが最初であるかは現状では分からない。ただ残存の副葬品や石棺形態なども考えれば、外形や石棺の状況では大きな違いのある箭田大塚も、こうもり塚もほぼ同時代に存在していて、使用された時期も似ており、6世紀も中頃末から後半が主体で、7世紀に入ってもまだ使用されていたものであろう。牟佐大塚の場合は、石室に幅が狭くなってきている点や、石棺の蓋に変化のあることから、他の2基よりはやや新しいものだろう。

石塔塚古墳と江崎古墳

この2基の古墳は共に数少ない貝殻石灰岩製で、刳抜式家形石棺を、埋納していた古墳である。

石塔塚古墳（資料29下右・付記⑫上など参照）は総社市秦地区の金子にある。この秦地域は、背後にある東に突出した190mばかりの城山に、高梁川が遮られ大きく東に蛇行した所で、城山裾に当たる高梁川西岸部分である。南北2㎞余、東西は1㎞ばかりのまるで紡錘形の平地であった。この平地の南先端付近の西に金子大池があり、その上手地域が金子である。この金子地域の南全面には西から流れる新本川が平地を作っており、砂田などの地名も見られる。

この金子古墳は低丘の先端で径30mばかりの円墳。全長8・5mばかりの横穴式石室である。

江崎古墳（資料28下右参照）は同じ総社市ながら上林地区にある。同じ上林にあったこうもり塚から西へ1㎞に満たない、北側山丘裾にある。現在ではこの両古墳の間に備中国分寺があり、その両古墳は離れた感じを与えるが、古墳築造時に寺の無いことはもちろんであり、かつてはこの両古墳は人々に、関係の深さを強く示していただろう。しかも前方後円墳でありながら、前方部を北の山斜面に向けていた。前方後円墳の形骸だけを残しただけの古墳といえる。築造はこうもり塚より新しいとされる。

この古墳で1984年、総社市史編纂のための調査で、浪形石製の石棺発見となった。岡山県下だけでなく、日本でこの浪形石製石棺は4例しかないと長くされてきたが、新例を加えたのである。しかしその後の発見は無く、江崎古墳の例は、こうもり塚との関係で理解すべきものであろう。

長砂《ながさこ》横口式石棺石室墳・竜山石

この古墳も同じ総社市で、しかも石塔塚とは西に直線では500mも離れぬ、近接した久代長砂にある。新本川の左岸丘陵上で、周辺に7基の古墳があり、長砂2号墳ともいう。ただ石棺石材は全く異なり、兵庫県の竜山石製であった。

実は形態も全く異なった横口式石棺と呼ばれる、古墳時代末期の石棺で、岡山県でも、唯一の形態である。長方形の刳抜《くりぬき》石棺で、小口部分の一方がなく、そこにはめ込みの小口を別作りにした身に、一枚石で蓋をした棺を主体にした古墳である。蓋石の上面加工は土中のため不明。石棺の内法は、長203cm、幅86cm、高さ54cm、小口石はめ込みのための浅い掘り込みが、口周辺に幅20cmばかりで回っている。ここにはめ込まれた横口蓋石は、近くの供養塔の台石になっている。この石棺の前面には、横穴石室のような羨道が付き、その幅は1・3m、長さ2・5m足らずで破損しておりその先は不明である。墳丘も全形は、不明ながら、背後から見れば、明らかに封土の盛り上がりを示す。

石塔塚古墳の石棺は、その石棺材産地には、他の同種の石棺が利用された古墳に比べ、最も近いといえる浪形石石棺であったが、その古墳に近接した位置にあったこの横口石棺は、播磨の竜山石製であった。石塔塚の棺より、時代は半世紀ばかりは新しいかとは思われるが、このことの意味することは大きいであろう。この点は、次にまとめて考えたい。

資料29　高梁川以西の材質が異なる石棺
(上)箭田大塚古墳の花崗岩石組(倉敷市真備町)
(下右)金子石塔塚古墳の浪形石の刳抜式家形石棺(総社市秦)
　蓋長さ約2.1m、幅約0.95～1 m、全高約0.95～1 m
(下左)長砂竜山石刳抜横口家形式横穴石室墳(総社市久代)
　石棺内容：長さ約2 m、幅0.88m、高さ0.59m、棺石厚さ約0.17m

9、遺跡群の意味する世界

奈良時代の備中国を中心にしてであったが、その頃この地域で「矢田部」と称された人々の系譜を考える中で、「吉備の鉄」に関連したことではないかとの推測が生まれた。そのため関係する遺物出土の古墳や、鉄器生産・鉄素材生産に関わる遺跡とともに、その背景ともなった古墳の主達の性格を示す石棺にまで、話は拡大してしまった。こうした中で見えてきた世界を、勝手な推測も混ざるが、まとめてみたい。

わが国では弥生時代とされた頃から古墳時代へと変わる時期と、また特に、5世紀台の倭の五王といわれた時期に、吉備地方と大和地方また河内・摂津地域とは、互いに大きな関わりがあり、特に5世紀台には、吉備の反乱という形の伝承が残るように、古代国家の成立までには、吉備に限らず、地域勢力の存在は、それぞれに保持されていたと思われる。その中にあっても吉備の力は、近畿地域勢力には侮れないものだったのであろう。たとえ対外的には「倭」国として一体的に理解されていても、倭国内での有力地域は、なおそれぞれに先進文化の国々から文物や人物を導入することも、でき得たのが5世紀台ではなかろうか。こうした結果が、より各豪族の台頭をもたらし、一方では、それまでの倭国統合の中心勢力の間でも、自己集団内での勢力確立と共に、組織的な国家への意図を強めてきた時でもあろう。

　こうした中で、吉備に対し伝統的な上道・下道を名乗る氏族への、畿内勢力からの締め付けもあったであろう。一方では新文化の導入により、吉備内部でも発展や格差も明瞭になっていたといえる。こうした動向は、地域によっての違いも大きいであろう。いわゆる古墳後期になると、さまざまな面で、畿内勢力により、組織化された支配関係が考えられているが、なお、地域での組織や、社会形態が生きていた時代であったと思う。

　吉備においても、下道地域とされてきた地域で、後の郡に当たるような地域別区分も、明瞭になってきたのであろう。この中での首長層といえば、旧来の伝統的有力氏族の後裔もあり、地域集団系もあり、配下であった集団系譜も、渡来系譜集団もあり、職業別的な集団もあり、さまざまな要素の有力新興集団が分立し、そのそれぞれ首長が存在していたとも思うのである。しかもこうした集団の人々は、互いに交流もし、外見的には同一地域の生活集団であってもおかしくない社会だったと思う。だが伝統的な葬送儀礼や祭祀などは、自分たちの思想や伝統に従い、それぞれの行動や祭祀を持っていたのではなかろうか。しかもこうした祭祀の場さえ、共有もし得る生活の地域が成立していたように思うのである。

棺の材料・浪形石と竜山石

古代吉備国の後期古墳で、大石室を持った3古墳でも、大きな時期的に差のない3古墳でありながら、しかも石材産地にはいちばん近い位置にある箭田大塚では加工された石棺はなく、貝殻石棺材を使用した形跡は無い。しかも円筒埴輪や人物埴輪はあり、須恵質円筒埴輪もあった。ここは下道郡である。

ところが、かつて中期の造山（都宇郡）・作山（窪屋郡）の両巨大古墳があった地域では、こうもり塚も江崎古墳も、石棺は貝殻石灰岩で共に刳抜家形。しかも墳形は両者とも当地方では数少ない、後期の前方後円墳の巨大なものと、予想外に新しい時期までの墳形であった。ここは郡をわたって、かつての下道地域の中心地である。かつての下道一帯にとっては加夜郡も本来は一体的だったはずであるが、これらこそ吉備反乱の結果による、近畿勢力の介入でもあって、区分された地域だったのではなかろうか。

5世紀台のこととして描かれた、河内における巨大古墳群を築造した、河内での大王家と吉備に対する伝承が、『古事記』と『日本書紀』でいかに違うか。この両書ともが、編集された7世紀台の大和国家内の残すべき意識であったようだ。

『日本書紀』では「応神紀」22年の春のこととして、妃である兄媛（吉備の祖・御友別の妹）が西を見て、両親に逢いたいと言って嘆いているのを見て、淡路の海人80人を水夫として送り返した。秋に天皇は淡路に狩りに行き、兄媛が恋しくなり、吉備を訪れ、葦守宮で、御友別や一族から歓待される。そのとき、子供たちに吉備の国を分国してそれぞれに与えている。長男に与えられたのが川嶋縣で、これが下道臣の祖。次男に上道縣、これが上道臣と香屋臣の祖。次の弟には三野縣……こうした子孫はまだ吉備にいる、とする。

長男に与えている所こそ、当時、川嶋といえば、高梁川が総社平野で分流し葦守川（足守川）に合することで出現している嶋の地形である。ここに造・作山古墳も、こうもり塚も含む都宇と窪屋の両郡である。吉備にとっては、歴史的にも精神的にも最も中心地だったところである。だが国土全体からいえば狭い地域である。次男は広大な上道全体と思われることだが、香屋（賀夜）と共同である。ここに明らかに造・作山周辺に対する支配意識が見られる。三男は三野、これは旭川周辺を意識してのことだろう。いずれにしても吉備国に対する地域支配体制を意識した逸話に思われるのである。この話を、河内王朝の始祖である応神紀に入れているのも、この時期吉備が、河内勢力に迫る勢いを持っていたことの記憶の反映であろう。

しかし『古事記』では岡山ではよく知られた物語となっている、「仁徳記」にある、吉備の黒比賣の話で、彼女は海部直の娘で、仁徳天皇にわざわざ召されたが、大后石之日売の大変な嫉妬で逃げ帰る。しかも天皇が恋うのを聞き、人に追わして船から降ろし、歩いて帰らせた、とする。しかし天皇は淡路に行くと騙《だま》して、吉備まで後を追ってきた。という話である。これは、代々天皇家に皇后を送る、王家と対等の力を持った葛城氏に対しても、吉備の勢力は無視できなかった表現であろう。しかし他の女性たちに対しても、同様な行動の石之日賣の行為は、葛城氏の勢力表現でもあろう。

ところが、『日本書紀』では、この絶対権を持つかに見えるも石之日賣も、王家出身者の女性（天皇とは母違いの妹）の場合は、自分が家出をして、天皇に懇願されても絶対帰らないのである。抗議の方法に差があるように描かれている。この王家出身の女性は後に皇后となっている。

こうした葛城氏出身皇后の行動は、倭王武とされる雄略天皇に関しても、同様である。これは女性の嫉妬話では済まされぬ時代で、葛城氏勢力の排除を、王家が望んだ場合で、葛城出身の皇后は、兄のところへ逃げ帰る。懇願されても皇子だけ返し、彼女も葛城氏本流の兄と共に屋敷に火が掛けられ死んでいくのである。

その後、雄略天皇は吉備の稚媛を夫から取り上げ、二人の皇子まで儲けている。しかし雄略死後には、古来より王家の軍団や、経営などを支えた王家従属の有力集団で、皇后は出し得ない、身内集団の協力で、吉備の女性と王家との子供は、吉備の援軍の到着までに、大蔵と共に焼き殺すという強硬手段で、排除されたのである。これが『日本書紀』に語られた、吉備の反乱であった。

『記紀』編集時の7世紀頃、中国勢力も背景にある、朝鮮半島に対する利害関係が緊迫した時期、大和での王位をめぐる豪族間の争いも激しくなり、地域勢力との関係を考える中で、吉備地域も重視されたのであろう。単にその地域支配という以上に、吉備内部での海部による塩生産、山部による鉄生産での鉄器類とくに武器増産など、無視できない状況が、大和王権内でも注目されたのであろう。『日本書紀』には無く『古事記』にだけ語られた吉備の海部直の娘の黒日賣物語も、吉備や当時の民間に伝わる物語が、こうした配慮で記載されたのかもしれない。

この注目された吉備の鉄については、「矢田部」の問題で一応触れてきたように、素材生産を他地方より早く開始した可能性と共に、むしろ素材となる鉄鉱石の採集が充分でない中、砂鉄利用への工夫もあったような生産力を指すのである。また塩生産では土器による海水の煮詰めが原則の時、海水濃縮法では各地での工夫の中でも、瀬戸内という恵まれた砂浜の海浜と、晴天にも恵まれた環境の中で、土器で天日濃縮をする方法への工夫も吉備の地で生まれたのであろう（拙著「師楽式土器再考」『生活意識の考古学』2009・9参照）。

吉備国の分割から、またかなり話は逸れたが、貝殻石灰岩の石棺を持つ牟佐大塚は、備前国赤坂郡への西の入り口ともいえる旭川に近接した場所であった。ここから旧山陽道を東に2㎞も行かぬ地点には、岡山県下で第3位の規模を持ち、周溝には水をたたえる両宮山古墳

（墳丘全長１９２ｍ）を始め周辺は古墳時代中期ごろには、備前地区では最も注目される古墳群地域でもある。ここが最もよく知られた吉備反乱伝承の、原点であろう。巨大な両宮山古墳では、墳丘一帯で埴輪の一片も、全く採集されていない。主体埋葬の有無さえ疑われている古墳である。

しかもこの一帯の古墳には、畿内大王家と葛城氏の象徴ともいえる、竜山石による長持形石棺も、九州からの舟形石棺も運ばれているのである。吉備国の謎はまだ多い。西のあの川嶋地域と同様といえる。牟佐大塚の浪形石石棺はこうした地域との、かつては吉備一国であったという連帯感の最後の表れともいえよう。

こうして数少ない貝殻石灰岩製石棺を埋納した古墳を見てくると、高梁川を隔てた西で、貝殻石棺を使用する石塔塚には、特に特徴は見られないものに思われる。多くの後期古墳に見られる、その地域では一定の規模を持った古墳に過ぎないともいえる。だが逆にいえば、この古墳の主は、貝殻石灰岩製の石棺に納められていることから、かつての吉備における王者の後裔であったことを明らかにしているともいえるであろう。それは川西の広大な地域の中で、ともかくかつての吉備の王者下道氏の後裔ということだったのかもしれない。

こうした古墳がこの地にあったことで、川東で鉄生産が開始され、広大な山林や、生産に必要な傾斜地形が求められた時、高梁川西岸域でも、人々の主要な生活の場でない地域で生産が可能になり、同じ矢田の名称が、広がったのではなかろうか。

新本川と末政川流域の「砂」地名

新本川流域には、現在の地名ながら、「砂」や「さこ」と読まれる土地が多いように思われる。10㎞ばかりの、この川の中・下流域で、現在の国土地理院の2万5000分の1地図上で見る「砂」の付く地名は、高梁川に合流近い地点で「**砂古・砂場・砂田**」があり、少し上には、石塔塚のあった久代の「**長砂**」。この久代の地区は新本川を挟んだ南北の地域を指すが、長砂は北岸にある。南岸の一帯は、製鉄遺跡として取り上げた水島工業団地のある一角で、この遺跡地内にも「**板井砂**《いたいさこ》」があった。この地名は、本来小字名だったと思われ、現在の地図上には無い。

より上手の新本地区では、谷沿いに少し北の山中に登っては「**殿砂**」がある。この殿砂よりやや北東の尾根上に連なる古墳群は、少し下手の山田地区に属するが「**砂子山古墳群**」と呼ばれている。この古墳群は既に半世紀以上昔の1961年に、私たちも調査に加わり、後日資料報告をした古墳群である（間壁忠彦「総社市山田砂子山古墳群の墳形と石室」『倉敷考古館研究集報19号』1986年3月参照）。新本市場の北山裾あたりには「小砂」がある。細かい地名を見れば、なお増えるのではなかろうか。

ところで一方新本川流域の南背後の山丘の中には、山越えをして南の小田川の流域に出る峠が幾つかあるが、中でも現在、水島の工業団地となった、かつての製鉄遺跡として調査されたところから南に越える道は、小田川に流入する**末政川**が広い谷を作り、そこにつながる低い峠である。現在では立派な道路が通る。南北に通ずる古くから利用された道筋であろう。立坂峠と呼ばれ真備町の有井に通じている。その道は途中で分かれ、有井より西の箭田にも通じている。実はこの通路沿いには、立坂峠からわずか南に地名として「砂走」がある。そこより末政川を2㎞ばかり下った所は、「**狩砂**」である。また箭田方面に抜ける道筋では、箭田大塚の西に「**矢砂**」がある。他の真備町では「砂」の付く地名は見当たらない。これを見ても、新本川流域と末政川周辺一帯との近さと、同じ環境が思われる。

今回真備町の大水害で、この末政川の堤防も決壊し被害を大きくしていた。普通には小さい小川に過ぎないが、豪雨の際には急速に水を集める地形なのであろう。このため谷も深く広くなり、山稜を低くして南北をつなぐよい峠道が出来たのであろう。

この峠道は、時代の差こそあれ、「砂」の付く地名地域から、石塔塚の主と箭田大塚の主と長砂石棺の主が、何らかの関係でつながることを、暗示するように思えるものである。またこのむしろ自然の厳しさを示す地名が、かつての鉄生産者が、鉄鉱石を求める中で、天然の砂鉄に気付くきっかけともなったのではなかろうか。6世紀末から7世紀にかけての、高梁川の東岸での盛んな鍛冶遺跡の鉄原料が、新本地域の砂鉄も含むと思われる材料に近いとの分析結果からも、こうした推測が可能なのではなかろうか。

ところで、高梁川東岸の総社市東部での地名はどうであろうか。ここでは平地北の山塊から平野部へ流れ出る川に、「砂川」の名がある。だがこの流域には平地に出た位置に「河原」の地名はあっても、上にも下にも砂の字は地図上には見られない。より東で、問題の阿曾地区の真ん中を流れ、足守川に合流するわずか手前で砂川と合流している川は、「血吸川」である。鬼ノ城の温羅と吉備津彦の争い物語に登場する川として有名であるが、この川の流域にも地図上には、「砂」の付く字は無い。この高梁川東岸の状況と比べ、新本川流域の「砂」文字の多い地名は、偶然では済まされないと思う。全く飛躍した言い方で申し訳ないが、ここに砂鉄発見の名残があるということなのではなかろうか。

実は古来からの砂鉄によるたたら製鉄は、明治初年までわが国での鉄生産法であり、それに関係した名称や伝承が、地名に残るものは各種ある。製鉄の歴史研究の上では、各地に残るこうした地名集成は随所でなされている。その中には「砂」字も共に集成されている。しかしそれをそのままで古代の歴史まで遡らせられるものではない。ただ「砂」の付く文字だけであれば、主には地形とか自然な情景表現でもあるので、比較の対象としたのである。こうして見た中で、新本川流域と真備町の一角に、あまりにも顕著な差が見られたことで、そこに自然現象だけでない世界を見るように思ったのである。

わが国では最初から砂鉄による製鉄と、鉱石による製鉄とが行われたように語られている。それらは、岡山・広島県南部と琵琶湖周辺などが、鉱石によるもので、その他九州も出雲でも東国でも砂鉄生産であったとされている。しかし世界的に砂鉄産地として知られるのは、ニュージーランド、カナダ、日本だともいう。日本が製鉄技術を習ったはずの朝鮮半島でも、中国にも古代において明瞭な砂鉄製鉄が判明しているようではないようだ。私たちは製鉄の研究者ではないため、耳学問にしか過ぎないが、こうした雰囲気はあるようだ。

最近の研究については知らないが、たまたま手許で見ることのできた、奈良文化財研究所研究報告の第9冊『官衙・集落と鉄』２０１１年では、それまでの手工業的な生産は、地域豪族の中でも発展することを論じた、多くの論文はあげられてはいても、具体的な話としては明らかにされていない。この研究報告書では北部九州の福岡市の西端で糸島半島周辺に集中した製鉄遺跡等の報告では、周辺の6世紀後半以降の古墳に多く鉄滓が副葬されているとあるが、官衙遺跡を中心にした報告で、近い海岸で採集された砂鉄が材料であるとしたものは、8世紀台の資料のようである。しかしこの地域では、古くから砂鉄精錬が考えられている。東北の遺跡においても同様であるが、この報告では、東日本での製鉄炉形態の違いが問題である。いずれにしても砂鉄製鉄が、わが国でどのようにして始まったのかはよく分からない。

ただこうした時期の製鉄法は、たとえ鉄鉱石であっても材料をできるだけ細かく砕くものであろうから、砂鉄との製作法には違いはなく、むしろ地域の地形や製作技術者の技量が大きく関係するものと思われる。当時の製鉄者は、協力者はいても、自ら材料を探すことも仕事のはずである。吉備の地で鉱石採集のため山を歩く人間にとって、周辺は基本的に花崗岩地帯である。風化により、小谷川も多い地形といえよう。豪雨の度毎の土砂の流出も多かったのではなかろうか。水の溜まりもあろう。たとえわずかな量であっても、周辺で当時のような製鉄作業が行われていれば、砂鉄の存在に気付いたのではなかろうか。砂鉄による生産がどこで開始されたかについては、こうした技術集団の発見や工夫によるものが大きいものだったのであろう。またこうした中で、吉備の鉄の成分の特製を熟知して、製品に合わせた再加工に優れた工人が、多かったのかもしれない。

雄略天皇の死後、吉備の反乱という中で、残された皇子には、滅ぼされた葛城氏を母とした白髪皇子しかなく、彼には後継者は無かった。そのため名を遺すため「名代」が定められたとする「白髪部」の地名が、今も「真壁」となって総社市のしかもかつての矢（八）田部村に近接した地に残っているのである。

この「白髪部」は、本書の次の項目で中心話題でもある「姓」でもある。正倉院文書の中で、岡山県ものとしては、最も知られている「備中国大税負死亡人帳」天平11（739）年の中で「窪屋郡白髪部郷」として記載されている。なぜ地名が真壁に変わったのかは、承知の方も多いであろう。次項で詳しく述べねばならないのでここでは省略するが、上道臣の反乱として語られた話が、実は吉備全体の問題であったことの証明でもあろう。この辺り一帯は、吉備にとっての重要地点として中央政府にとっては狙いの的だったともいえよう。先にも述べた『播磨風土記』の中で、農民にとって、歌にしても良いような吉備の鍬の良さは、拍子を取るように軽やかに耕せた鍬だったのだろう。先に総社市窪木遺跡で示したような三つ目鍬だろうといわれているが、吉備の鉄は用途にあった良質な鉄素材を作り、新製品を考案する技術を開発していたのではなかろうか。

考古学的に残された実態だけ見れば、石塔塚には地元の伝統的な豪族層にだけ使用された石棺があることで、下道氏一族か。石塔塚とは、互いに時期は重なっていてもよい6世紀後半には築造され、共に7世紀台も使用され続けていてもおかしくない。箭田大塚の方は、新技術を持った渡来人と一体化する中で、共に鉄製産技術を向上し地元で勢力を持った豪族矢田氏か。長砂の横口式石棺は7世紀も後半近く、大和王家の傍系の人物が、吉備勢力との結合のため、送られていた人物か、あるいはその逆で、地元から王家に近づき、一定の身分を得た人物の帰葬か、……さまざまな要素は考えられるが、地元からの視点で見た場合、地元にとってはこの地の下道氏とは、既に一体的なもので、特に矛盾は無いものであったのだろう。互いに近接した地を墓所としている集団である。

高梁川西岸では、下道氏を強調すること無く、渡来系からの出発であったかもしれないが、広域で鉄素材生産を始めたことで、それを支える農業生産も拡大し、各地との交易も進んだことで、住民の安定ももたらされていただろう。箭田大塚もその中で生まれたので、ここでは石棺より、身近な土師氏、須恵生産者も関わる埴輪が使用されていた。鉄生産での貢献度が高い7世紀後半になると、大和政権内で海外との抗争関係が重要問題となる中で、吉備地方の海運力に加え、塩・鉄という当時の基本的な生産物を持つ吉備に対する注目が、あの横口石棺だったのかもしれない。

高梁川東岸窪屋・都宇の地

今までの説明は、主に高梁川の東岸地域でも賀夜（蚊屋）郡であったが、都宇郡には造山古墳があり窪屋郡には作山古墳や国分寺がある。ここでも同様に、多様な要素が混在する中で、地域の特性を明らかにしている。ここでは吉備氏本流を主張する形での、こうもり塚と江崎古墳での、地元石材の石棺に、伝統的な前方後円という古墳形態の採用に意欲を示している。

しかし一方では、こうもり塚のまだ使用が続く時期に、この周辺である、法蓮・下林・上林の山丘や宿周辺には、多くの横穴式石室墳が築造されており、古くから須恵器の台付壷で、人物・動物・小壷など多くの小像で飾られた、装飾土器が出土している。こうした人物や動物には、物語を示すようなものも多い。東博の蔵品になっている、宿辻の畑出土品や、法蓮出土と考えられる、倉敷考古館蔵品や天理参考館蔵品がある。また現在は総社市学習の館保管となっており、古くは総社市東中学校に保管されていた、出土地不詳だが、宿辺り出土かともいう資料などがある（口絵Ⅳ参照）。ここにこれだけ挙げると後期古墳は全国に数え切れぬほど存在ともいわれるので、珍しいとは思われぬかもしれないが、これと同じタイプの装飾を付けた須恵器は全国でも150点にはならないのである。しかもこのタイプに近い装飾須恵器は、朝鮮半島の製品が手本だが、それは新羅地域の製品が手本になったようである。わが国が朝鮮半島の古代の国々との交渉の中では、百済との友好がよく語られ、むしろ新羅とは敵対関係のようにいわれているが、実際にはそのような簡単なことではない。吉備の中心地域でも、こうした新羅系の文化が導入されている。

ここには恐らく人々の渡来もあってのことであり、宿には「末」の名称と共に、この奥地には多くの須恵器生産の窯跡が残されている。この窯では大和の豊浦寺や奥山久米寺などで用いられている、飛鳥時代の瓦屋根を飾る大型の瓦（後にこの飾りに鬼面を使ったことで、普通は鬼瓦と呼ぶ飾り瓦）と同じものが、この窯で製作されており、注目されている。

またこの地域には、竜山石石棺も入っている。横口式石棺よりはわずかに古い時期のものだろう。組合式の家形石棺の底石が、小川（井手川）の橋になっていた（付記⑪参照）。この川はかつては旧山手村と総社市の境であった。総社市真壁字井手である。石棺は旧山手村側の山から運ばれたと伝えられる（この地域については、なお注目すべきことは多い。『山手村史本編』２００４年12月など参照）。

　この地域だけのことではない。足守川を渡った吉備の中山には、横穴石室内に竜山石製の刳抜式家形石棺の身だけを残した石船塚古墳を始め、周辺ではやはり竜山石による、組合式家形石棺の部材などが、多く知られている。こうした事実は私たちも幾度も書いてきた。

　また先にも述べた「備中国大税負死亡人帳」（『寧楽遺文』上巻３１６頁）では、備中国九郡の中で残っていた部分は、都宇・窪屋・賀夜郡の３郡部分に過ぎないが、今回問題としている最も中心的な地域ともいえる。この公の書類は、税金完納前に死亡した人物ということではあるが、その氏姓を見るとそれぞれ戸主には、それぞれに異なった姓が目立つ。またそれぞれの地域名を負う氏名も、地域を渡って入り組んでいるようだ。渡来人系の氏姓もかなりある。こうした点を問題として、この地域を論じた論文も多いようだ。しかしいずれにしても、これはこの地域が人々の一体的な交流圏であって、渡来人も含め各地との交流の多かった地であることをも示しているのではなかろうか。

参考：古文書をみるときの参考に（天平11年（７３９）の数字）

一　二　三　四　五　六　七　八　九　十　百　千（七三九）

壹　貳　參　肆　伍　陸　漆　捌　玖　拾　佰　阡　天平十一年

10、改めて「母夫人」とは

ここで再び、「母夫人」とは、と思い返さねばなるまい。

つい先のように、さまざまな面から、高梁川の東西での違いを取り上げてくると、7世紀後半では、吉備勢力は地域分裂を示しているようにも見えるであろう。しかしすでに長々と述べてきたように、重要な産業といえる鉄素材や鉄器生産での面では、かつての大下道国一帯は同一地域なのである。広く開かれ、新たなさまざまな文化が交流する地域として、むしろ再構成された一国とでもいえるのではなかろうか。

その証拠が、かなり前に触れた、いわゆる白鳳時代には、この地域に限らず、多くの寺院が周辺地域でも建設されているが、その中でも、その寺々の軒先や、大屋根を飾る瓦に、同一形態ともいえる華麗な模様を付けた寺の一群があることも、しばしば述べてきた。この事実が、精神的な一体感にもなって、かつての大吉備中の国になっていたのではなかろうか。

この地域の白鳳期の寺々の屋根を飾った瓦の文様は、吉備式として知られる、華麗な蓮弁と鋸歯文で飾られたものであった。県内では、最も古い建立の寺の一つとされている総社市秦廃寺祉は、高梁川の西岸で、川が大きく蛇行したことで生じた、半月形をのばしたような山沿いの小平地で、新本川の北岸近くでもある地に建立されている。この寺祉からは、飛鳥期の瓦に次いで、吉備特有の華麗な吉備式の瓦が出土している（付記⑮（下）参照）。

新本川をややさかのぼり、立坂峠を越えれば、そこは小田川流域で、右手には箭田大塚があり、その下手、現在の吉備寺が建つ地にある箭田廃寺祉はすぐ眼前である。ここでも同種の瓦が出ており、その文様で飾られた鬼板が吉備寺に保管されているのは有名である。

同類の瓦は、末政川に近接の岡田廃寺祉や、小田川を渡った南岸の八高廃寺祉でも出土している。これらの寺々では本来の地点に残されている礎石は少ないが、移動した物も含め、かなりの礎石を目にすることができる。ここは先に見た鉄製産地域で説明した地域でもある。

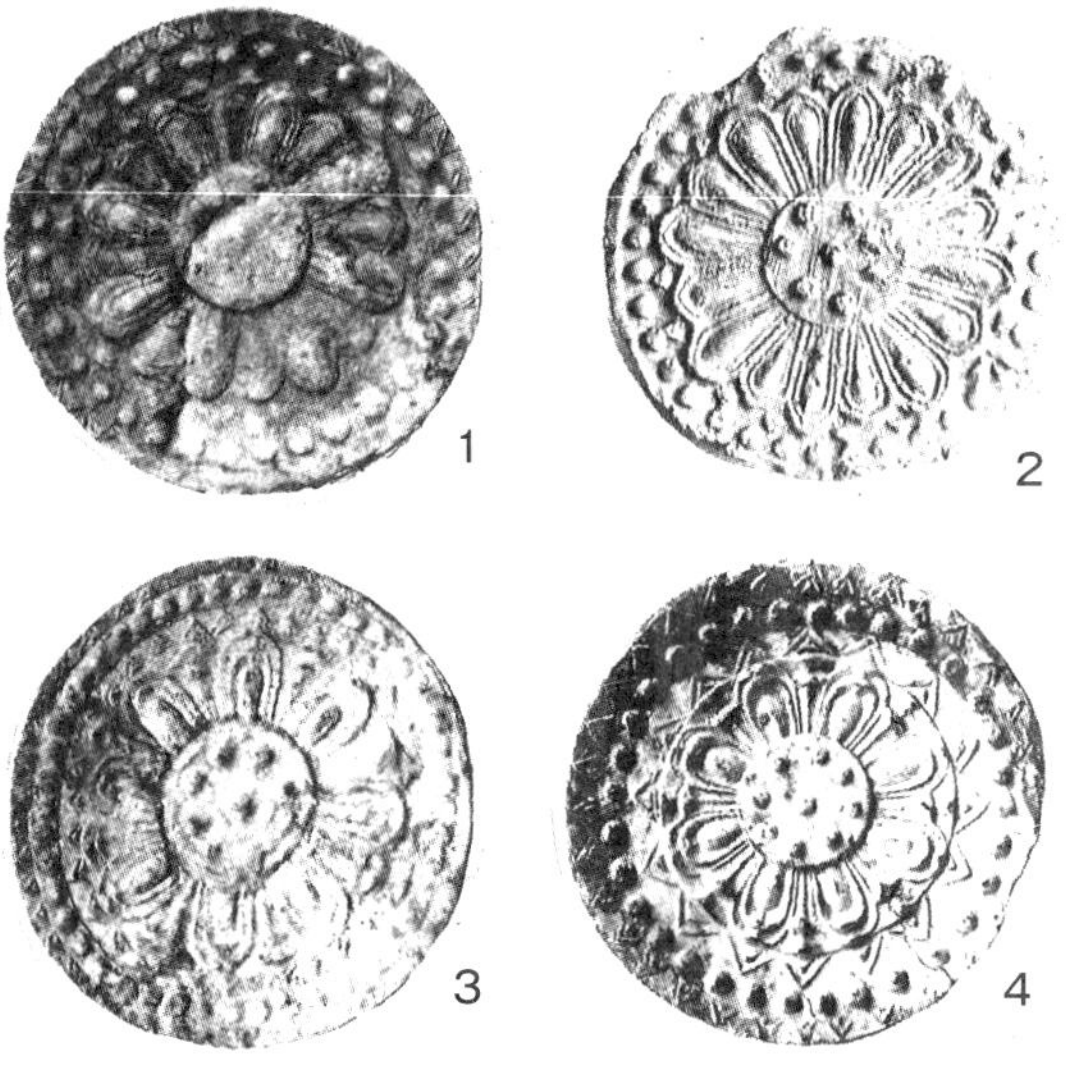

資料 30　吉備式軒丸瓦（7 世紀後半頃・大きさ不同）
1．倉敷市（真備町）・八高廃寺、2．同・岡田廃寺、3．総社市・秦廃寺、4．倉敷市・日畑廃寺
（これらの寺にはそれぞれの時期に異なる瓦を出土している。他にも箭田廃寺（吉備寺）や総社市栢寺（門満寺）廃寺などでも同種の瓦が出土）

高梁川の東岸でかつての賀夜

郡内の服部村にあった門満寺内にあった廃寺祉は、栢《かや》廃寺祉とも呼ばれるが、ここでも同類の瓦が出土している。この一帯は、かつて鍛冶製鉄の中心的な地でもあった。

前に説明した王墓山古墳の東裾に当たる日畑廃寺でも同類の華麗な瓦を出土している。その瓦は庄地区の二子窯址で製作されていた。これらの遺跡については、それぞれに報告もあり、概要は私たちも幾度か書いたことである。ここでは同類の瓦だけ載せよう。これらの中には、文様の違いも見られるが、それらは時期差もあり製作場所の違いもあるからで、全く同じ物にする強制は無くとも、同じ模様を意図する点では常に社会的な交流があり、工人間にも交流があり意識が共通している証明だろう。こうした地域では、むしろさまざまな系譜の人々が入り組みながらも、生活形態の異なる人々であっても、社会的には一体的だった証拠でもあろう（付記⑭⑮・資料30参照）。

それはむしろ進歩的社会だったともいえる。これが当時の吉備の実力にもなり、吉備真備という天才を生み、彼らをバックアップもできる地域になっていたのであろう。

古来の勢力と文化の代表として下道臣がおり、新興の技術と対外交流、経済力には矢田氏がいて、両者結合の象徴が、あの「母夫人」とする、と書くと、それは歴史でなくて、小説になってしまうが、案外こうしたのが事実なのではなかろうか。

随分と紆余曲折の連続だったが、これが真備墓祖母の出身を矢田氏ではないかとした、理由でもある。真備の長期の留学も、その地元からの支えは大きかったものだろう。当時は中央に兵士を出す経費まで地元負担の政権なのである。留学は国費で行っているはずだが、ある意味では任意な長期滞在、それが充分に国の経費で行われたのであろうか。優秀な人物は滞在先で収入を得られたかもしれないが、勉学や資料収集を充分にするには、出身氏族の支援が基本ではなかろうか。真備はそれに恵まれたともいえるが、家族の実態は中央の中級官僚に過ぎず、すでに政権の中枢にいる、中央の貴族氏族ではない。

真備は祖母の葬儀で、吉備の地の実態を知り、その後、中央で競争の厳しい勉学の中で、留学生に選ばれるまでに、自分の立場、彼を支える吉備の地の人々の、大変な献身はよく理解できたのではなかろうか。彼にとっての、父の「母夫人」は成長するほどに、故郷の象徴になっていったものとも思われるのである。

これがあの母夫人の墓誌に出発し、あるいは次項の主人公、富比賣の墓にもつながるのかもしれない。かつての藤原京の近くともいえる地で発見された母への墓誌も、そこで生きてくるのではなかろうか。

二、白髪部《しらがべ》毗登富比賣《ひとtomiひめ》の復活

（天平宝字七年銘の墓地買地券）

1、40年昔の電話

「天平宝字七年」といえば763年・奈良時代も後半で、この翌年には、一度退位していた孝謙女帝が、藤原仲麻呂の乱を経て、再度即位し称徳女帝となった頃のことだった。だがこのタイトルの富比賣《とみひめ》さんの天平宝字七年銘墓地買地券が市民権を得るには、あまりにも長い時が必要だったのだ。私たちの怠慢だという人があるかもしれないが、私たちにとってはよく復活できたと、今になっても思っている。もし私たちに根気がなかったら、誰が、改めて文面を読み替えているだろうか。それまでも充分に読み直せる機会のあった人たちはいたはずだが……。

1979年11月21日、40年も昔のことだが、私たちにとってはこの間のようにも思われる。既に故人の京都大学教授岸俊男先生からの電話だった。

「近年出土でまだ発表されていないが、太宰府の宮ノ本遺跡から、日本最初の鉛板墓地買地券が発見された。発表の時の説明を求められているのだが、その際、先日の墓地買地券を話しても良いか」が、その要旨……。

こちらで即答したことは「先生があれを日本での墓地買地券と認めてのお話と思いますので、こんな嬉しいことはありません」……。

これで　やっと富比賣さんも市民権を得た！　の思いだった。

というのもその年の5月、学会で上京する際に、問題の「矢田部益足之買地券文」と称されてきた遺物の、拓本、私たちの釈文、写真などを持って、全く面識も無い古代史研究の泰斗岸先生のところへ、教示いただきに立ち寄っていたのである。

2、電話までの道のり

この資料は江戸時代も後期文政年間（１８１８～１８３０）に、現在の倉敷市真備町大字尾崎字瀬戸出土とされている。
（既に幾度も繰り返しているように、平成最後の年ともいえる平成30（２０１８）年の7月6～8日の大豪雨の災害地、倉敷市真備町。）

ところで現在（２０１９年）も倉敷考古館に保管されている問題の遺物は、板状土師質の焼き物であるが、このようなものは一般的に塼と呼んでいる。大きさは、縦約42㎝・横約21㎝・厚2・１㎝前後のものが2面である。それぞれ片面に50余文字が焼成前に、へら状工具で刻字されていた。しかし発見時より両面とも破損し、表面の磨耗も激しい部分があったようだ。また発見時に、表面の汚れなどを落とすためか、硬いもので傷つけたと思われる痕跡も激しい状況であった。

文字のあることが分かり、当地方の幕末の学者も幾人かは検討・判読していたが、意味の通る釈文とはなっていなかった。ただ2面は同文と見てよく、当地方では2面共によく解読できた、文末の「矢田部益足之買地券文」によって、この塼製資料はこの名で呼ばれていたのである。
この資料は、当地方で江戸時代末著述の『備中誌』にも記述され、現代社会になっても1930年発行の永山卯三郎著『岡山県金石史』に収録されている。(この永山卯三郎氏が、当地出身者であることは、先の項で記した。)当地方では、一応知られた資料であった。

倉敷考古館開館時からの展示品

倉敷考古館では、開館時の1950年から、発見時よりの所蔵家佐藤家の厚意で借用が続けられ、展示を続けていた資料だったのである。だが私どもが倉敷考古館職員として初めて関わった時から、開館の指導に当たった先生や先輩方より、正確な理由のないまま、全く例の無いものであり、この資料は疑問があると聞かされていたのである。また折々に館を訪れた、考古学や古代史の専門の方々に意見を聞いても、言葉を濁し、問題にされない様子であった。

こうした方々が明確なことを言われないのは、私たちにも理解できた。当時、奈良時代の銘を持つ、古く出土とされたような資料で、間違いないものは、『寧楽遺文』(東京大学史料編纂所、竹内理三編纂)に収録されていると考えるのが常識。同書には『岡山県金石史』も参考文献としながら、この「矢田部益足之買地券文」は収録されていないのだ。専門家であればあるほど、この事実は承知のはずである。しかもわが国での道教影響下で作成される墓地の買地券とは？？

当時のわが国の学会の常識としては、奈良時代には、中国からの仏教教義や信仰・文化は、国の方針もあり各地に浸透したが、中国で広く受容されていた道教の影響は、ほとんど見られぬものと考えられていたのである。墓地買地券を作るというのは、道教思想のもと、墓の地は土地神から買い取ったことを証明する地券を作り、墓地に埋置する習俗を指す。

中国で墓地買地券と称されてきた物は、主に鉄・鉛・焼き物の板状品で、後漢代から三国・六朝期に盛行し、形の変化はあっても、ともかく、以来、清代までも続く習俗だったといえる。隣国の韓国で１９７１年に新発見され話題となった、百済国武寧王と王妃の合葬墓から、発見された墓誌と表裏になった墓地買地券を思い出すことはあっても、わが国の考古遺物としては、全く馴染みの無い物だったのだ。この隣国韓国でも、墓地売地券はたいへん珍しいものでもあった。

富比賣黙殺の理由

母夫人骨蔵器

今ひとつ心証を悪くした材料に、この墓地買地券文塼が発見された地点は、先の項で長々と問題にした著名な吉備真備祖母の和銅元（７０８）年銘骨蔵器発見地点と近接している。両地点間は、同じ小田川沿いで４㎞ばかりに過ぎない。骨蔵器発見は元禄12（１６９９）年、買地券発見より１００年ばかり前とはいえ、骨蔵器は地元の寺に伝えられていた。これは江戸時代を通じ学者や、好事家には周知されている。周辺には明らかな弥生時代土器片に、文字を偽刻したものまで保存されていたのである。

墓地買地券２面の塼は、骨蔵器を知る者の偽作ではないか。しかも土師質板状品の塼本体に関しては、私どもにとっても、土質・製作・焼成法とも時代が断定できる特徴は、見られないものであった。考古学の専門家にとっても、お手上げの資料だったのである。

前の項で度々書いてきたように、奈良時代、死者のため墓に副葬された物には、**墓地買地券ではなく、墓誌はあった。**しかもわが国ではそれもたいへん少なかったが、墓誌の方は、古くは文暦２（１２３５）年に、僧行基の墓誌断片が発見されている。しかし多くは江戸時代発見であった。現代社会でも、すでに40年昔のことになったが、１９７９年には、『古事記』の選者太安万侶の墓誌が発見されたこともあり、わが国でも一応墓誌の存在は一般的に知られているだろう。だがその後、各地での開発が進み、各種遺跡・遺物の発見は膨大なものになっているが、その後、墓誌の新発見例は無い。真偽不明品を含めても20例にも達しないのである。

先の項で、中国唐時代の則天武后作成の文字について述べた際、中国での墓誌について触れたが、その膨大な数は、わが国とは比較の対象にもならないものだった。もちろん墓地買地券的なものも多かった。しかしわが国ではわずかに墓誌はあっても、墓地買地券は公認されたものは1例も無かったのである。本件資料が疑問視されたのも、無理からぬものであったのだ。私たちも、こうした常識に、安住していたとはいえ、やはり割り切れないものがあったのである。

無視への逡巡

この資料は、述べてきたように、倉敷考古館で開館以来、展示を続けていた資料なのである。江戸時代以来、地元の古い文献では**「矢田部益足之買地券文」**として常に取り上げられていながら、中央学者からはわが国においてはあまりにも例を見ない資料で、合理性も無いと見られたのか無視をされ続けていたのである。

実をいえば私たちは、真偽を正す前に、真偽の不明なものを、博物館施設がそのまま展示してよいものかどうか、そちらの方が大きな問題であった。いち応世間では、博物館に展示されたものは、間違いない物として見るものであろう。特に考古学資料については。この点は常に気がかりで、多少ながらも検討を続けていたのであった。

たまたま開館から9年ばかり経ったとき、私たちは、倉敷市浅原の安養寺で、瓦経塚を調査したのである。この文中でも、先の項目で、随庵古墳の話をした時触れた遺跡であるが、この遺跡も私たち二人にとっては、一生の中で大きな部分を占めるものであった。

安養寺瓦経塚の調査では、瓦の焼成が悪かったことで、全ての瓦に書かれた経典は、粘土化して塊状に密着していた。それを剥がし、わずかに残った文字から埋納していた経典を探すという、長い困難であった整理作業の中で、10種の経典と応徳三（１０８６）年銘の願文を発見したのであった。

中でも年銘を持つ願文のような新発見資料は、決して数多くない平安時代の資料として、東京大学史料編所へ報告するのは、義務だろうと考えていた。そこでその資料を送る際、ついでといっては悪いが、竹内理三先生に、矢田部益足之買地券文塼の拓本をお送りし、改めてのご教示をお願いしたのである。１９６4年2月のこと。

折り返し毛筆で達筆の丁寧な御返事をいただいたのである。

すでに半世紀以上の歳月が経っている１９６4年の手紙を広げると、全文をそのまま載せたいような内容である。安養寺瓦経願文のお礼、塼の拓本のお礼、その他（資料31参照）……大先生にとっては、全く面識も無い私どもは、当時まだやっと30歳というような業績も知られない田舎の若造である。しかし学問のことでは不躾な突然の便りにも、丁寧な返事がいただけたことに、私たちも生涯見習わなければと、感謝と共に心に刻んだのである。

竹内理三先生の手紙

前置きが長くなったが、実は本題の買地券についての先生の手紙の内容は、資料31でも示したように、多少の期待を裏切るものではあった。

「……この券文は御察しの如く、永山氏の金石文にて承知致しましたが、同時代のものとしても類例がないため、真偽の判断に苦しみ割愛致しましたが、御恵贈の拓本にて見る限り、矢張り字体といい体裁といい疑わしいもののように感じました……」とあった。

その時はやはりそうだったかと思った。しかし何のために、意味の分からないような偽物を作ったのか、吹っ切れない思いも残ったのである。全く手本にする対象も無いわが国で……何でこのような土製の墓地買地券を2枚も作ったのか……。

先の冒頭に登場いただいた岸先生のところを訪ねるまでには、なお15年の歳月がある。その間も展示は常に続けていたが、この資料に関して、見学者からの特に何の質問も無かったのである。

その間、日本各地では景気向上の波に乗って、驚くような開発と共に、遺跡破壊とその調査がどのように行われたかは、私たち同業者はみんながそれぞれに体験したことだろう。

奈良における都城の調査も進んでおり、その報告書も出る中で、奈良時代文字の実物など、特に目にしたことも無かった私どもも、多数の**出土木簡の文字**の実態を、写真などで見得るようになった。その文字があの買地券の文字によく似たものに思われだしたのである。

再度解読へ

この資料は発見時以来、内容の釈文が充分にできていない状況も、本体の真偽に関しては大きな問題ともいえた。実物で見ても、拓本で見ても、自然の摩滅と破損に加え、よく読めぬためか、より表面が傷付けられたと思われる情況で、容易に改めての釈文ができるとも思われなかった。しかし手許にある資料であり、今一度、初心に返ってと、暇ひまに解読を試みた。あの瓦経を判読した時のように、全く文字を意識しないで、そこに残されている痕跡をそのまま書き写していくことに専念したのである。

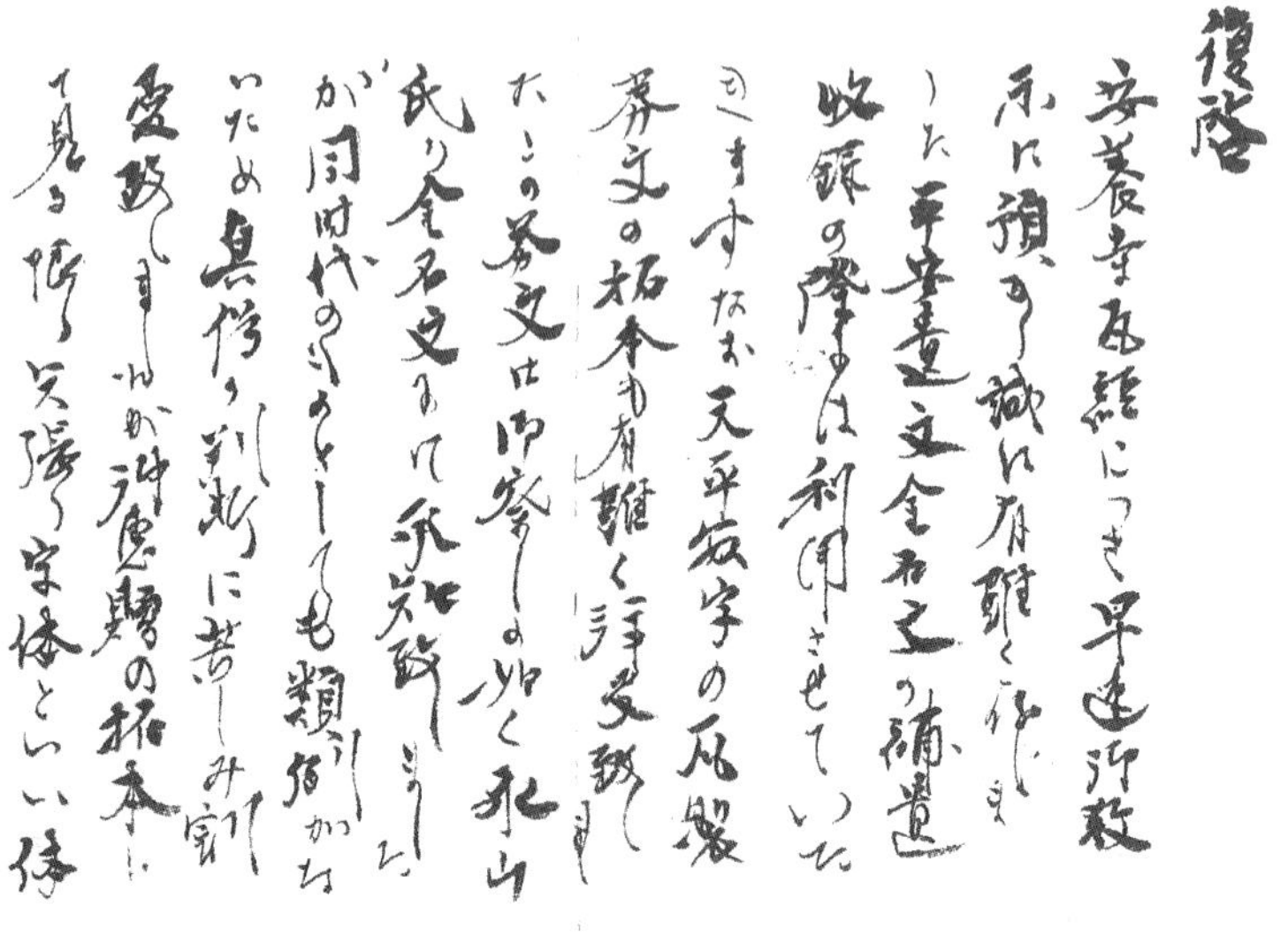
復啓
安養寺瓦経につき早速御教
示に預かり誠に有難く存じま
した 平安遺文金石文の補遺
収録の際には利用させていただ
きます なお天平宝字の瓦経
経文の拓本も有難く拝受致しま
した この経文は御参考の如く飛山
氏の金石文にて承知致しました
が同時代のものとしても類例がな
いため真偽の判断に苦しみ
受致しましたが御恵贈の拓本に
て見る限り字体といい体

資料31　竹内先生からの手紙

丁度その頃、現在（２０１８年）は橿原考古学研究所所長である、若い日の菅谷文則氏が立ち寄られた。（実はこの文章を書いていた２０１８年秋頃は、まだ菅谷氏は健在で、橿考研の所長であったが、今年２０１９年の6月18日に、ご病気の再発で逝去された。ここの文面を過去形に訂正するに偲びず、そのままとした。この本が出来たら、また思い出話のできる日もあるかと思っていたのだが……心よりご冥福をお祈りしたい）

当時はまだ現在のように、各地に考古館や、研究機関が整っていない頃、倉敷考古館には、各地の考古学研究者がよく立ち寄られるのは日常のことだった。

菅谷氏にとっては、今では全く記憶に無いことかもしれないが（今ではそれを

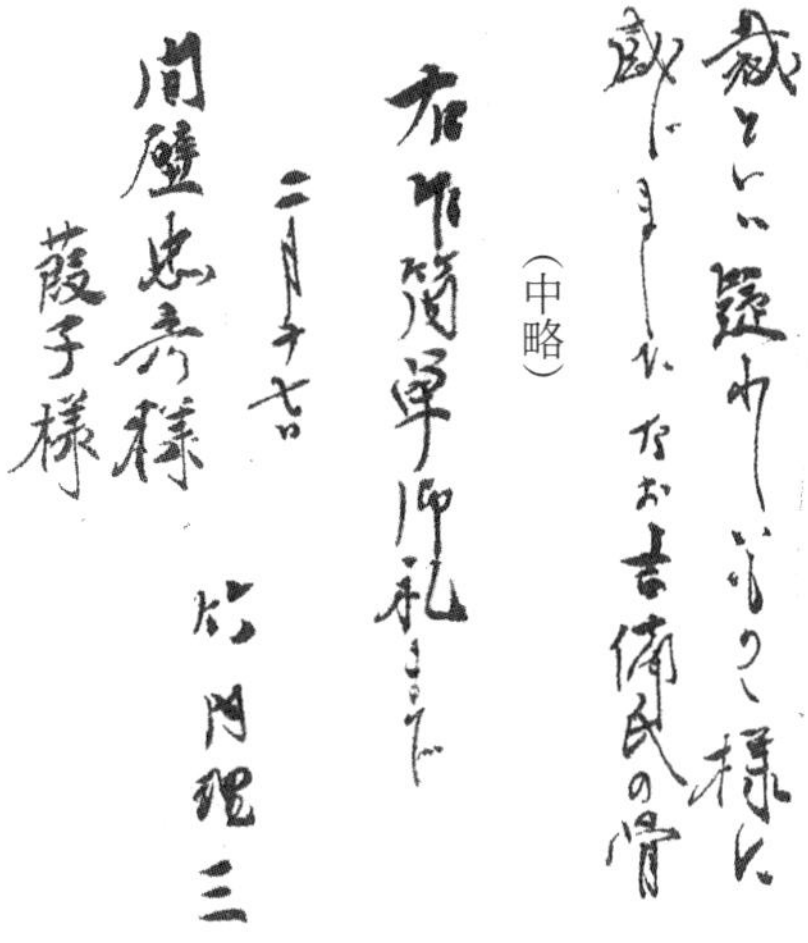

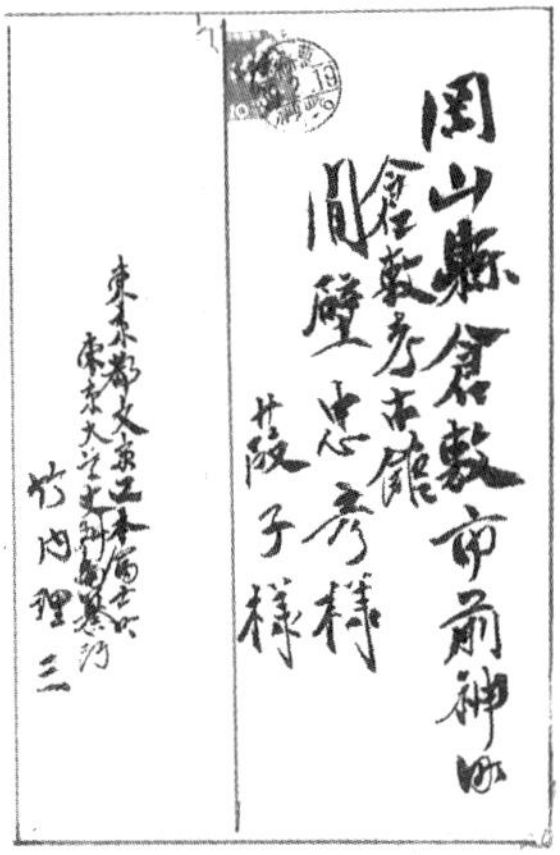

封筒表裏

確かめる術も無い）、この時たまたまこの資料が話題となり、奈良の各地の遺跡出土木簡に関して、京大の岸先生と昵懇であった菅谷氏から、岸先生に相談してはというような話になったのである。

そこで、突然電話でお願いしての上だったが、岸先生は気軽にお会いいただけたのだった。その時、奈良時代文献に関しては全く素人である私たちの、改めての2面を付き合わせての新釈文も持参したのであった。

それは先に述べたような土師質長方形2面の塼に、1面は4行・他の1面は5行にわたってほぼ59文字が、刻字されていたものであったが、全く同文と見てよく、筆跡も全く同一人物と見てよいものだった。改めての2面の検討から、新たに判明したともいえる文字も多かった。
59文字の文面は、2面の上では、特に計画的に書かれたようには見えない状況ではあったが、ただ文中の中ごろに当たる、年号部分では、行の頭から書くつもりだったと思われた。2面とも、他の文面は自由に書かれ、5行になった方は、最後の行で書けなかった3文字だけを、5行目の中ほどに書いたという感じなのである。

以下に示すものは、4行立てのほうで、(」)は改行部分を示しているが、これは両者で違っている。(報告書でA面としたもの)

「備中国下道郡八田郷戸主矢田部石安」口白髪部毗登富比賣之墓地以」天平寶字七年々次癸卯十月十六日八田郷」長矢田部益足之買地券文」

この意味は解説するまでもないが、現在の岡山県西部、高梁川以西の一角、倉敷市真備町箭田地域の、戸主矢田部石安《やたべいわやす》の家族の一人、白髪部毗登富比賣《しらかべひととみひめ》の墓地。天平宝字7(763)年癸卯《みずのとう》年10月16日、郷長矢田部益足《やたべますたり》の買地証明書。ということであろう。

これは、この墓地を誰が買ったのか、あまりはっきりしない証明書ともいえるが、地元村落の長が墓地の地権を証明したことを示している。

この釈文を目にした岸先生が、取りあえず、これがまず偽物ではないと認められる証明となるのは、ここに書かれた、墓地を買ってもらった富比賣さんの姓についていた「毗登」の文字ということであった。拓本や写真で見る限りでは、この部分の文字は「毗登」と見てよいようで、この文字が、この塼製品の天平宝字七（763）年のものに違いない強い証明になる、と岸先生から指摘されたのである。

それは天平勝宝9（757）年5月から宝亀元（770）年9月までの間、聖武天皇の名前であった「首皇子」の「首」と、藤原不比等の名「史《ふひと》」の姓は、（恐れ多いので）避けて他の姓に変えるか、「毗登《ひと》」に代えるようにという命令があったことによる。その文字が名前に用いられるのは、その間15年間だけのことである。しかもこの命令は『続日本紀』などに、正確には記録されていなくて、多くの文献を検証して分かる事実であって、よほど歴史に詳しい人でない限り、後世では分からないものである。この間に書かれた人名の実態を見て、こうした命令の事実が確認されているようなものなのである。

この買地券は、書かれた年代が763年であって、丁度この15年の間である。江戸時代人の知識で、ここまで正確なことは分からないと見られるので、江戸時代の偽作ではあり得ないと見てよい、ということなのである（詳しくは『倉敷考古館研究集報　第15号』1980年4月参照）。

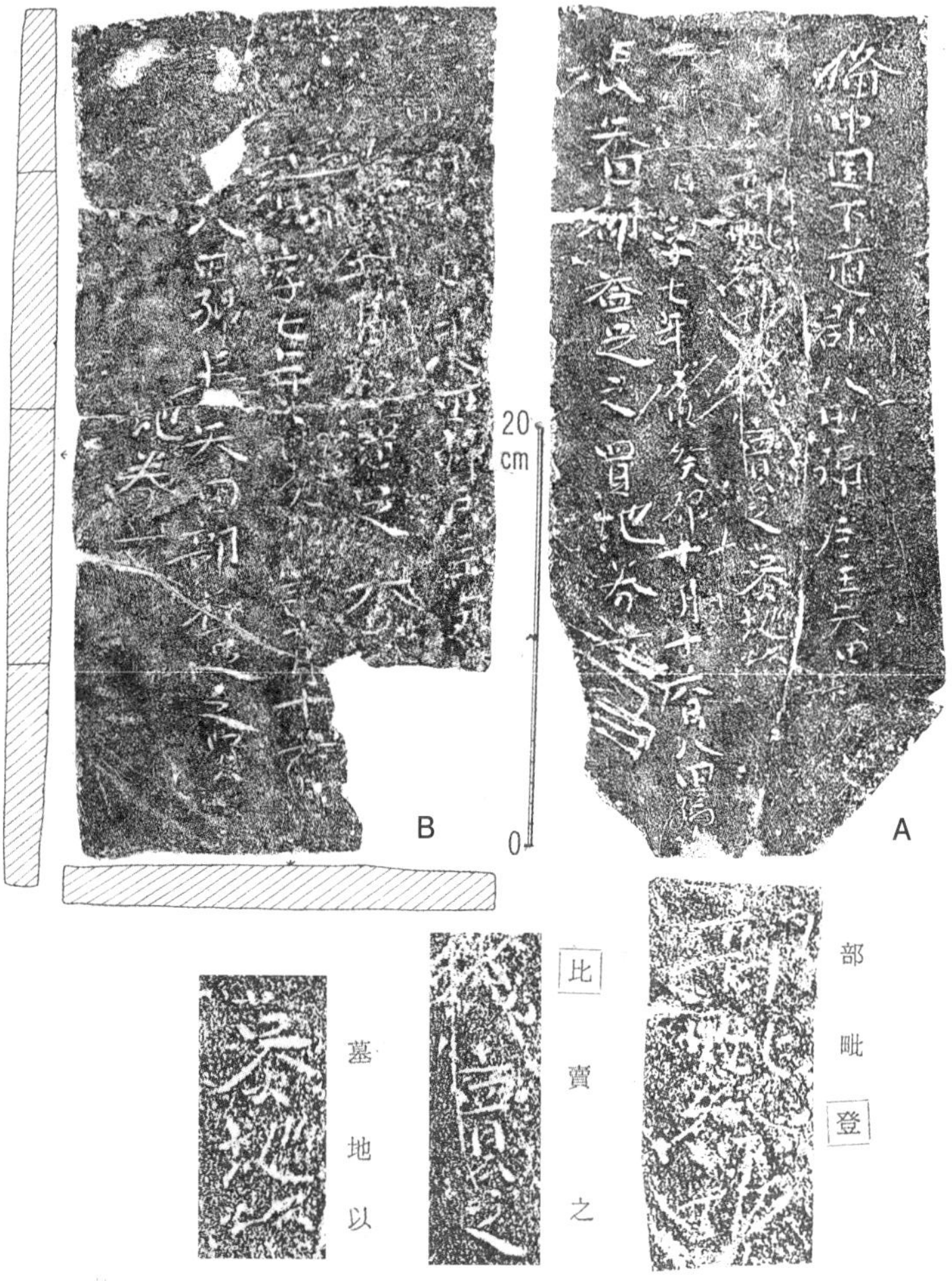

資料 32　富比賣墓地売地券拓本
下は A 面で問題文字部分拡大

実は釈文検討中、この文字に行き着いた時、私どもは何も知らず、この文字が一番合理的だったのである。強いていえば、奈良時代の人名で、こうした文字のあることは、一応知ってはいたのだが、とりたてて気にもしていなかった。仕事柄『続日本紀』などは開く機会は多かったから、そこに登場する多くの人名の中に、こうした姓の付く場合もあるのを、目にしていたというぐらいのことであった。むしろ私たちが全く知らないようなことが、当時のものといえる証明でもあったのだ。

ただこの「白髪部毗登富比賣」の人名の文字は、古くには誰にも読み取れなかった文字であり、気付かなかった名前だったのである。私たちは全く無意識に資料面の刻線だけを写し取ったことで明らかになった名前であった。

3、新旧釈文対比

今一度古くから言い習わされた読みと、再検討の読みとを対比しておく必要があるだろう。そこには互いに、文字として似た字画もあり、また読む側の思い込みなどのある怖さも窺えるだろう（口絵Ⅱと資料32参照）。

江戸時代以来の読みも、「矢田部」を「天田部」とするような、互いにわずかずつの違いはあっても、基本は同じである。これらを集約したものとして、１９３０年出版の永山卯三郎著『岡山県金石史』での釈文と対比する。以下の対比は一行おきに古い釈文と、今回の釈文を並べているが、両者の下線部分や文字空白部分に注意。これらの文字は、間違うべくして間違ったことが分かるであろう。（改行部分は無視している）

（旧）備中国下道郡八田郷戸主矢田部益足戸白髭部

（新）備中国下道郡八田郷戸主矢田部石安口白髪部

（旧）𣅜宮作買之墓地以天平宝字七年　癸卯十月
（新）毗登富比賣之墓地以天平宝字七年々次癸卯十月
（旧）（新）十六日八田郷長矢田部益足之買地券文

これを本体の文字実態で、サイドライン部分を詳しく見ると、1行目の人名は、細い線ではあるが「益足」とは絶対読めない。これは最後の買地券文の人名に引かれての思い込みで、詳しく見ていない結果といえる。

「戸」が実際は「口」である点は、奈良時代の正倉院などに残された戸籍帳では、「戸主」以外の家人は「戸口」としてまとめて記載されている。この「戸口」に当たるというつもりで「戸」としたのであろうが、例えば、正倉院文書の中で、吉備国の資料として知られる「備中国大税負死亡人別帳」にしても、出雲国の「出雲国大税賑給歴名帳」にも戸主以外の個人の場合は全て、氏名の前には「口」として記されている（『寧楽遺文上巻』参照）。これなども思い込みの間違いだろう。

「髪」字が「騑」となっているのは、この字が、奈良時代の木簡などで見る字の書き方と同様で、「髪」字の上部が強調された書き方のため、左上の「镸」部分を「馬」と読み、残り部分全体で「飛」字に見たのであろう。それで現実には無い文字「騑」にしている。これは読み違いといえよう。買地券の文字が、むしろ奈良時代的だという証明でもあろう。
とくに「毗」字について、この部分は最も見辛いところで、作りの「比」を「兆」と見て、「眺」のような偽文字になったのであろう。続く「登」の下半部はかなり見えるが無視している。というのも続く「富」を「宮」と読み、「比賣」の「比」字を「作」と見違えたことで「宮作」としたので「賣」では全く意味不明となるので、「賣」の土を取って「買」としてしまったと思う。宮の前の文字「登」を無視してしまって、その空白部分は釈文には示されないままであったのだ。こうした釈文だけを、後世の学者が見たのでは、意味不明として無視することになったものだろう。

しかし実物の買地券を先入観無く見ると、多くの部分で間違いに気付くはずだ。明らかに「石安」とか「賣」字などは分かるであろう。「作」字としたものもよく見れば「比」である。私たちの作成した拓本でも分かると思う。多くの専門家の目を経たと思われており、長い時間が経てば経つほど訂正が困難なことを、自分たちの態度も含め思い知らされ、反省もしたのが、この遺物であった。

もしそれが裁判であったら、冤罪と再審の問題と同じであろう……このようなことをいうと、皆さんは何と答えてくれるだろう……現在生きている人命と、古い誰にも何の関わりもない、私には興味も関わりも無いものとを、一緒にするなと思う人が多いのでは……

だが千数百年を、時には何万という時代を、またそれが古くても新しくとも、ただの小さい土器や石ころのかけらでも、遺物であれば、土中でやっと生き続けた人の存在を、生かすか殺すかということではなかろうか、と私たちは思ってきたのである。

また少々脱線したが、古代の文字で「比賣」が女性に付く文字であることを、江戸時代頃からの郷土史家や歴史学者が知らないはずはないだろう。だが、買地券などに女性名が出るなど、当時の学者には思いつかなかったこともあったかもしれない。この意識的な読み違いが、意味の通じぬ文面となり、この貴重な資料を、長く偽物視する最も大きい原因となったともいえる。(人々の生きた時代の意識で歴史も変わる。怖い話)。

まだ本題が残っていた。実は私たちの心配は、ここに登場の女性の名前だった。彼女が「富」さんなのか「宮」さんなのか。個人名でもあり、たいへん読み辛い部分だったので迷ったのだが、2面を付き合わすとどうしても「富」さんのようであり、富比賣で公表した。もし間違っていたら、ご当人にはたいへん失礼なことだが、古代の有名人もよく名前が変わっていることがある、お許しいただきたい。だが基本的に最も大切な部分の文字には、間違いのないつもりである。

（余談）

ここで今ひとつ思い出したことを付け加えておこう。この資料について、開館以来私たちの知る範囲では、見学者からの質問は特に何も無かった、と前に書いたが、実は唯一度だけあった。そのときは偶然にも私が買地券を展示していた部屋で、他のケース下の収納場所から、何かを探していた時だったと思う。その部屋での唯一人の見学者で、かなり若い男性だったが、学生ではない。買地券を指して「この資料についての何か研究のようなものはあるのですか」というような内容だった。簡単な説明は付けていたが、それは歯切れの悪い物である。この質問は全く偶然にも、岸先生のところへは尋ねたが、まだ何のお返事も無かった時だった。質問者にとっては、資料に付けられた説明が、不満なものに見えた質問に思えた。「その資料は今、岸先生のところへ持って行って、検討中なのです。」とだけ答えた。もちろん岸先生がどのような方かも一切説明もしていない。普段はそのような答えはしないのだが。質問された方にとっては全く予想外の答えだったようで、少々慌てた感じで「それはいい、岸先生なら間違いない、岸先生ならいい」とだけ言って立ち去った。

その頃は多くの木簡も発見され出し、各地での研究も進んできた時である、こうした質問も当然あってよい頃である。関心が増えることは喜ぶことで、それとなくなぜ質問したのかなど、ご意見を聞くべきこともしなかったのは、後で悔やまれた。これが唯一度の見学した方からの反応であった。若い方だったので、こちらはまだご存命だろう。覚えているかどうか……。

4、太宰府宮ノ本遺跡の墓地買地券

富比賣の墓地買地券が、市民権を得るきっかけとなった、わが国では唯一の発掘資料である、太宰府市宮ノ本遺跡出土の墓地買地券には、比較のためにも触れておこう（この遺跡に関して基本的には、報告書『宮ノ本遺跡』山本信夫・高倉洋彰・中間研志　太宰町文化財調査報告書第3集　１９８０年による）。

この宮ノ本遺跡は、大宰府政庁の西南2・3㎞の地にあり、１９５９年に地元の小中学校建設地として調査された。古墳時代から、奈良・平安時代にかけての多数の墳墓も発見され、その中で火葬墓に伴って墓地買地券も出土したのである。この墓では、火葬骨は木箱に納められていたようで、周辺には方形に石積みがあった。買地券は鉛板で厚さは2㎜ばかり、短冊形、長さ35・2㎝、幅9・5㎝で文字は墨書されていた。

解読の困難な部分も多いため、現代の文字に直したが、一応、原文は下記のようなものだろう。（□は文字不明部分）

「□□戊□死去為其□坐男好雄□縁之地自宅□□方有其地之静寂四方□□□可故買給方丈

地其直銭貳拾五文鍬一口絹五尺調布五□白綿一目、此吉地給故霊平安静坐子々孫々□□□全官冠□□録不絶令有□七珍　　　白」

少々分かり辛いが、概要は○○日に死去した人物の息子好雄が、死者の霊が休まる静寂地を銭二五文鍬一口絹五尺調布五（　）白綿一目で買い取った。この佳き地に安静に埋葬された者の子々孫々までも栄えるように、ということであろうか。

富比賣墓地買地券とはかなり違っているが、これは富比賣のほうが、中国の買地券とはかなり違っているためで、宮ノ本のほうが、中国の本格的なものによく似ているのである。中国での古い時期の墓地買地券についての説明は、最初に多少触れたし、参考として記した『倉敷考古館研究集報　15号』の岸先生の論考を見ていただければよいのだが、その中の簡単な事例だけを、一つ示しておこう。

これは東京にある、「台東区立書道博物館」の蔵品で本体は塼券である。

「建寧元年二月五風里番延寿墓莂」（後漢代の168年の物）

元年九人従山公買山一丘、於五風里葬父馬衛将、直銭六十万即日交畢、分置券壱合莂大吉立右、建寧元年二月朔、有私約者当律令　（最初の「　」内は題名、莂は1枚の券文を二分する意味。これは塼製品だが、中国では鉛板製も多い）

この意味は「山公（土地の神）から山一丘を、父馬衛将を葬るために、60万銭で買った。2分して分け置いた券を合わすと大吉。建寧元年二月。この約束は律令に当たる」のようだが、最後の言葉は「如律令」のような文字で以来長く、まじない、卜いなどの後に付く言葉となって、わが国でも現れている。

これを見ると宮ノ本例のほうが、中国の事例に、より近いことが分かるであろう。中国では、基本は墓を買う相手は、常に土地神で、現実の土地所有者ではない。値段も、架空で法外の値段で、墓の地は死者が買い、立会人のいる場合も多いのである。

今のところ、わが国でただ2つしかない富比賣の墓地買地券と宮の本の買地券とは、何か関係があるのだろうか。宮ノ本例の方が、内容的には中国の例に近いのだが残念なことに、最初の年号銘部分が不明瞭で、明確な年代は不明であった。出土した火葬墓の副葬品も買地券以外明瞭でなく、周辺遺跡の状況から、奈良末から主に平安初期とされているようだ。富比賣の方は年代が明確に書かれていて、奈良時代も後半の763年だったので、現在の状況で見る限り、富比賣のほうが古いということになる。

奈良時代人の名前

実は最初、岸先生から宮ノ本遺跡の話を伺った時、「年代ははっきりしないのだが、息子の名前が『好雄』だから、こうした『雄』の付く名前は、大体に奈良時代も終わり頃から多くなるのだが……」とあとは濁された。正確なことしか口にされないと聞いていた先生の感想的な発言だった。

私たちもそれはよく分かった。人の名前には流行のあるという常識である。そうして私たちの古代人名に対する、乏しい個人名の中ですぐに思いついたのは、吉備真備の子供の一人にも確か「枚雄《ひらお》」がいたな、というぐらいのことであったが、遺跡の年代は、遺跡の状況から発掘当事者が判定するものとの思いで、特に触れることも無かった。恐らく多くの古代人の名前が頭にあった先生には、幾人かの「雄」の付く人名が浮かんでいたのだろう。

考えてみれば、吉備真備の軍略で、たちまちに終息したとする藤原仲麻呂の乱の当人、仲麻呂の多くの息子の中にも、二人の「刷雄《よしお》」と「薩雄《ひろお》」がいる。これらの息子については、同一人物ではといわれることもあるようだが、記録によってかなり違いがあり、岸俊男『人物叢書　藤原仲麻呂』吉川弘文館　1969年によると「刷雄」は、遣唐留学生にもなり、父の乱の際には、兄弟姉妹妻子みな斬られた中で、ただ一人禅行を修めていたことで許され、流罪であった。後には許され役人としていろいろと歴任している。「薩雄」のほうは淳人天皇の内舎人になっており他の者と同様に斬られているようである。いずれにしても、時の著名人の子供名に付けられた「雄」字である。

改めて考えてみれば、吉備真備は天平勝宝6（754）年から天平宝字8（764）年の間は、大宰府政庁での最高位に近い高官である。彼はここで多くの仕事をしている。真備の息子の泉と枚雄は、どこにいたのだろうか。父が都に帰って後の、神護景雲元（767）年に、二人は共に無位より従五位下に任じられていた。

ご承知の方も多いと思うが、蔭位の制（親や祖父の身分により、子や孫が21歳になると特別に位が与えられる制度、皇親や官人が中心で、それぞれに身分差・長幼や嫡・庶等、細かい規程はあるが、庶民が位を得ることの困難から見ると、たいへんな格差であった）によるものであろう。この二人の中で泉だけが、左衛士督に任じられている。これ以後、泉は官人として度々話題に上ることは、先にも触れたが、枚雄については何もない。真備の妻についても全く記載はないのである。一般的に真備の子息とされている、由利・泉・牧雄の名前は、素直に現代に通用する名前であるが、当時としては珍しい部類の名前に思える。真備の命名だろうか……彼の感性を勝手に判断している。

泉は平安時代になって、嵯峨天皇の弘仁5（814）年、正四位上にまでになって死亡している。その薨伝では悪口を書かれているのだが、年齢は72歳であった。とすると叙位された時は、25歳くらいのはずである。当然枚雄も同年輩くらいであろう。真備が大宰府にいたのは10年間、泉は長男として都で勉学に励んでいたのかもしれない。「孔門の童子」として噂されていたとも記されている。枚雄は大宰府の父の元で成長したのかもしれない。真備にとっては当時では、孫くらいの年齢でもあろう。

宮ノ本買地券の出土地などから考えられているのは、そこは当時の役人たちの墓所でもあったようだ。買地券の「好雄」の名は、大宰府の役人であったと思われる人物が、息子の名前に、時の上司の息子の名前「枚雄」にあやかって「雄」を付けたのでは、など妙な想像はすぐ浮かぶ……真備の中国文化への見識や知識に傾倒してのことかもしれない……。真備が都に帰って後も、息子に真備から聞いていた中国の話や、日本には無い、墓地は土地の神から買い、その証明の買地券を墓に入れると、子々孫々まで栄えるという話など、よく話し聞かせていたとしたら……など想像は幾らでも膨らむが……。岸先生はそこまで考えられたのだろうか……何もこの件では聞いていない。ただこの火葬墓に与えられている年代観は、たいへんよく合っている。

このように考えれば、富比賣の墓地買地券と近い時期とはいえ、富比賣の方が少々古く、中国での墓地買地券とは、多少性格も違うといえるのではなかろうか。富比賣買地券の方は、土地の神から買い取ったという重要な要素も無い。ただはっきりしているのは、白髪部毗登富比賣は、矢田部一家の一員（古代には結婚しても、男女とも旧姓である。子供は原則父方姓）だが、戸主石安との関係は不明、妻とも母とも記載は無い。戸籍簿には普通にはこうした家族構成を示す言葉が多く書かれている。墓地を買った当人も分からない。

中国の墓誌の場合は、死者当人が墓地を買う形式も多いようだが、富比賣の場合は不明で、全く売買の対価も無い。矢田部益足という郷長は、立会人的な立場に思われるが、買った当人であっても良いような状況も窺える。感覚的な言い方ではあるが、塼の1面に彫られた戸主石安の名は浅く、字に強さも無い。他の一面ではこの部分は欠損してよく分からないが……。一方、益足名の方は2面とも、書き慣れた強い字である。そのためよく読めて「益足之墓地買地券」と呼ばれてきていたのだろう。

しかもこの益足は国の末端組織の役職ながら、当時は「首・史」は「毗登」とすべきことを充分に認識していた。この買地券製作に対しては、益足は強い関係者だったと思われるのである。

今ひとつ気になるのは「比賣」である。『寧楽遺文　上巻』などに見られる女性名には、男性と区別のためにか、本来から付いていたのかよくは分からないが、名前の末尾に「賣・女」の付くのが普通である。膨大ともいえる女性名の中で「比賣」とするのは、わずか数例の「意比賣」「古比賣」「乎比賣」「御比賣」「意等比賣」などの10例にも満たぬ程度であった。これは本来の名前であろう。本来の名前と思われた「比賣」字の付いた女性は、特別の人とは見られない。頭文字だけでは名にならないからだろう。

女性に「比賣」の付く名前は『古事記・日本書紀』中では、皇位に近い女性の名前に多く、日子・日女の系譜で、尊称的である。数少ないわが国の墓誌の中の、女性の一人、鳥取県の東部、かつての因幡国から采女として都に行き、女官として一生を過ごしただろう女性、「伊福吉部徳足比賣臣」は、和銅3（710）年に埋葬されているが、男性的な名前に「比賣」と「臣」が付いている。地方の官僚としては当時では得がたい従七位下であり、「臣」名が個人的に与えられていたのであろう。地元で丁重に埋葬されている。比賣は女性への敬称と見るべきかもしれない。

富比賣は、中央で活躍した人物ではなくとも、地元では重要な敬意を表すべき、女性であったのだろうか。その彼女の死に対して、矢田部一党だけでなく、地元の多くの人から尊敬されるような女性だったのではなかろうか。その結果が、身分ある人の墓ではなくとも、彼女の記念を残したいという願望から、唐の国では墓を大切に思うため、売地券があることなど、真備と関係あった人から聞く機会もあって、富さんのために作られたのでは……矢田部氏には、それが作れる人物がいたということであろう。これが富比賣の墓地売地券であった。

このように言ってしまえば、全く常識的なお話で終わり、ということになってしまうが、実態はそれだけだったのか……奈良時代の中でも、他地方でも、地域の中で特別な人と思われる人物は多くいたであろう。全く何の身分もなく、身分ある者の関係者でもない人物の墓に、こうしたものをわざわざ作った例など無いからこそ、この墓券が無視され偽物視され続けたともいえる。

当時建立の寺々の瓦には、合力者と見られる庶民名が刻まれた例や、都や地方の官衙などで、物品や木簡等にも庶民の名前を見ることは多いが、奈良時代に庶民のしかも女性の名前を刻んだ墓など、富比賣が唯一ではなかろうか。

妙な空想物語を作る前に、今一度周辺の正確な状況を見直しておこう。

5、出土年次と出土地の推定

この資料について、本体が偽物でないと認める以上「墓地買地券文」とあったことから、また2面も存在していたことなどから、墓出土であろうことは間違いないとしてきた。また最初に一応出土地と、出土年次は書いてきたが、その点の根拠となった基本資料に関しては、何の記述もしていない。これらについても詳しくは、先に参考文献として示した『倉敷考古館研究集報　15号』（1980年4月）を参照されたいが、概要だけは記しておかねばならないだろう。この買地券に関しての資料は、江戸時代以来、次の数点が知られているだけである。

＊『**備中誌**』は江戸時代末の著述だが、正確な著者や完成時期は不明。総社宮司家の堀家本を元として、明治35（1902）年に岡山県から出版されている。買地券に関する記録は天保頃の資料を参考にしたようだ。倉敷の大原家にも写本がある。

＊天保9（1838）年、**医師篠原清風の考察**　現物は不明だが、『備中誌』なども、かなりこの内容を参考にしているらしい。

＊『**好事雑報**』は明治11（1878）年頃から30号ぐらいまで刊行された。倉敷市西阿知

町西原の医師が社主の弘事社から旬報で出版されていた。当時の買地券所蔵者佐藤武平も医師であり、交流が考えられる。雑報の6号と14号に買地券の記載がある。

＊明治25（1892）年　**衣笠豪谷の「古券記」**一枚もの、考古館に買地券と共に寄託。考古館で表装した物である。現在もともにあるはずである。

＊昭和5（1930）年　永山卯三郎編著『**岡山県金石史**』。以後永山氏の関係した著述にはほぼ同文の内容が載せられている。

以上の記録類が従来の資料であるが、永山氏は、上記のような江戸時代資料は検討した上で、出土年次や出土地点番地まで記すが、これらは、古い記録類からは分からぬ物で、自分の推定で加えた可能性が大きい。この点に関しては順次検討していく。

＊新資料佐藤左仲の**「家略記」**

実は私たちが、再検討の結果を公表することについて、所蔵家の佐藤家から、従来は個人家の系譜が主体の内容のため、公開されてなかった資料が、家に保存されていることを明らかにされた。新たな釈文を私たちが明らかにしたことで、所蔵家としての好意で、買地券出土時の当主、佐藤左仲の「家略記」が拝見できたのであった。これにより古くから伝えられていた点についても、訂正されること、新たに加えられることが多い点が判明したのである。

これを中心に売地券についての実状を簡略に見ておきたい。

出土時期と出土場所

（新資料佐藤左仲の「家略記」からの検討）

左仲の「家略記」は内容から見て、天保10（1839）年頃の作らしかった。当時、地元の学者として知られた篠原清風によって釈文が作られ、改めて注目したのが、天保9年頃だったようである。出土から20年ばかりも後のことである。

買地券は左仲によって、出土時から近くの真蔵坊で保管されていたようである。そのため、世上に知られた釈文は、20年ばかりも後になって、篠原清風による物が最も古い物のようだ。そのため左仲自身の古い記憶は、錯綜もしているので、出土年次は、文政年間（1818〜1830）年間とするのが無難であるように思えたのだ。

恐らく初めて釈文を書いた篠原清風は佐藤左仲から、発見年次や、出土地も聞いたのであろう。その時左仲が、文政年間だか、年ははっきり分からなくて「こうしん？」といったのかもしれない。永山氏は従来の記録『備中誌』に「文政庚申」とあるのを、文政年間には「庚申」年はないので「庚辰」か「甲申」の間違いだろうと考え、これに合わせて、古いほうの文政3年としたようだ。しかしやはり推測に過ぎないので、今回、私たちは出土時期に関しては、文政年間とだけにしたのである。

出土地にしても、『備中誌』には「佐藤佐仲《ママ》という医師の家の西に老松があり……」その木の下から出土したよう書かれたことから、永山氏は出土地として、佐藤家の旧宅の番地を記したようだ。しかし左仲その人の文中では、買地券出土地一円は真蔵峰という、と書いており、益足の住まったところは、今の自分の家の墓所の下一円で、そこは堅牢な地で、祭器など多くあり、刀の飾り、古鏃がある。買地券と同文の瓦は3枚、壷と古鏃などとあった。と書いているのである。

買地券が出土して以来、保管されていたという真蔵坊はこの近くにあったようである。左仲は買地券の内容で、特にそれが天平宝字という古代の物だと理解した時に、自分の家と関係ある土地出土だったことで、いろいろと思い出したことや、自分の思いを書いたようで、文はたいへん分かり難いものだった。しかし出土地は、ここに図示した、遺跡分布図に記入したようなことであろう。

この分布図は、左仲の記述を見た上で、現地を踏査して記入した物である。詳しくは『考古館研究集報』15号の私たちの報告を見ていただきたい。佐藤家の墓地周辺が、いかに、終末期古墳や、近くには火葬墓群のある地であったかが、分かるであろう。

今回改めて現地を訪れての状態は、（資料35中と下の写真）に示したとおりであった。かつて報告書を書いたとき、この地の遺跡を共に確認した人物で、『倉敷考古館研究集報　第15

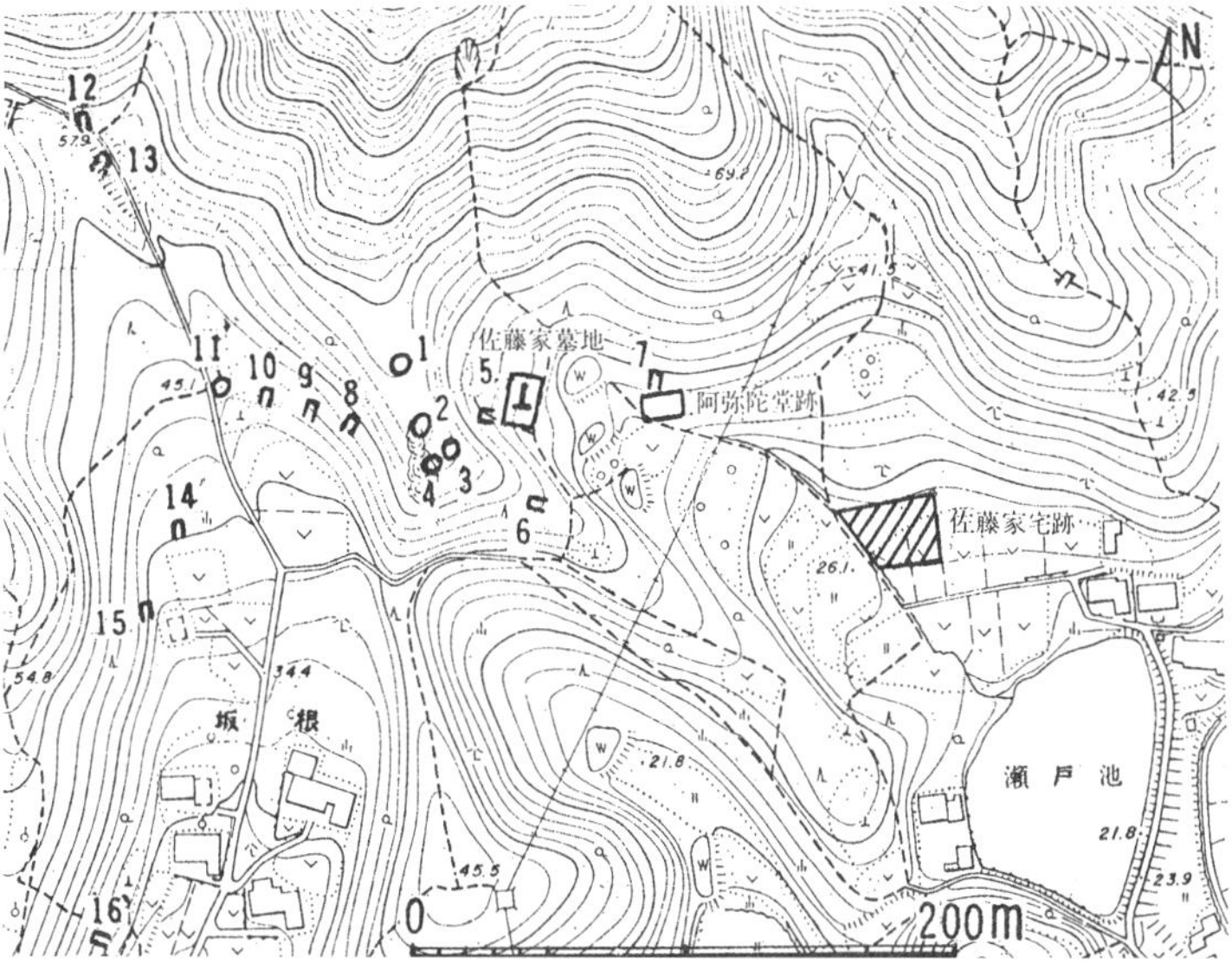

資料 33　1980 年頃の売地券出土地周辺の状況。
阿弥陀堂辺りが推定出土地。Π：後期横穴式石室、○：終末期古墳か。

資料 34　推定出土地の阿弥陀堂付近
石碑は享保年銘（18 世紀初頭、阿弥陀仏。2019 年には茂みも激しく確認不能）

号』に「吉備郡真備町妹内山池北出後骨蔵器」を書いた小野（近藤）益二氏の案内であった。彼は教育委員会とは関係ない部署の勤めの倉敷市の職員で、2018年7月の災害の日は、前日より真備町支所に詰めていた。支所は1階が完全に水没。丸2日は水中の支所に、その後も大変な日々だったようだ。家は他所で無事であったが、自分の車は水没し、中古車を大急ぎで買ったとのこと。

その車に便乗して、つい近日の、水害より1年を迎えた後の彼の休日に、かつての買地券出土推定地を訪れたのである。訪れる途上には、一見普通の立派な家でありながら、内部は空洞になった家々の連なりや、ユンボで取り除かれていく家や、まだ大変な日々の続く地であった。洪水の日、広い水面に一筋に残されていた井原線の高架鉄道、その小さい「吉備真備駅」舎には多くの避難者が集まっていたが、今はその高架橋梁に、洪水面の位置が印で残されている。よく見れば、今もなお当時の水面だった位置らしい汚れの線も残るが、これはすぐ消えるだろう（付記③参照）。

訪れる場所は山裾であるため、水害は無かったが、その南の小丘の頂部は黒宮大塚遺跡の地であり、同じ丘陵上にある熊野神社には、かなり広い建物があったことで、多くの避難者がしばらく生活していたことは、ニュースでも伝えられていた。この横を通った山際の地が、出土推定地であった。

1980年頃。佐藤家辺りより出土地方向を見たもの。

左奥の墓を、雨の中を望遠で撮る。佐藤家墓かどうか不明。雨中で撮る。

資料35　2019年夏に現地に近づけるだけ近づいた写真。

かつての佐藤家屋敷跡の位置も明確ではなく、同家の墓地はそのままにしているとのことであったが、真夏ということもあり、一帯は激しい茂みになってしまい、山に入る道も分からない。山裾一帯は大体畑であるが、獣よけの電線が張られ、容易には近づけない。遠くから小さいカメラの望遠で、墓らしい物だけ捉えたが、これが佐藤家の墓所だった証拠も無い。写真は遠い山形を参考に見ながらこの辺りかと写したのが、ここに示した資料35の写真である。

6、同文買地券が3面あった

左仲の「家略記」で最も問題なことは、3面の同文買地券があったように記されていることであった（資料36参照）。これが1箇所なら書き違いの可能性もあれが2箇所にわたって書かれているので、左仲には、3枚という強い記憶があったと思われる。しかし当時の学者が、この資料を初めて見た時には、既に実物は2枚であったのだろう。

ただ3枚ということに関しては、先に挙げた江戸時代以来の関係資料の中で、明治10年代に出されていた『好時雑報』の中で、買地券に関する記事は、『備中誌』と全く同じでありながら、枚数だけ3枚としており、一枚は、備中松山藩

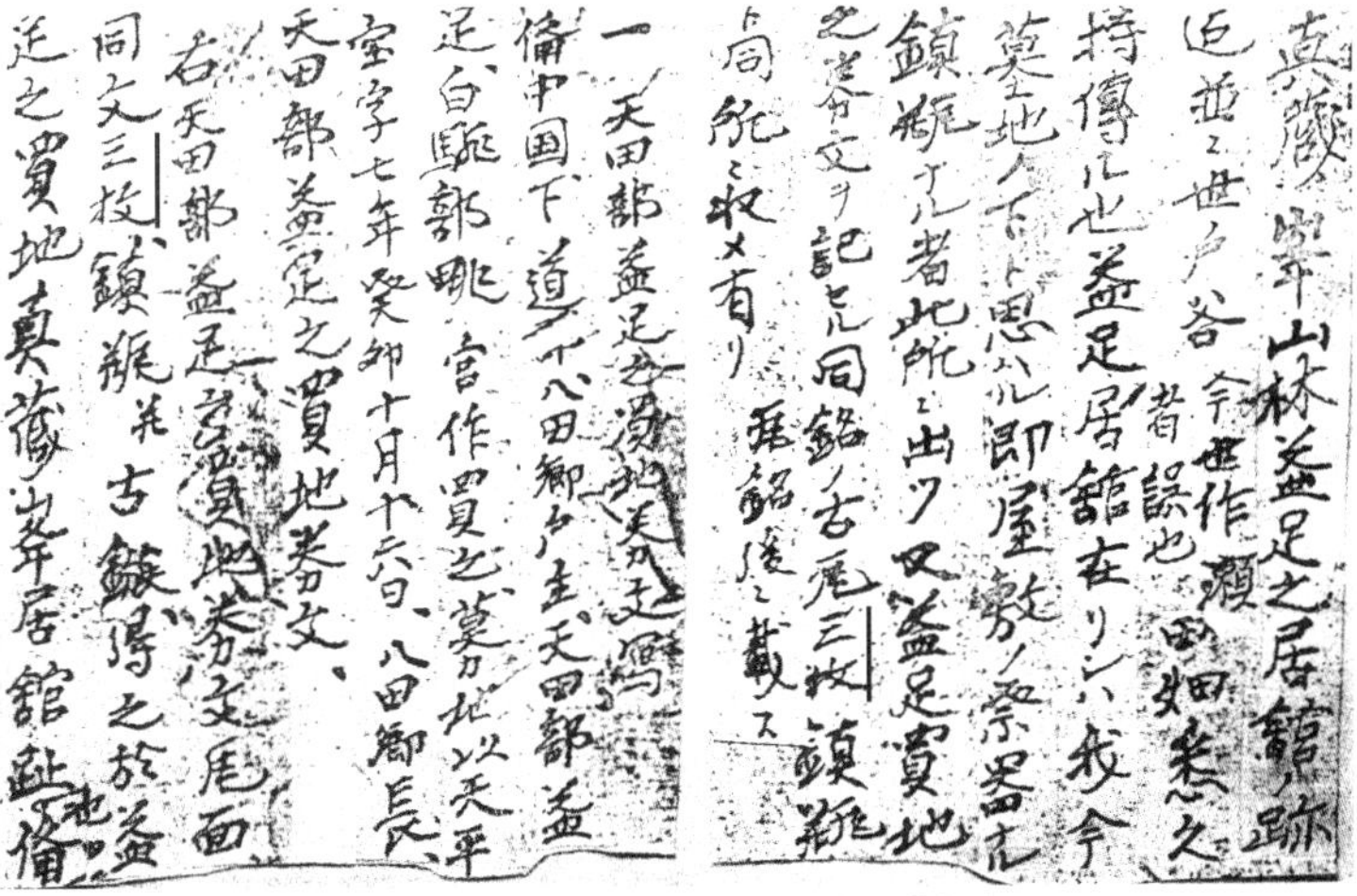
眞蔵ノ岸山林益足之居館ノ跡
近並ニ世戸谷 今世作瀬 田畑悉久
持傳ル也益足居館在リシ故今 者誤也
墓地ノ下ト思ハル即屋敷ノ祭墨ナル
鐶瓶ナル者此所ニ出ツ又益足賣地
之券文ヲ記セル同銘ノ古瓦三枚鐶瓶
同所ニ収メ有リ 瓦銘後ニ載ス
一 天田部益足之賣地券文写
備中国下道郡八田郷戸主天田部益
足白髪部毗登富作賣之墓地以天平
宝字七年癸卯十月十六日八田郷長
天田部益足之賣地券文
右天田部益足之賣地券文尾面
同文三枚鐶瓶并古鏡得之於益
足之賣地眞蔵山岸居館跡也

資料36　天保10（1839）年頃の佐藤家当主左仲の『家略記』。
古瓦は「三枚」と2箇所にある（横罫線は筆者）。

主に献上された。と書いている。

しかし江戸時代、佐藤家は地元岡田藩の藩医も務めているのである。松山藩主に献上するいわれはない。もしこうした行為があったとしたら、左仲の勤めた岡田藩主にたいしてであろう。またこうした行動があれば、左仲は、絶対「家略記」に書いているだろう。「好事雑報」の時代は既に明治時代で藩はなく、佐藤家は2代続いた養子の武平のころ、左仲の書いた「家略記」を見ていたとしても、詳しいことは分からず、勝手な想像を話した可能性もある。これを信じる根拠は薄い。

しかし左仲が、世間の思惑に反し、3枚を主張しているからには、似た物があったことは、信じるべきではなかろうか。

実はこの地には、可能性の強い資料がいま1枚あるのである。

今1枚の「矢田部」と書く塼

左仲自身が、買地券出土当初、文意があまりはっきりしないので、特には関心が無かった様子であるから、同文であったと記すことには問題がある。しかも改めて注目した時には既に手許には無かった物ではなかろうか。この3枚存在の事実は、佐藤家内部の文書であるから記載されているので、既に早く佐藤家と姻戚関係の濃い家の所蔵となっていたのではなかろうか、と推測しているのである。これは全く私たちの想像だけであるが、ただ根拠も無く想像しているのでもない。

ここでは、すぐ近い地元にこうした資料があることの紹介と、私たちの調べた事実だけは、後日のためにも、記載しておきたいと思うのである。これも佐藤家の「家略記」に関係しているのである。また地元に残っていた佐藤家の墓所の語ることでもあった。

この資料も実は既に永山氏によって『岡山県金石史』に収録されているが、いわゆる中央学会では、「墓地買地券」とともに、問題視されなかった遺物だった。とくにその出土地などの具体的な情報は「買地券」以上に不明な資料だったのである。ただ所蔵者は、吉備郡新本村橋本修吾とあった。

編者永山氏の由来としたコメントの大要は次のようなものだった。「はっきりはしないが、形も土質も、文字筆跡も、当代の物に疑いは無い。所蔵者橋本修吾は、寛政の奇傑といわれた古川古松軒の出た家で、古松軒の遺物を収蔵することも多いので、古松軒が収集していた物かもしれない。後日の研究を待つ。」とあった。

真備町と総社市新本の地が互いに近く、古くから縁深い地であったことは、既に先の項で、幾度も触れてきたことだが（古代の鉄生産地として）、江戸時代も同様であった。永山氏が真備町の出身者であったから、こうした想像もすぐ付いたのであろう。しかしこれも永山氏の想像である。既に本当のことは全く分からないことだった。

　橋本修吾氏は医師だった。明治末年には少なくともサンフランシスコで開業しており、のちに大阪で開業していた。永山氏がこの資料を検討した頃は、当主はその地にいなかった可能性もあり、この資料は長く行方が分かっていなかった。

　私たちが調査するに当たっても、既に修吾氏の養子で、大阪で医院を続けた人物も他界されてお

資料 37　矢田部首人足塼
「左」写真、「右」文字部分の拓本（写真から拡大）
須恵質、長約 28㎝、幅約 13㎝、厚さ 1.3 〜 0.8㎝

り、なかば諦めていたのだ。だが幸運にも、関係者が地元を離れて後には、橋本家が江戸時代に菩提寺として建立していた、総社市新本の宅源寺に、問題の瓦と思われる資料は保存されていたのである。そのため、本当に運よく、実際に調査することができたのである。しかしその間の長い期間、その資料がどこから入手された物かは、全く記憶も、記録も無くなっていた。

この資料についても、既に昭和5（1930）年の『岡山県金石史』には掲載されているのだが、一応実態は次のような物であった（詳しくは既に示した『考古館研究集報　15号』参照）。

写真や拓本（資料37・38参照）で示すものだが、買地券と比べれば、形は同じ長方形ではあるが、大きさは3分の2程度のものである。　長さは28・5〜27・5㎝、幅は上13・5下12㎝、厚さ・中央1・3㎝　上下0・8㎝、文字面が多少凹形になっているが、焼けひずみで、本来は、平面を意識したつくりである。土質は買地券が土師質であるのに対し、色は青灰色、全体に焼きは固いが、須恵系瓦の焼きのあまい物に似ている。表裏とも荒い刷毛目状工具で、縦方向にだけ整形しているが、時に1枚作りの瓦に残る糸切痕はなく、布目痕も見られない。裏面の荒い刷毛目痕の中には、赤褐色が見られるが、これは赤色顔料ではなく、焼成による発色で、ベンガラや朱の塗布痕跡ではないと見られる。

なおこの塼製品であれば、たとえ文字が無くとも、一応考古学を学んだ者であれば、少なくとも瓦生産が始まってから以後の古代の遺物で間違いないと思うであろう。買地券の土質の場合とは明らかに違う。文字の全ては焼成前に、かなり鋭いへら状工具で書かれた物で、周辺に粘土のめくれや盛り上がりが顕著である。文字は次のような2行に分けた11字のみであった。

資料38　「富比賣」買地券文と「人足」塼文の拓本
(富比賣2枚の塼は、長さ41.8cm・厚さ2.0～2.2cm。人足塼は長さ約28cm、厚さ1.3～0.8cm)

「矢田部首人足」寶亀七年定」（亀字は拓本のような文字である）

こうした点が分かってきても、この資料が佐藤家と関係があるという証明は何一つ無いであろう。だが佐藤家の「家略記」を拝見した関係から、この両家の全く私的な関係をうかがうことができたのである。

「矢田部」と書く塼を持った佐藤家と橋本家

実は「家略記」の著者であった佐藤左仲の娘、精が橋本家一族に嫁いでいたのである。佐藤家では、左仲の長男は若くして死去、次男も左仲の死後、若くして死去。そのため橋本家に嫁いだ精の子供である外孫の、橋本護一を養子とした。ところが彼も長男が夭折したことで、長女の婿として自分の弟の子、つまり甥の橋本武平を迎えたのである。この事実は、佐藤・橋本両家の墓を調べたことからも確認できたのである。

先の買地券が3枚あった件と、直接の関係は全く分からないが、私たちの推測も、こうした事実からであった。

また3面が同文であったとする件や同形でとした件も、左仲があまり意識していない古い時期にこの1枚を手放したのであれば、こちらは完形であったが、買地券の2面は破砕しており、ただ互いが長方形だったという意識だけがあったともいえる。

同文とした物も、最初はあまり気にかけていなかった物であるから、左仲の思っていた「天(矢)田部」があり「益足」と同じらしい「人足」があり、年号もあった、というような記憶があったから同文となったのではなかろうか。

以上のような両家の交流関係から、形態が違い、破砕もしていない(現在は真ん中で2分しているが、土質も固く接合すると完形)この宝亀七年銘の塼は、左仲の娘精が橋本家に嫁ぐ際にでも贈られた可能性が強いのではなかろうか、と推測したのである。ちなみに橋本家出身の古川古松軒は享保11(1726)~文化4(1807)年の人で、買地券出土時には既に故人である。なお古松軒は現在の真備町岡田に居住しており、多くの文人との交流もあり、著書も多くあって、実証的地理学者だったといわれている。真備町南山の古墳の記述などもある。

富比賣買地券出土地近くは、終末期古墳から続く墓地と思われ、矢田部氏関係者の墓域である可能性が強い。ここでなら簡略化した矢田部首人足の塼が出土してもおかしくないだろう。しかしこの周辺には多くの火葬墓が知られているが、墓誌らしいものは他に発見されていない。

この富比賣墓地買地券を明らかにしたついでといえば申し訳ないが、大体岡山県では以前から、古墳時代の後期には、大型の陶棺を棺として多く使用していた。この陶棺利用の最後の形は、小形の陶棺を作り火葬骨を入れて、大型陶棺を収めた横穴石室に追葬したり、周辺に埋葬する形の墓になっていく。こうして土葬から火葬へと切れ目無く、同じ墓地周辺に埋葬が続く地域も多い。これは、吉備においては古くから火葬が行われたということでもある。

しかし新しい国を目指した奈良の都の国の方針は、薄葬であったことから、急速に火葬骨壷だけが埋葬される墓となり、岡山県下もそのタイプが中心となっている。勿論全員の墓でないことは言うまでもなく、かつては小さくとも横穴石室を作った家では、多くの家族が共に埋葬されたといえるが、奈良時代では、火葬にされるものは極めて少なくなり、発見されることも少ないのである。多くの人々はどこに埋葬されたか分からなくなった。

7、周辺の火葬墓について

真備町の一帯は火葬骨蔵器が集中的にたくさん発見されている地域なのである。私たちはこうした奈良時代から平安時代にかけての墳墓を岡山県下で集めて報告している。『倉敷考古館研究集報』の15・16号（1980・1981年）が、主であるが、関係のものは17・21号（1982・2012）にもあるので参照されたい。ここでは参考として真備町周辺の火葬墓だけであるが、出土地点図と、簡単に内容を記しておこう。なおここでは説明の都合で、遺跡分布図には矢掛町の真備祖母骨蔵器出土地と富比賣買地券の出土地を、基準にした書き方になっていない。既に説明した骨蔵器出土地点も参考に入れている。またこの本の文中に出た古墳や周辺の奈良時代寺院址も別記号で位置のみ記入している。

地図上の番号順にまだ説明の無いものについては、簡単な説明を付ける。なお次の遺跡の番号は参考に記す。

資料39の地図9真備祖母骨蔵器、地図8塼敷伏甕骨臓器（岡山県小田郡矢掛町東三成）（説明済み）。

地図7須恵器瓶口欠骨蔵器（小田郡矢掛町東三成谷川内出土、資料39の7）。

真備祖母骨蔵器出土と同地籍であるが、祖母骨蔵器出土からは東に200m足らずの点、その間には小谷があり、の小さい尾根上である。土砂集中に単独出土とのこと。比は15mばかり。須恵器瓶形品頸部以上が綺麗に欠き取られと思われる状況。現高13㎝、径18・5㎝。骨片があったこで、骨蔵器と判明。骨は再埋。

ここで注目されるのは、この骨蔵器出土地のすぐ東のやや広い谷には、藤棚と瓦谷の名があり、多くの瓦出土地点ある。瓦には平城宮で用いらたと同形のものもある。古く

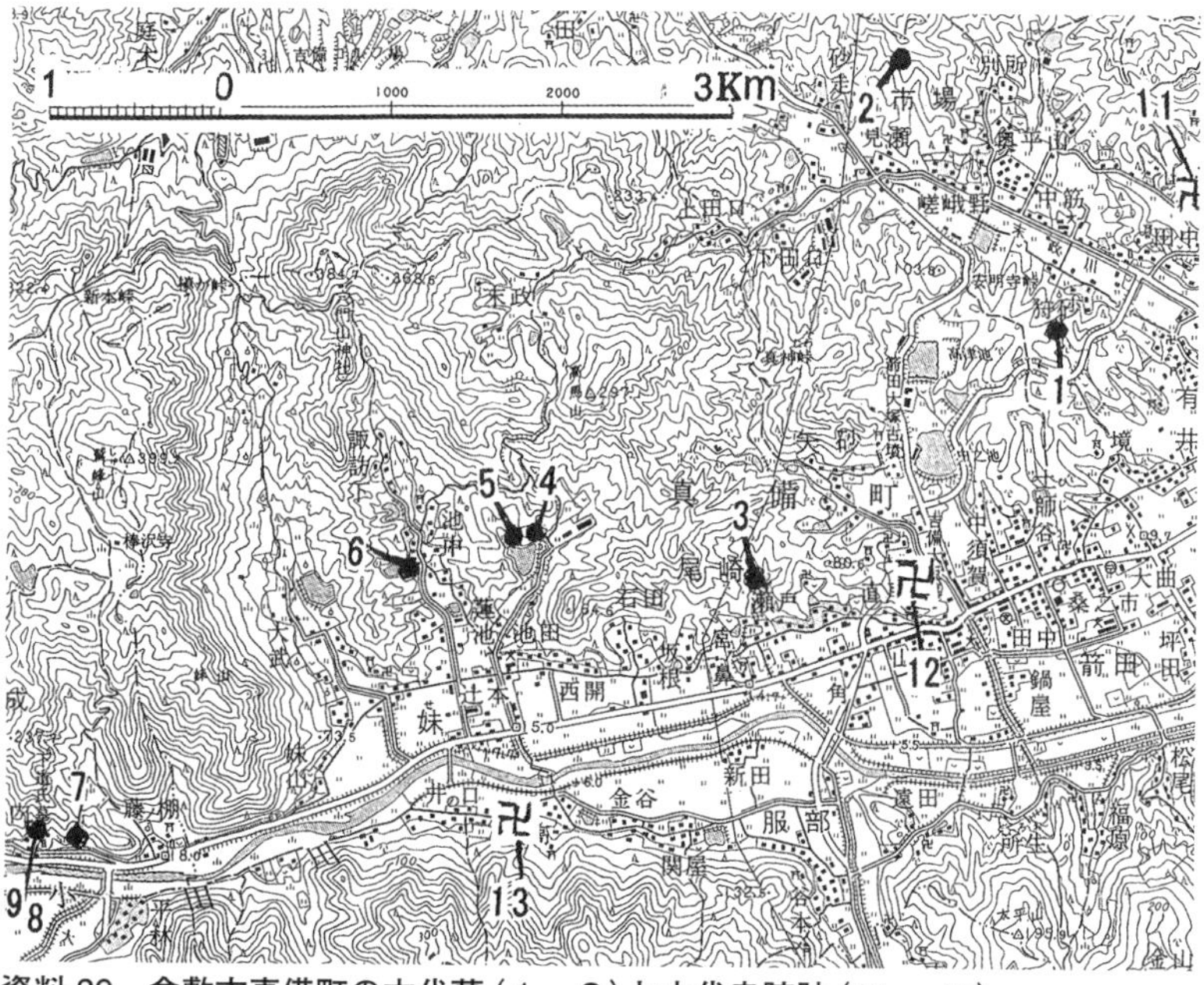

資料39　倉敷市真備町の古代墓（1～9）と古代寺院跡（11～13）
1箭田・阿知境奥墓、2市場墓、3白髪部毗登富比賣の墓地買地券出土地、4妹・内山池北A地点墓、5妹・内山池北B地点墓、
6妹・坂本墓、7東三成・谷川内墓、8下道氏墓地塼敷墓、9下道圀勝・圀賴母夫人墓、11岡田廃寺、12箭田廃寺（吉備寺）13八高廃寺

より吉備氏館跡などといわれ、現在は見学用に整備されている。

地図4・5須恵器薬壷形壷他など5点火葬骨蔵器（真備町妹《せ》内山池の北出土、資料39の4・5）。

図の買地券出土地から見れば、西に1・3㎞ばかりにある内山地は、南北200mばかりはあるやや大きい池で、その池の北側山腹で5個ばかり火葬骨蔵器が採集されている。池の北西辺り一帯からは奈良時代の瓦も採集されている。逆に池の東北の谷では奈良〜平安期の須恵器・土師器片も採集されている。かつては池を含め何か建造物があってもおかしくはない。これらの火葬骨壷は、全て倉敷考古館で展示していたが、現状については不明（報告書から図示）。

地図6須恵質把手付深鉢外容器と薬壷形骨蔵器（真備町妹坂本出土、資料39の6）。

内山池からはほぼ真西で、直線では500m余に過ぎないが、間に北背後からの山ひだともいうべき尾根を挟み、西の谷筋である。その集落の石井家墓地背後の裏山から出土の火葬墓である。骨蔵器は山の斜面からの出土で、外部施設は全く認められず、直葬されたものであろう。

外容器も内容器の壷も共に須恵器であるが、焼きが全く違う。薬壷形品は普通の須恵器と同質の青灰色で、硬質だが、外容器は茶褐色で、一見土師質にさえ見え軟質で外面の荒れも激しい。ただ両者とも粘土紐回転台成形、外面平行、内面青海波叩痕や土質も似ており、同一の窯で製作されたと思われるが、同時製作かどうかは分からない。外容器は本来は、別用途だったかもしれない。両側の把手は、埋葬時には既に欠損していた可能性が強い。ただ蓋は筒型に近い身から、かなり大きく両側に飛び出すが、これは土質も焼きも全く同時製作に間違いない。ただ不思議なことに、口縁部から6・5㎝ばかり下に、径0・5㎝ばかりの小孔が、綺麗に開けられた状態で発見されている。

外容器内には一切土砂の入った形跡は無く、内容器には火葬骨だけであった。火葬骨についても一応人類学者の見解も加えたが、多くは完全に砕片であり、1体分であるが、男女別は不明。その他詳しくは、『倉敷考古館研究集報　16号』を参照されたい。特に詳しく書いたのは、この資料は、倉敷市真備町支所で展示中被災したが、2019年8月には倉敷埋蔵文化財センターでほぼ復原され、倉庫で保管中。（付記⑧下段写真参照）。

資料39地図3富比賣墓地買地券出土地（真備町尾崎瀬戸）。

地図1鉄板伴出土師質蓋付き丸底壷火葬骨蔵器2点（真備町箭田阿知境奥出土、資料39の1・付記⑧中段写真参照）。

この火葬骨蔵器は、1987年に檜植林中発見とされるが（山磨康平「真備町箭田阿知境奥出土の火葬骨蔵器」『古代吉備10』1988年）、2011年頃には周辺に檜林は見られず、正確な出土地のことは分からないが、報告では東面した斜面だが、出土地点は南面していたとある。火葬骨蔵器の1点は、土師質で球形の一部を切ったような無頸壷形品に、かぶせ蓋となる坏形品が同時製作されたと見られるものである。蓋をした形では、胴径も高さも25㎝足らずとなるものである。他1点も球形胴部だが、これは外反する口縁部が付いた壷形品であったものを、口縁部全てを綺麗に打ち欠いて使用したものと見られる。底部に発見時の傷らしいものが付いているので、これは皿形品の上に壷を伏せて埋葬したものであろう。皿型品の内面には図示するような暗文がかすかに残るものであった。先のものとは違い、これは他の容器の利用された骨蔵器であろう。中に火葬骨が残されていたようだが、現存しない。またこれらの資料には鉄板の断片が伴っていたが、出土状況については分からない。鉄板は、6片ばかりであったが、全て厚さは2㎜前後で、本来は幅7㎝、長さ推定で25㎝～30㎝前後の短冊形態であったと思われる。

富比賣墓誌が公認された時にも、他地域の奈良～平安期の墓地に鉄板を伴う事例のあることを、同時に検討していたが、その後に同じ真備町内での発見もあったことで、改めてこうした墓地に伴った鉄板に関して、再検討もしている（拙著「古代墓地（奈良～平安）出土鉄板の再考」『倉敷考古館研究集報　21号』２０１２・４）他の岡山県内での新発見として、ここに示した論文中に、真庭市（旧北房町）上中津井4号墳の鉄板のことにも触れている。興味のある方は参考にしていただきたい）。なおこの真備町出土品も先般の洪水で、被災し、埋文センターで復原しているが、薄い土師器であり、部分的には傷を残す。鉄板断片は、埋文で保管していて無事とのことだった。

地図2須恵質方形外容器と蓋付須恵器火葬骨壷（真備町市場の山上）。

古くから田中啓司氏によって報告され（「備中真備町市場の一火葬墳墓」『古代吉備　3』1959年）は真備町公民館で保管され、写真でもよく知られていた資料であるが、これも今回被災した資料のひとつであった。須恵質のものは大体に接着部分の修復程度の被害だったようである（倉庫内の写真参考）。ただ他の時代の資料で、土師質大型品、特に埴輪棺など、復原不能状況の物もあるようだった。箭田大塚古墳出土の人物埴輪など、復元の難しいものもある（付記⑧参照）。

出土地の市場は、新本～真備町を結ぶ峠の山中東側の一帯で、そこの標高159mの山頂南端出土とされている。近いところには、前に問題とした「砂走」などの地名がある。140cmばかりの土壙の中に、焼土や木炭、火葬人骨があって、その上に、方形外容器が直葬されていたようである。外容器の高さ約43cm、一辺約40cm。内容器は丸底壷に、つまみ付き蓋、総高約25cm、鉄斧1に鉄釘3出土、とあるが、鉄釘はどこに利用されたか分からない。

この火葬墓は出土品からも、埋葬状況からも古い時期に思われるが、その埋葬場所の意味することも、重要であろう。8世紀も前半に、新本地域と真備町をつなぐ、この地域を支えた人物であったはずだと思う。

これら火葬墓は、奈良時代も、真備祖母骨蔵器の示した8世紀初頭以来、宝亀7（776）年の塼を火葬墓に伴った物と見るまでもなく、出土骨壷は8世紀全体から9世紀までも及ぶと思われるものもある。しかし基本的には平安期に至る頃には、たとえ火葬が行われても、形を残す物は見られなくなるのではなかろうか。しかも火葬墓の発見が多い地域とはいえ、1 0 0年の期間を考えれば、後期古墳に比較して、いかに墓がつつましく数も極端に少ないかが分かる。この間に、この地でも人々の社会や暮らしはどのように変わっているのか、何か足元に思わぬ証明があるかもしれない。

8、白髪部毗登富比賣とは……虚構の世界で

改めて「富比賣（売）」とは〔何人〕なのか、塼に微かに残っていたこの名前の主のことは「母夫人」以上に何一つ具体的には分かっていないままである。となると、ここまできたら勝手な空想も許してもらいたいのである。大体九州の宮ノ本出土買地券に対して、厚かましくも、吉備真備の影響でもあったのか、という勝手な憶測を書いたのであるから、ここでも吉備真備に登場してもらわざるを得ないとしても、許されるのではなかろうか。

実をいえば、天下の歴史上著名人などは、いくらでも多くの人から注目され研究もされるのだから、吉備真備にばかり触れたくないのが本音なのだった。しかし「墓地買地券」などという、わが国では全く知られていなかった意識で製作される遺物に、名前を留め、しかもそれが古代以来わが国では表面には出にくい女性名であったことは、大変な珍事でもあろう。

もし彼女が地元の人々から、ぜひ名を留めてもらいたいと思われたような女性であったら、周辺の人も含め、墓地買地券を作る風習が多少とも知られていた社会であれば、その人物の身分や富などに関係なく、彼女以外にも、売地券を作るというような形式で祭られる人物がいても不思議はないと思う。そうであれば同様な類例が、地元か周辺に、たとえ1〜2例で

あっても、存在するのではなかろうか。

　ところが似た物といえば、唯一３枚目の塼とした、あの矢田部を名乗る人物名と年銘と「定」を書いた塼だけある。これなどは、富比賣の葬儀を知った身内の者が、大切な死者の名前を長く留めるには、あのような方法もあるか、と真似た物かもしれないが、互いに知った者の多い社会の中で、わざわざ、土中に標しを遺す必要もなかったのであろう。もし今後近いところから、似た物が出土しても、社会的な習性にはなり得なかったと思われる。これはやはり、地元には中国の道教的思想が、一時的にでも授擁された結果の遺物とはいえないのではなかろうか。

　ということは富比賣の墓を作ることは、かなり当時の社会の中で、変わった状況だったと思われる。誰からか断れない人物から、富さんのために身近な者の近いところへ、墓地を買い取ってでも墓を作ってやって欲しいと、過分な葬儀費用と共に託されたのではなかろうか。その託された人物が、郷長の矢田部益足だったのではなかったか……富のためにあの墓地買地券を書いたのは、郷長の矢田部益足だったと思う。

　彼も普段は自分たちの郷内で必要とされる文書類は、自由に書けていたのであろうが、買う相手のない土地の神様に証文を書いておけば、彼女が安心するだろう、などいわれて面食らったかもしれない。

文書は書き慣れていたのだろうが内容は違う。困った作業だったかもしれない。しかし彼は、頼まれたら断れない人物だったのであろう。もし埋葬の対象人物が、彼の父が推薦して真備のところへ送った人物だったとしたらどうだろう。

後は全て、虚構の世界である。

（おとぎ話）

もう30年近くも昔のことであろうか、都で中国から長い留学の末、多くの学問を身につけただけでなく、多くの書物や物品も持ち帰り、たちまちに中央政府の要人となった吉備真備のところに、父は相変わらず、地元で集め得るだけの貴重な物品を土産に、挨拶に行ったのである。父にとっては息子の自分よりはるかに大切な人物だったのであろう。というのも、父からいえば伯母になる、自分から見れば祖父の姉が、下道氏に嫁ぎ、その孫こそが真備だったからである。あの天才学生のため、祖父も父も自分たちのことも顧みず、多くの仲間と共に、厳しく働いて、その勉学や留学の経費に当てる多くの金品を、自ら貢いできたのである。

彼つまり「矢田部益足」は、吉備の地では賢くて、しかも矢田部集団では中心的な家の子ではあった。彼も父の仕事を継ぐべく、厳しい製鉄や鍛冶の技に腕を磨いたのである。また彼の文字を書き計算する能力も、郡庁の役人たちに劣るものではなかった。忙しい仕事であっても、郷長の仕事をもこなしていたのである。

その年は益足にとっても、暦が一めぐりした年だった。

若い日を思い出せば、真備がまだ少年ともいえる最初に国に帰った時は、自分はまだ4歳ばかり、真備には「ばば」さま、自分にとっても、「外ばば」さまのような人の葬儀だった。この葬儀のことは、後々よく聞かされ、父も祖父も真備の賢さに驚いたことの話だけだった。ただ小さかった自分では、たいへん可愛がってくれた兄貴だ、の思いだけしか印象はない。だがともかく、真備はずいぶん偉くなったが、自分たちには、近しい親族の思いだったといえよう。


真備が帰国後も父は、時に都を訪ねていたが、ある時帰って、急いで人選をしていたのは、最近子供を生んだが、夫が死亡したような若い女性探しだった。都の真備の家庭では、2年続けて男児が生まれたが、乳が足りない、真備くらいの家では、乳母を置くのは普通のこと。『続日本紀』の中には、三つ子誕生などは国に報告され、国から乳母や一時的な養育費的なものが送られている。まだ新国家の時代、人口増が国の方針時代だったのである。

父は真備から地元に適任者がいたらぜひ欲しいと頼まれたようだ。都では中級官人程度では、良い乳母は見つかりにくくなっていたのかもしれない。

矢田部一族の中で、2人目の子を儲けたばかりで、夫を山の仕事で急に失った女性がいた。

24〜25歳ばかり（当時としては既にかなりな年齢）、家のことは全てできる、気立ての良い嫁であるが、今後どうするかという人物が居た。最適任者である。その家の幼児はこの地で、矢田部一族としての充分な養育を約束し、急ぎ都に送った女性が、その白髪部首《おびと》富であったのだ。

彼女は本当に賢く働き者で、故郷に残してきた子に代わる思いで、泉の弟、枚雄の養育に尽くしたのだろう。彼女は忙しい家事の雑用も引き受け、しかも、文字の習得もしていたのである。真備の家でも、乳母が不要になる頃にも、彼女はいなくてはならない、女性になっていたのであろう。また真備自身も宮廷内の多くの女性に気を配り接する生活の中で、学者であった彼は、60歳も近くなり疲労の多い日々であったかもしれない。彼女はそれを癒せる女性だったのであろう。

真備が複雑な奈良の都での政争の中で、九州に追われるのは、自分が教育にも関わった孝謙女帝時代になって直ちにともいえる天平勝宝2（750）年のことである。そのとき彼の九州行きに自ら従ったのが富であったかもしれない。彼女を母同様に思う枚雄も同行したかもしれない。真備が遣唐副使として中国に行っていた間も、九州の家を守ったのは、少年の枚雄と富であったかもしれない。

実は富には都で生まれていた6〜7歳ばかりの男児がいたのである。枚雄とは兄弟同様に育っていた。この子も共に九州に行ったことだろう。

真備は帰国後も、奈良での仕事は与えられなかった。しかし彼の知識と唐での名声に加え、真面目な性格は、当時の国際情勢の困難な問題を、その出先機関で平和裏に治めていたのではなかろうか。常に裏切りが満ちた奈良の政界より、彼にとっては、はるかに生き甲斐のある九州生活だったのではなかろうか。

しかし70歳を前にした時、自分より20歳以上も若いはずの富が病死した。気付かぬままに苦労を重ねさせていた富が、いかに自分にとってかけがえのない大切な人間であったか、彼は思い知り、報いなかったことを後悔したのではなかろうか。火葬にされた彼女の骨を、その地に葬るに偲びなかった。彼女が国にも帰らず、ごくたまに、残した子のために、わずかな物を贈っていたのは知っていた。

自分が訪れることはできないが、母とも思っていた枚雄に、骨と共に、集め得た手元の銭や物品を託し、地元で墓所を作り祀ることと、富の子に今後家を独立して生活できるようにするよう願ったのではなかろうか。その時、当時もなお時に交流のある、矢田部益足を訪ねるよう、依頼状も託したのであろう。その中に、富のために買った墓所の土地の所有をはっきりさすために、中国では身分の有無は問題でなく、当人の墓だということを書いた証文を、墓に中に入れておけば、後になって、土地での争いもなくなる。木でなく土の板を作りそれに彫り込み、瓦のように焼き物して埋めるとよい。2枚作ると土地の神への通知と、自分のための物になる。と教えたのではなかろうか。

益足もすでに還暦をかなり過ぎた老人でも、地元ではまだ中心的な立場にいたのであろう。益足も全く妙な頼みに、それでも真備の意向に添えるよう、いろいろと考えた末に買う相手の無い土地の売買証文を書いたのだろう。彼は文字に自信はあっても、粘土上に彫り込むのは初めてで、2枚では行数に違いも出たが内容に違いが無ければいいだろうとそのままにした。さすが署名のあたりはよく慣れていて深く彫られていた。

「富」は真備にとっては大切な人であり、地元にとっても誇る人だから「比売」をつけた。本の名は「白髪部首富」だがそのころ「首」字は「毗登」と書かねばならぬことは、益足はよく知っていた。郷長はそうした国の方針には敏感でなければ務まらぬことだったのだ。こうしてあの「富比賣墓地買地券文」は出来上がったのであろう。

実は真備には地元に対し、今一つ大切な頼みもあったのだ。富が故郷に残してきた子は、矢田部一族に嫁いで出来た子であり、既に矢田部の一族として立派に成人しているが、今まで世間に公にしていなかったことの無かった富の一人の子供に対する助力である。

富の子供は誰の子であるかは明かされていない。実はかなり前から富と真備が結ばれ、子供も出来ていたとしても不思議は無い。当時の社会では父が認めれば問題なく、父方の姓が与えられるであろう。しかし富の子の父は明かされていない。枚雄が母のように慕う富であるだけに、その子の処遇は、他の子供たち由利や泉にも影響を与えたであろう。真備は先のことを考えて、すでにその子には「白髪部首」でなく「白髪首」だけの姓を望み、許されていたのではなかろうか。だとしたら、枚雄に、その子は富の子で、枚雄にも可愛い弟分ということを、母の故郷に告げることも託したのではなかろうか、母の葬儀に立ち会わせ母の一族にも受け入れられるようにと願うために。このことは、真備の死後にも世間には明かされなかったが、真備の思いは若い子にだけはよく伝わっており、父に代わって、富比賣の墓を守ったのは、この子だったのではなかろうか。

白壁王であった人物が光仁天皇となったことで、白髪部は発音の際「白壁」に通じる。白壁の文字でなくとも、その呼び名を避けることで、白髪部は「真壁」と変えられ現在にまで及んでいる。しかし「部」がなければ「しらが」か「しらかみ」である。地名としては現在では真壁として総社市に含まれているが、古代では窪屋郡であり、すでに幾度も引用している正倉院文書の天平11（739）年の「備中国大税負死亡人帳」では、窪屋郡内に白髪部郷があり、ここの人物5人の該当者中2人が白髪部姓で、その一人には首が付く。この年中での備中国の該当者9郡での死亡者127人中、残存部分はわずか3郡で人数も46名だが、この中で、白髪部郷以外の地域にも一人同姓がいる。この人物には臣が付く、同姓の中でもそれぞれ違いがあったといえよう。

ここには、部の付かない姓は無かったが、おそらく別に部の付かぬものもあったと思う。白髪部が真壁に変わってからも、白髪や白神姓が周辺にはかなり多く残り、現在も両者は文字が違っても、ともに「しらが」と発音されているのである。実は私の遠い親戚にも、白神姓があり何の不思議も無く「しらがのおばさん」などと呼んでいたのである。勿論髪は黒々としていた。また確か小学校の先生だったと思うが、「しらがせんせい」と呼んでいたがその文字は「白髪」であった。

最後は全く下手な小説まがいの物になってしまった。日本では全く例の無いこの遺物については、今後も皆さんの、新しい発見やご意見を待つだけなのである。

（この富比賣墓地買地券に関しては、今までも何かと雑文を書いてきた。今回ここに記した内容は、間壁忠彦が生前から葭子と連名で、隔月、4～5回でテーマを変えながら、連載してきた中の一編である。現在も連名のまま、連載継続中。この通信の原本は限られた短文のため、今回は加筆と資料を加えた内容だが、基本はほとんど変わらない。原本は長野県小諸市にあるアルカ考古学研究所が出している『アルカ通信』。これが付載されているのは月刊の『文化財発掘出土情報』ジャパン通信情報センターである。『アルカ通信』掲載了解済み。）

三、真備の文字か「楊貴氏の墓誌」

―偽刻でない証明へ―

1、本体が失われた資料

タイトルの楊貴氏墓誌は江戸時代以来、吉備真備により、彼の母楊貴氏埋葬に際して製作された墓誌として、世間によく知られた著名な資料であった。しかし現在ではこの資料について、全面的に信用されている資料ともいえないのである。ただ従来書かれている、吉備真備の伝記や説明には、この楊貴氏墓誌の発見地、現在の奈良県五條市辺りが、吉備真備の母の里で、彼もこの地で誕生したとして、一般的には通用している（資料40〜42参照）。

この墓誌について、こうした懸念があるのも、実はこの資料が発見以来、幾度も再埋納されたり、取り出されたりしており、その間で現在では、実物が紛失しているためでもある。資料は発見されて以来、かなりな人が拓本を残していて、現在の真偽議論もこれらの拓本資料を基にした論なのである。そのため富比賣の買地券のように、**現物で再検討できない遺物**であり、多方面からの検討が必要な資料であることには違いないだろう。

今回私たちは、本文中では繰り返し、わが国の墓誌について触れてきた。これら墓誌の個別説明では、全面的に学恩を受けた文献は、奈良国立文化財研究所飛鳥資料館編『日本古代の墓誌』（1979年出版）であったが、この文献中でも、真備祖母骨蔵器の説明の本文中に、

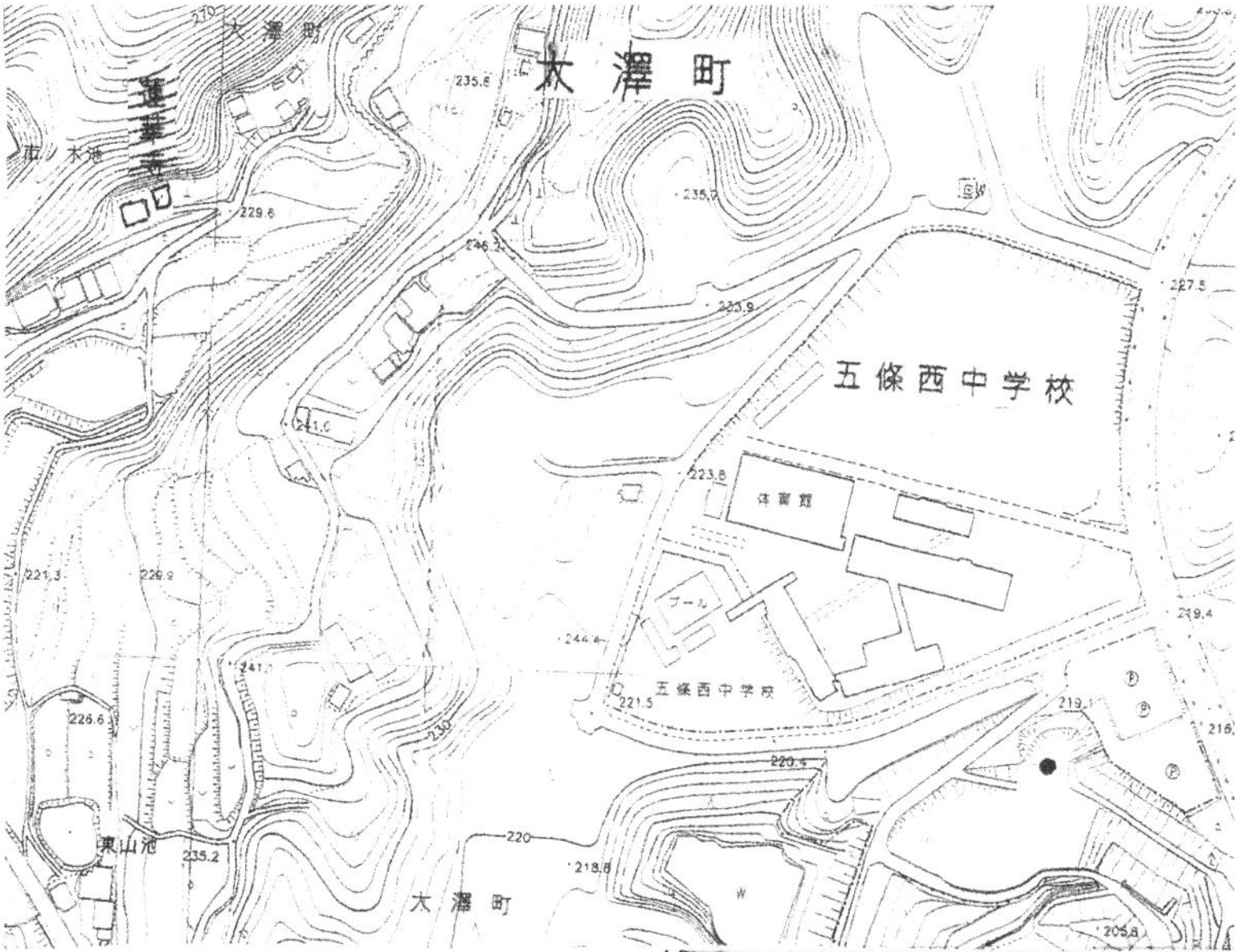

●点が楊貴氏墓誌出土地。蓮華寺は最初墓誌保管の寺。地図は五條市地形図、両町の間は、直線で約200m。

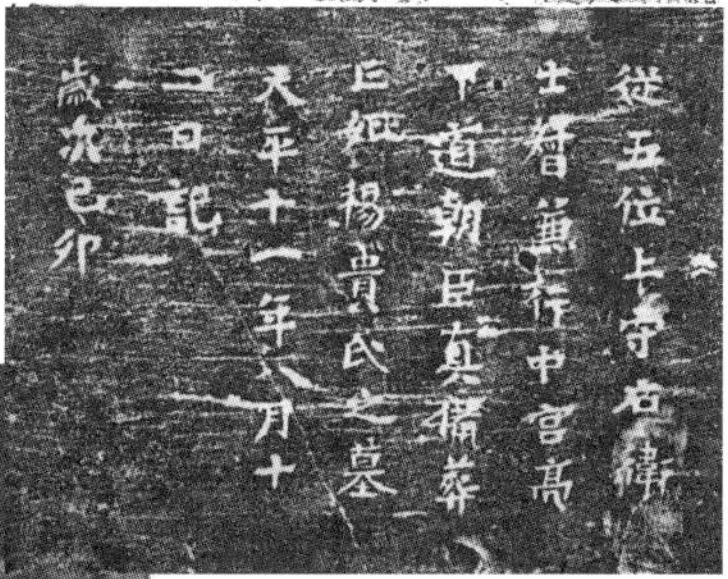

楊貴氏墓誌拓本（東京国立博物館写真提供）

伝楊貴氏墓誌出土地

資料40　伝楊貴氏墓誌出土地と現状

この楊貴氏墓誌について「この墓誌については疑問視する説が有力である。」と記載されている。

この本の最後には関係史料抄録として、まとめて多くの江戸時代以来の文献資料が集成されており、その中に楊貴氏墓誌関係史料も、加えられていただけであった。ここには1枚の拓本写真の他に、この資料を紹介した江戸時代の文献2点の読み下しが、記されているだけで、その2点は　伊藤東涯『輶軒小録』と松崎慊道『大和訪古録』である。これ以外には特に何の解説も無い。ところが後で詳しく説明することになる、圀勝寺に所蔵されてきた塼の半欠に文字のある物については、疑う向きもあるとしながらも、本文中に写真付きで掲載されている。

楊貴氏墓誌は発見時以来、真偽が疑われること無く、吉備真備の母に関する資料として扱われていたものである。その後には、上記の『大和訪古録』や狩谷棭斎の『古京遺文』中で、「楊貴氏、姓氏録、右京諸蕃所載八木造即此」とある内容が、そのまま後の文献にも引用され続けていた点は、訂正されている。それは「右京諸蕃」とある部分で、これは正確には「右京神別」である。

なぜこの資料に疑念が持たれているかについて、その推移も見た上で、再びこの「楊貴氏墓誌」について考えてみたいのである。ただ取りあえずは、古くからの関係した文献はかなりあるが、それらの内容から、一応墓誌の全体像を見ておこう。

楊貴氏墓誌について

この墓誌は享保13（1728）年、大和の宇智郡大沢村（奈良県五條市）の農民が4〜5升くらい入る大壷と、瓦12枚を掘り出した。真備祖母骨蔵器発見は、元禄12（1699）年なので29年ばかり後のことである。掘り出された瓦の一枚に文字が彫られ、文字に朱が入れてあった。掘り出された瓦は多く壊れていて枚数も定かではないが、12枚くらいが正確なのでないかとされている。

文字の彫られた瓦の大きさについてもさまざまであるが、厚1寸8分（約5.5cm）、幅9寸（約27cm）、長6寸9分（約21cm）。この大きさは、残されている複数の文献資料によって多少異なっているが、互いに近い数値といえるので、それぞれ別時期に計られたもので、ほぼこの大きさの塼製品だったと見てよいであろう。ただ共に発見された瓦については30枚とする資料もあるが、その文献では出土した瓦は、3枚以外完形品はなかったように記している。こうした古い文献では、すべて瓦と記しているが、これらはすべて塼と呼ばれる物で、現代人が思う屋根瓦ではない。

横長に見た塼に刻字されていた文面は、次のようなものであった（」部分は改行位置を示す。なおこの資料については、かなりの数の拓本が残され、以下の文面も、それらによるものである)。

「従五位上守右衛」士督兼行中宮亮」下道朝臣真備葬」亡妣楊貴氏之墓」天平十一年八月十」二日記」歳次己卯」

実態は口絵Ⅲ上の拓本写真を参考にされたいが、43文字を8行に配し、4行目までは7字配置、5行目は丁度年号の配置に当たり、1行と次の行に3字を送り後は空けている。改行し次の行には頭から干支のみ記載。この行の文字は、やや小形に思われる。この書き方に対

蓮華寺の本堂

資料41　(上・下)楊貴氏墓誌出土後に保管された蓮華寺。蓮華寺2棟の建物はあるが、今は無住(写真提供・前坂尚志氏)

資料42　伝墓誌出土地。左看板部分が伝墓誌出土地。前面は公園

し年号の干支を示す位置もおかしいので（普通には何々年とした後に続けてその年の干支を入れるのが多い）この文字だけは、後書きであるとの意見もある。だが全体的にはむしろ几帳面な配置というべきではなかろうか。

これは全くの個人的感想だが、この墓誌を真備が書いたものとして考えれば、天平11年といえば739年。吉備真備の帰国は735年で、わずか4年の後である。自分が留学中には、わが国も国家体制が整い、変化も大きかったであろう。かつて自分が生まれた時には、まだ在位中であったはずの持統天皇だが、その天皇までをも収めた、国の歴史書『日本書紀』が養老4（720）年には完成していた。自分が育ったかつての女帝が続いていた時代も、留守の間に終わっていた。

新しく出来た『日本書紀』を、彼の立場なら当然目にし得たはずだ。その歴史書の中に、初代神武天皇のみを例外として、全天皇の代が変わった元年の1年間の記述が終わった最後にだけは、「是年　太歳○○」としてその年の干支が記されているのである。これはその年を、変化の年、あるいは新しい次世代の始まりの強調かとも取れる、秩序だった編集の意識とも受け取れる。真備にとっては、こうした秩序的な区切りのある編集に同感するものがあったのではなかろうか。

自分とは長く逢えず、これからの自分を見ることもできず、死んだ母に対して、改めて葬儀の年の干支を刻むことで、この年を忘れない、そうして次に進むという気持ちを、母に示したという気さえする……これは全くの個人的な感想なのであるが……。

最後の一行の文字は、本文とは別人の手になった書体も違うという意見もある（後で問題とする近江氏論文）。文字には全く素人である私の目で、しかも拓本印刷で見た印象に過ぎないが、全体として文字は小振りで、他の行の文字に比べれば、「歳」字は右上がりで、四字とも丸みを持ち、異筆にも見える。しかし大きく異なっているとも見えない。例えば「宮」「亮」「道」などで、左から右に引いた線など右上がり傾向を示す。本来の癖かもしれない。

これも幻想に過ぎぬ話ながら、私たちとしては今回の著述の中で、主張したかった命題の一つでもあった《少年真備が祖母の墓誌を書いたのではないか》ということから、あの祖母骨蔵器の最後の干支の違い、恐らくは単純な文字の間違いだろうとされている部分も、案外本当には、葬儀の日の干支だったのではとも思っている。最後に「戌」の字があるので、真備は行動的ではあっても、気質はたいへん真面目で几帳面な人物だったのでは、とも思っている。自分が祖母の骨蔵器の銘文を書いた、若かった日を思い出しながら、中国では普通のことでもある塼の上に、母の墓誌を刻字したのではないか。自分の立場を奢ること無く、美辞麗句で飾らない文章を、まだ粘土板に過ぎない塼の上に簡略に示したのだろう。それの乾くのを見ながら、先に述べた母への思いもあって、急いでその年の干支を追記したか、誰かに追記さしたのでは……こうした想いにもなったのである。

後に記すことではあるが、この楊貴氏墓誌は、真備祖母の骨蔵器銘に似ている点も、偽作の証明のように考えられているが、当人が両者を製作したものなら、それこそ作者のスタイルといえる。

楊貴氏墓誌の問題点とは

奇妙な私的感懐ばかりが先行したが、この墓誌が改めて問題となった点の概要を示しておこう。最初に述べたように、この現物は幾度も、埋納されたり掘り出されたとの記録があり、ついに、失われたのである。ただかなりな数の拓本が残されており、中には拓本から摸刻された物の拓本があることも、知られていたようである。また真備の母の出身に当たる「楊貴氏」は『新撰姓氏録』の「右京諸蕃」中にある八木造とされ（『古京遺文』による）、そのまま引用されているものもあるが、先にも触れたようにそれは間違いである。こうした状況の中で、端的にいえば、現在実物の無いこの墓誌は本物か、偽物かということなのである。江戸時代以来、実物が無くなっていても、まずは本物としての扱いで、偽物の疑いは見られなかったといえよう。

しかしこうした古くに発見された土中出土の文字資料とか、あるいは地上にあってもその初源が不明な石造品とか、焼物に刻まれたり書かれた文字資料には、特に現物の無い資料などについては、厳密な再検討が必要なことも、学問的な調査・研究が進む中で、改めて注目されてきたともいえる。

とくに日本の歴史に関わる問題としては、昭和前期の世界大戦を経る中で、自国の歴史がいかに歪められたものだったかを知った人々によって、注目されたともいえる。学徒動員を身をもって体験した大学や各地の先生方・研究者から、戦後には歪められた歴史に対し、多くの基本的な論文や啓蒙書が出版もされてきたのである。こうした中で、この楊貴氏墓誌も改めて注目されたともいえよう。

実は私たちが、今著述を進めてきたこの本の中で、話題とした女性の一人、「富比賣」の復活に際し、最も強力な保証人であった京都大学の岸俊男先生が、かつて楊貴氏の墓誌問題の口火を切っていたのである。議論のきっかけともいえる論文の主が、恐らくはその当時は京都大学の助教授だったと思われる岸俊男先生だったのだ。

先生も学徒動員の一人で軍隊に行かれたと聞く。戦後となって、学問の世界に帰ることのできた先生にとっては、代表的ともいえる多くの論文を次々発表されていた頃でもあった。こうした中で、この墓誌に、少し気になった部分もあったのか、むしろ短い論文、日本歴史学会による研究誌『日本歴史』150号（1960年10月）の〔歴史手帳〕欄に掲載されたのが、岸俊男「楊貴氏の墓誌」である。この中では先生は当然のことのように、先に挙げた八木造は「右京神別」と記されてある。この論文は、岸俊男『日本古代政治史』塙書房（1966・5）に採録されているが、この本では付論中にある。また先の『日本歴史』に発表した内容と、再録された論文集との両書の間では、後者では註としてかなりの事実が加えられ、これから示す近江論文について、先生の個人的な疑問点も付け加えられている。

岸先生の「楊貴氏の墓誌」論文の内容では、実物が幾度か再埋納されたり掘り出されて失われていることで、再検討できない状況が述べられ、書かれた内容には、真備に関する当時の身分と期日等に関する点では、全く誤りは無い、とする。ただ真備祖母骨蔵器について、発見以来30年も経って、領主板倉侯によって圀勝寺内に社を作り、骨蔵器をここに安置して、しかも「吉備公太夫人古冢記」を作らしたことで、多くの当時の歴史愛好家でもある好事家が、その存在を知ったであろう。それが完成した年が、奇しくも楊貴氏墓誌が最初に発見された享保13年の前年である。この偶然を疑問の一つとしている。

現代のように話題の多い時代であれば、何か珍しい遺物などに対しての書籍ができても、特に目を引くことではないが、江戸時代などでは、特別な好事家の注目を改めて集め、偽物などを生む要素と考えられてのことだろう。祖母骨蔵器の文面と似た形で、母の墓誌を製作した可能性を示唆されている。

また内容に楊貴氏と記す点では、近くに当時八木氏は確かにいるが、それを楊貴氏とするのは、真備が唐から帰国時に近いことから、当時は唐文化への憧れの強い時代であるから、唐代玄宗皇帝と楊貴妃にちなんで八木を好字として楊貴氏とした、として伝えられてきた。しかし楊貴妃が玄宗に見出され、貴妃の位が授けられるのは、日本的にいえば天平17年であり、天平11年の墓誌ではあり得ないことになる、とのことである。

ただこうした疑問を示されながらも、八木造は『続日本紀』では、宝亀6年正月の条では、同族かと思われる「陽疑造」のことが記されていることも記述され、他にも八木氏の居住地が墓誌出土地に近い実例も文献からの資料で示されている。

また後者の論文中に加えられた、最初の一項の註記（3）の中には、わが国の多くの墓誌は金属製品であり、瓦塼は以前も記した女性の墓誌で最も新しい延暦3（784）年の紀吉継のもの、砂岩で高谷連枚人（宝亀7（776）年）のもので、ともに新しく、楊貴氏の墓誌が材質（瓦であること）形状（方形に近い）共に奈良時代も前半の古いものとしての異質性も注目されてのことであろう。これは先生にとっての疑問点であろう。

これに対し、その時は天理参考館の学芸員であった近江昌司氏の「楊貴氏墓誌の研究」『日本歴史』221号（1965年12月）が出版された（これは丁度岸先生の論文集『日本古代政治史』1966年5月出版本の校正中だった、とこの本の論文中の最後に追記があり、近江氏の説を見て、かなり承認された形ながら、八木氏が現実に存在し、その所在地が墓誌出土地と近い関係は、どうするか疑問もなお残されている)。

近江氏の論文では、自分は以前から墓誌等に興味を持っており、岸先生の最初の疑問に触発されて、楊貴氏の墓誌問題に取り組んだとある。その上で、この墓誌に関しての、江戸時代以来の数多い文献を検討し、現地も訪れ出土地点とされる所も検討されている。また拓本が数多く残されていることから、それらを個々に検討し、その内の9例は論文中に拓本を掲載した上で、本体からの拓本と、拓本から摸刻されたものからの拓本の区別等にも詳しい。

こうした検討の上で出土地は、現在墓地とされているところは移動したものだが、本来は近い地に、実際に瓦(塼)利用の火葬墓は実在していた。その墓の構造は、岡山県小田郡矢掛町(旧三谷村)東三成の瓦を伴う古墓(後で説明)に似たものだっただろう。岡山県の真備祖母古墓周辺には、瓦片に偽刻するものがあるので(これらの点は後で詳述)、楊貴氏の墓誌出土とする地にも、本来瓦を伴う火葬墓はあったが、墓誌はそこで出土の瓦に偽刻したものであろう。この地には、楊貴妃漂着伝説もあり、それが八木氏と結びついている。ということで楊貴氏墓誌の偽作説を強調した形で述べられているのである。

実はこの問題は、今回取り上げた、富比賣の墓地買地券が、長く認められてなかったこととも大きく関係しているのである。先にも述べたように岸先生はこの近江論文を見た上で、追記を加えたのは、なお現実には瓦を伴う火葬墓があったとすると、八木氏自身も近くにいたことに対する説明が無いことは気になったのであろう。

先生にとっては、墓誌を出土したとされている火葬墓が、岡山県のしかも、祖母骨蔵器に、きわめて近接して出土した火葬墓に類似していたというのなら、両者は極めて近い関係にあるのではということを、考古学者でもある近江氏が、近くの偽物だけ取り上げて、両者の墓の類似性の問題を取り上げられていないことへの、疑問もあったのではとも思う。

その後この点の、近江氏の回答は無かったようで、他から何の疑義も無いまま、楊貴氏墓誌への疑惑だけが残ったのであろう。

ただこの問題を、私たちも、最も近いところにおりながら、真備の母の墓誌とされるものに対しては、実物の無いものは考えようが無いということで、正面から取り上げてこなかったことは、考古学を仕事としてきた人間の、横着だったともいえる。岸先生のご存命中、この問題について先生と話し、意見を伺う機会が無かったことは残念でならない。

いずれであれ、近江氏が偽物説断定の理由として上げた、備祖母骨蔵器出土地点からはわずか10～20mばかりの近接地点で、江戸時代には全く分かっていなかった昭和18（1943）年発見の火葬骨蔵器や、明治33（1900）年頃発見の各種遺物などのことを、多少詳しく示さねばなるまい。

それに加え、全くの蛇足といわれるかもしれないが、楊貴氏墓誌の真偽に関わることではないが、私たちが富比賣墓地買地券に関係した資料全般を報じた『倉敷考古館研究集報15号』（１９８０・４）以後に真備町内で発見された火葬墓についても、資料として加えたい。これらは昨年（２０１８・８）の大水害で、資料自体がかなり損傷していたものもあり、多くの方にこの地域の特性として、土中の歴史資料の語る事実を知っていただきたいのである。

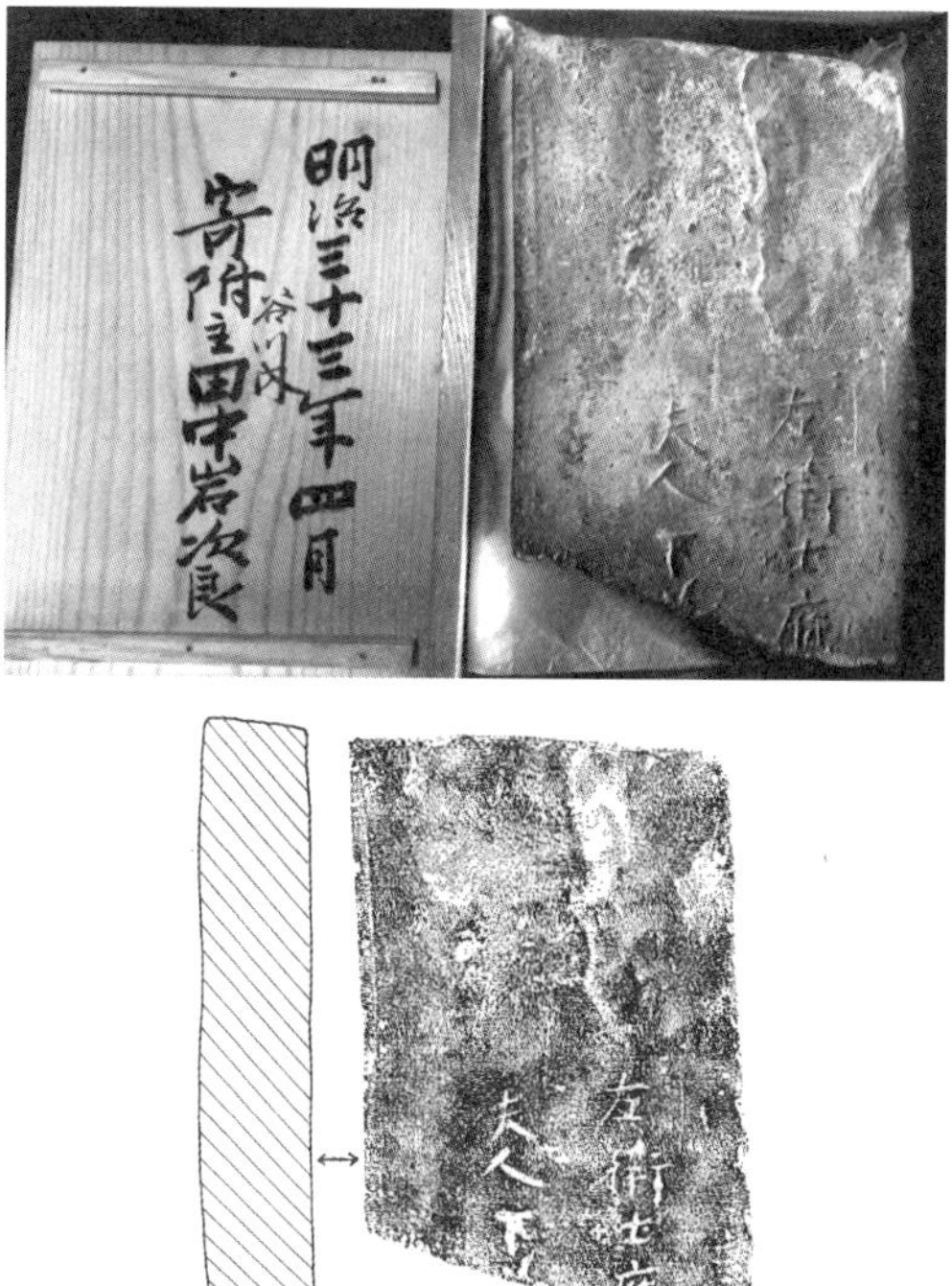

資料43　吉備真備祖母骨蔵器出土地周辺出土として、圀勝寺に寄贈された刻字塼。(圀勝寺蔵)
私たちも1980年には、他の意見に左右されることなく、改めて検討、焼成後の偽刻と判断(倉敷考古館研究集報15号参照)

明治33（1900）年の発掘調査

真備の祖母骨蔵器出土地点では、明治33（1900）年に原秀三郎氏により周辺で大掛かりな発掘が行われている。その時前後の事情や、出土品については、私たちが本書中の先項、真備祖母骨蔵器説明中でも示したように、梅原末治『考古学雑誌』7巻5号に詳しく、その論文が、丸ごと永山卯三郎『岡山県通史　上巻』に引用されているので、参考にされたい。

ここで問題の遺物は、その1900年発掘の際に、地元民から出土した物として提示されて、現在も大切に圀勝寺で保管されている、2点の資料である。1点は近江氏が、楊貴氏墓誌の偽物説に対する証明とした遺物である。それは次のような物であった。

「左衛士府……」刻銘半欠塼

この塼は、明治33年時に地元民から提示されたことは、資料を入れた箱書きにもある。岡山県では著名資料であり、私たちが40年も前に墓地買地券を検討した際も、圀勝寺に伺い見せていただいた。それについては『倉敷考古館研究報告　15号』に周辺遺跡の遺物として掲載している。ここで私たちも、塼自体は古代の物と見られるが、文字は後の偽刻と見られる点を報じたのである。結果は近江氏と同じであるが、そこに至る方法では全く違っていた。

近江論文では、半欠の塼を図上復元し、現在の文字配列では、最短の墓誌でも文字が入らないということを主張している。また梅原博士からの教示として、文字は焼成後に刻まれている、ともある。このことは、彼自身は現物を充分には見ていないということであろう。

おそらく次に示す、角田文衛氏論文を読んでの想像と、梅原博士の教示への信頼、その上想像ではあるが、近いところで出土したと伝えられてきた、墓地買地券への学会での疑惑も知っての上だったと思う。

墓地買地券は１９５０年開館の倉敷考古館では、開館当初から展示されていた。近江氏は楊貴氏関係の論文を書いていた頃には、他の用件もあって、一度ならず考古館を訪ねられた可能性もある。買地券も目にしたはずである。考古館の開館時には、梅原先生指導であったが、先生が買地券は偽物ではないか、という考えだったと思う。私たち二人が疑問を持ったのは、こうした雰囲気があったからだと思う。近江氏も梅原先生との交渉はあり、当然耳にしていたことであろう。近江氏の楊貴氏墓誌に対する結論には、近所には偽物が多い。富比賣墓地買地券の存在も、影響しただろうと思うのは、以上のようなことなのである。

ここに今回改めて撮影した資料43上は、拓本とともに示したように、残長は約17㎝、幅は10・5〜11㎝、厚さは３㎝前後。この塼片は、多くの人による手ずれや拓本による汚れも目立つが、本来は淡い赤褐色の土製品である。

次に示す角田文衛氏論文中の塼11枚は、（近江氏はこれを12枚出土説をとって、楊貴氏墓誌出土での12枚の塼出土説と重ねている）長さは大小があり34〜37㎝、幅は12㎝とやや広いが、厚さもほぼ同じ。焼きも後の発見例中にたいへんよく似た物もある。両者の塼が、極めて似ていることは、角田氏も強調している。

刻字の内容は改めて示すまでもないが、2行に「**左衛士府……**」**夫人下**（**道？**）……」。

今回も改めて圀勝寺で、実物は拝見したが、全ては四十数年前に目にして感じたことと変わりなかった。ただ四十数年前は、既製の塼上に後で刻字することもあり得ることだから、それだけでは偽物とはいえない。この地域には富比賣の墓地券出土の際、3枚目出土品として検討した、墓誌と確定の困難な短文の刻字資料もあったことから、文字配列だけからも判断はできない。この資料の真偽については、かなり考えさせられたのだった。

だが、よくよく見ても、後彫りの文字は、強弱も無い、ただ整って綺麗なだけであり、しかも個性的な内容を示す文字が1字も無い。つまり真備祖母骨蔵器銘とか、むしろ楊貴氏墓誌中の「右衛士」を知り、『続日本紀』などは熟読していた人物であれば、こうした内容は作り得る。似た手本のあるものを、もっともらしく組み合わせた物は偽物の可能性が強い、という感覚は、日頃博物館にいて関係資料に接する中で、感じていたのである。この資料を当時「偽刻」としたのはこうした理由であった。

しかし現在では今ひとつ「夫人」の文字を不用意に使用していることは、ますます真備祖母骨蔵器銘の模倣に過ぎないことを示している。この塼に関しては、今となって見ると、近江氏とは逆に、楊貴氏の塼製による墓誌が周知されたことで、たまたま真備祖母骨蔵器出土地近くで、発見されていた塼断片を入手した人物が、真備祖母や、下道氏に関係する人物を思い描いて刻字したようにさえ思われる。その時には勿論まだ真備祖母墓骨蔵器周辺に、塼敷伏甕火葬墓が埋葬されていたなど、分かっていない時期であったかもしれないが、より新しく、１９００年の調査などが計画されていたような時期かもしれない。

40年も前に伺った時には、二個体の大甕破片を拝見しており、略測して、『研究集報15号』に記載した。他の破片は失われた物かとしていたが、全てが寺で保管されており、現在では付記⑰の上に示したように矢掛町教育委員会で、これらはほぼ完形に復原され保管されている。この地には、同様な大型土器を伏せて、火葬骨の外容器とする埋葬形態の火葬墓が、他にも複数存在していたのであろう。ますます祖母墓地と、五條市との墓地の関連が強まったともいえる。

弥生土器片上の文字

１９００年時の発掘の際出土したとされた、文字の彫られた今ひとつの土器片は、現代では考古学研究者でなくとも、多少弥生時代の土器を見慣れた人であれば、弥生土器だと見当のつく、肩に連続櫛目刺突模様の付く甕形土器片である。その上に細く文字が彫られていた。いまでは見えにくくなっている。明治時代の調査時には、大変な人数が参加した調査だったようで、決して褒められることではないが、こうした悪戯は現在も時にあることだ。学生がすることもある。これも記録であり、大切に保存されることを希望した。

また当時の状況を記す文献には、弥生中期末頃の大型器台らしい絵も描かれており、弥生遺跡が山丘上にあったことも認識していたが、これらの土器資料（付記⑰参照）の全てが、圀勝寺で保管され、今では、当地の教育委員会で保管されていたことは今回初めて知った。弥生土器片に文字の彫られた遺物はよく知られていたが、１００年以上も昔でありながら、当時出土したかなり大量の土器が、現代社会の中で、圀勝寺に良好な状態で保管されてきたことに、驚くと共に、この資料を残した古代の人々に代わって、心から感謝したい思いであった。（なお、追記しておきたいが、この中にまるで弥生時代の大型器台を真似たような近年の焼き物片もあったことは注意したい。ただこれは焼きの違いで一見して区別される）。

あの真備祖母骨蔵器の埋葬された山丘尾根の一帯が、下道氏一族の墓地だけでなく、弥生時代人の生活の場であったのか、あるいは特別な祭祀の場であったのか、歴史の中で活かされるであろう。小田川から高梁川、その東の足守川の一帯は、吉備における古墳文化の発祥地ともいえる、大型の飾られた特殊器台や壷を、墳丘に飾る墓の出現した地であり、当時棺にも使用した地域でもある。

こうした、吉備における古墳文化の創世記には、矢掛町の芋岡山・倉敷市真備町では黒宮大塚・西山、総社市では立坂・伊予部山、高梁川の東では宮山・鋳物師谷、倉敷市の足守川近くでは女男岩・楯築などよく知られた遺跡であろう。他にも多い。この中には遺物が洪水で被災し、復原不能の物もあるようだ。

塼敷伏甕火葬墓

（角田文衛「備中国下道氏塋域に於ける一火葬墓」1944年4月『考古学雑誌』34巻4号。）

先に1900年の発掘の事例を書いたことで、その際の出土遺物のことで話が錯綜してしまったが、この報告が近江氏の問題にした遺跡の内容である。

出土地点の状況

この本で話題としてきた吉備真備祖母骨蔵器の出土地と同じで、以前も述べたように、倉敷市真備町と近接した小田郡矢掛町東三成である。この火葬墓も同一地点出土であるから、地形については省略するが、真備祖母骨蔵器より、南で尾根先端にあった。祖母骨蔵器出土地を示す標柱から南へ約20ｍの地点で斜面にかかる位置、尾根頂部に取り付く参道の直下といえる部分であった。地表では、封土とか構造物は全く不明な状況であったようだ。もし多少封土があったとしても、参道を造る時、削られている場所でもある。

発見日と出土状況

昭和18（1943）年9月12日。太平洋戦争さなかである。地元民が林道修復のため、参道を登り、甕底部が露出しているのを発見。巡査立ち会いで掘り出したものであった。発掘者の言では、大きな甕が伏せてあって、口縁から4〜5寸（14〜15㎝か）には木炭が詰まり、甕は12枚の瓦の上に伏せてあった、という。木炭は甕の外部にあったものだろう。そうして塼と甕の間は6〜7分（2㎝）ばかりの粘土で密閉。甕は完形で、粘土を外し開けると、内部には、砕片の骨が真ん中に盛られていた。内容器に当たるものは全く見えない状況だったという。これらのものは、すべて圀勝寺に納められていた。

この遺跡の報告者である角田文衛氏は、２ヶ月ばかり後の、この年の11月17日に現地を訪ねており、圀勝寺の遺物も検討し、墓壙を再発掘し、発見者に状況を聞いて、ほぼ確認したことと間違いないとしている。ただ圀勝寺では、塼は11枚のみで、寺では塼は11枚受け取ったと確言されたとのことであった。発掘した証言者もあまり枚数は気にしていなかったから数には確信はないが、誰も持ち去った人はいなかった、ともある。ただ現在矢掛町の文化財指定物件では、13枚の指定となっている。角田氏が確認した時は、11枚でその内６枚もが折れている状況を図示しており、後日これらが、別物と数えられることになったのかもしれない。この資料44上は、角田文衛氏の報文より引用。

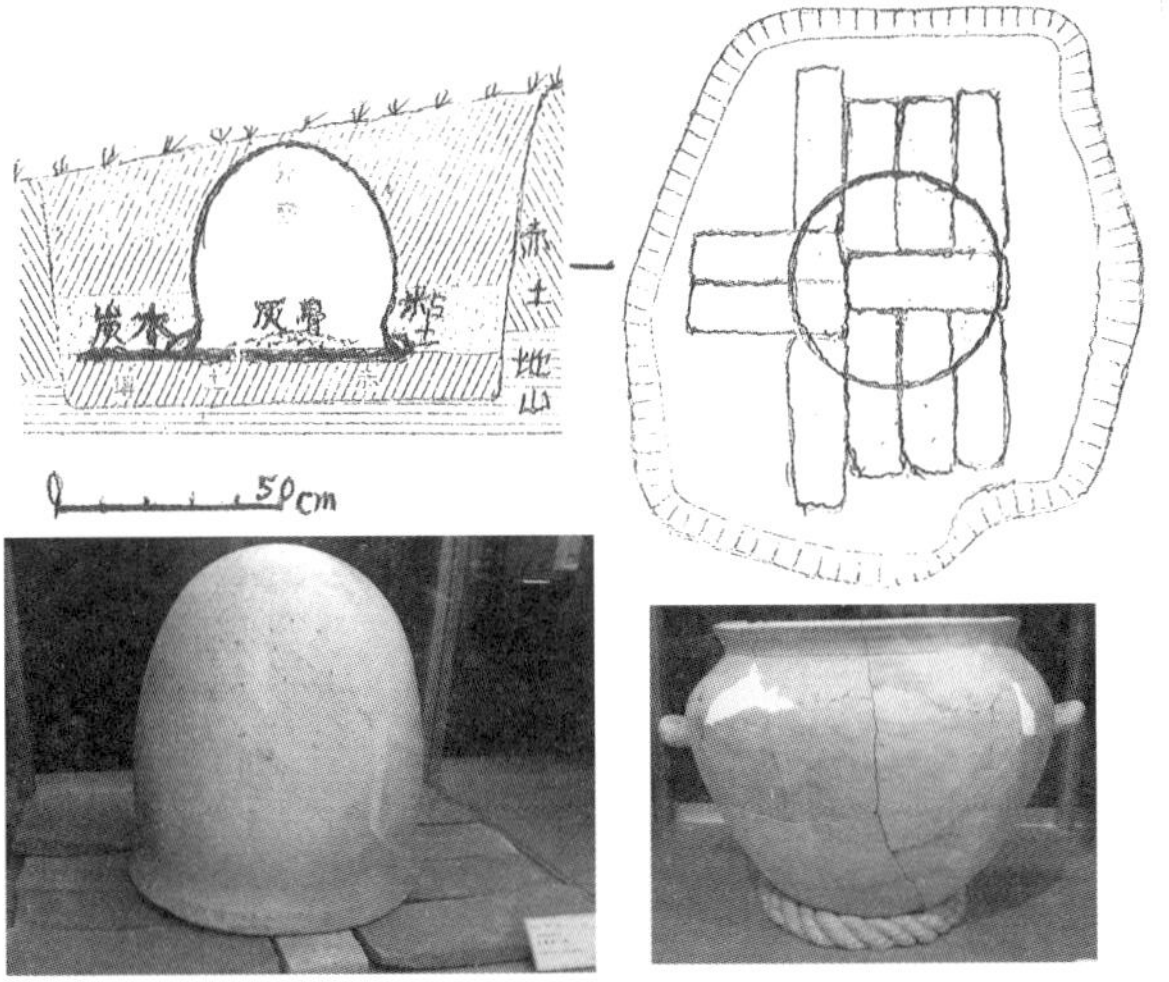

資料44　1943年真備祖母骨蔵器出土地点に近接して発見された、火葬骨蔵器の出土状況模式図と本体（角田文衛「備中下道氏墓域に於ける火葬墓」『考古学雑誌 34 － 4』参照）と右は復原された周辺出土の把手付き大甕（矢掛町の展示ケース内で）

出土遺物について

簡略に記せば、伏せられていた大甕（資料44参照）は、やや軟質な感じを示す灰色の須恵器。表面は細かい格子目と条痕の混ざる叩目、内面には青海波叩痕、口縁部は外に反らしている。高さ47cm、口径48cm。下に敷かれた塼は、全体的には須恵質で青灰色であるが、赤褐色を示す物もある。大きさもかなり大小があり、長さも約37～34cm、幅約12cm前後、厚さ約3～2・5cm。

塼敷の真ん中辺りに、盛り上がったように残されていた焼骨は、粉状になっており、集められ、高さ15cm、径6cmばかりのガラス瓶にいっぱい詰められていた。一人分の火葬骨との推定。これらの遺物は、現在は矢掛町の教育委員会で保管されている。ただ火葬骨については、圀勝寺で供養されているとのことであった。

いずれにしてもここで強調しておきたいことは、真備が日本での墓誌としては異例ではあっても、中国では当時普通である、長方形の塼に、最も簡略に飾ることも無く母の存在を残した墓誌と、しかも土中に置けば、たちまちに土と化す木や布製の火葬骨容器に土をかけるにしのびず、当時の建築用材ともいえる塼を敷きそこに火葬骨容器を置き、日常も使用する大型の甕で蓋をし、周辺を粘土で塞ぐという簡略な墓を作ったのであろう。

真備が吉備の地の古い墓をどれだけ意識していたかは分からないが、彼の周辺に吉備の地の出身者が多ければ、当時ではすでに昔のことであったとしても、かつては焼き物の大型の棺も作り、多くの焼き物も作り、寺院建築でも優れた瓦を生産した地でもあったことは、当時の人にも焼き物は身近であったかもしれない。質素な墓を求めた彼に、身近な人々が応えた形の墓であったかもしれない。またこの墓の形は、遠く離れた吉備の下道氏の墓とされた地域でも、多く作られることになったのは、この真備の母の墓が、きっかけとなったとも思われる。こうした形の下道氏墓地出土の火葬墓らしい物は、真備の母の墓よりも古いと思われるのは真備町市場の方形外容器の例ぐらいではなかろうか。似た時期かもしれない。

楊貴氏墓誌の真偽問題

楊貴氏墓誌に関して、近江氏によって取り上げられた遺跡と遺物については、以上のような状態であった。今説明してきたことから、近江氏がこれらの資料を使って、証明したような、簡単なことで真偽が決着されるとは思えないのである。

もし真備祖母骨蔵器を知って、地元で塼の破片に「左衛士府……」夫人下道……」の偽刻をした人物が、あるいはそれを知った人物が（まだ祖母骨蔵器の近くに、楊貴氏墓誌出土の火葬墓とされたと同じ形態の塼敷で伏せ甕を伴う墓は、発見されていない時期である。しかも真備の家族関係については、子供は3人のようであるが、由利は子供か、妹かも不明。真備は結婚した相手も分からず、分かっていることは、『続日本紀』の薨伝で父が右衛士少尉下道朝臣圀勝ということ、骨蔵器の銘から、叔父に圀依がいることだけである。）その上何者の物とも分からない遠く離れた現在の五條市で出土の、塼敷伏甕の骨蔵器も知っていたとしても、当時の江戸時代の好事家が、真備の母の出身氏も死亡日も捏造して、それに合わせた当時の真備の身分に、何の齟齬も無い文面が創り得るものであろうか。

しかし一方では、真備の父は奈良の都の武官の一人だから、奈良の近辺での結婚は考えられる。塼敷伏甕の火葬骨蔵器が発見された地域に、たまたま楊貴妃流伝の伝説などが伝えられていたなら、唐での留学が長い著名人吉備真備とを結びつけるのは、現代人よりはるかに早いかもしれない。資料の少ない江戸時代だけに、真備のような奈良時代の著名人に関心を持つ人物も、多かったことは考えられる。生活に余裕もあって、いわゆるマニアックな人物がいて偽造した、版本が出版物の普通であった江戸時代には、文字を彫る専門家は多い、土製品にでも偽刻するのは易いことと言われると、直ちには反論できない。いずれにしても、何を持ってこの資料の是非が決められるかということだろう。

近江氏は、墓誌最後の行の異筆的な部分や、文字全体に統一性が無いことや、楊貴妃にまつわる伝承なども、詳しく述べている。しかし納得し得る決め手とは思えなかった。

楊貴氏墓誌上の「毗」と「亡」字と「干支」用法

ここで問題にしたいのは「亡毗」という言い方である。まず「毗」は辞書の『五体字類』などには普通に出てくる文字で、母とか死んだ母を意味し、唐代の石碑の文字が載せられている。だが、わが国であまり用いられていないようだが、正倉院文書の中で光明皇后が父母のために奉納したとされる『一切経』の奥書に皆添えられたとされる文書の中で、母の橘三千代につけた呼び名が「尊毗」なのである。しかもこの奥書の日付は「天平十二（７４０）年五月一日記」である（『大日本古文書　巻二』東大史料編纂書　昭和57（１９８２・６）復刻参照）。楊貴氏墓誌の日付はこの1年前の「天平十一年八月十二日記」であり、全く同じ書き方である。しかもこの一切経は、市井にも出回っていた、との説明もある。

（干支について）

近江氏は年次の干支が無いものは少ないとした上で、楊貴氏墓誌ではそれが後書きになっている、との指摘があったが、こうした正倉院文書を知った上での指摘かどうかは分からない。ただ重要なことは『大日本古文書』に収められているような、言わば公的な役所文書には、大宝元年以後の年次には、全て干支は見えない。これ以後では、元号に何年だけで、干文を付けていないのが原則なのであろう。

また近年奈良の都を中心に、各地で発掘される木簡類に見る元号年にも、地方官衙出土の場合も、公文書の場合と同様で、干支は付けていないのが原則のようである。それ以前のものには藤原宮においても、大宝元号以前の年は干支だけが記載されるので、そこから年を換算しているのである。

ところが一方で、わが国の数少ない墓誌や墓碑的な資料によると、ほぼ全てに元号年と干支が併記されている。墓誌では、16例中、元号年に干支が無いのは1例のみ。逆に、あの小学校の縁の下から発見されたとされている山代忌寸真作の夫婦合葬墓誌など、妻の死は養老6（722）、夫の死は神亀5（728）年でありながら、壬戌と戊辰とだけ干支で書かれていた。古事記編者の太安万侶も「以癸亥年七月六日卒之」とわざわざ書いてその後に「養老七（723）年一二月一五日乙巳」としているのである。後の日次は埋葬日であろうか。家族には死亡した日こそ重要なはずだ。

少し前までは公文書にも干支だけで年号を表記していたものが、公文書にわが国の元号表記が定められたことで、文字を普段から使用しなれた階層でも、その年への意識が持ちにくかったのだと思う。現代とは反対で、当時の国際的には互いで通用している干支の方が、現代の西暦に近いものだったのだろう。当時の一般人にとっては、いつ変わるか分からない国の元号年より、60年に一度変わるだけの干支の方が、はるかに実用的だったのではなかろうか。当時の人生、普通にはせいぜい50年、だから還暦まで生きると祝うことだったのだ。

長年中国で生活した真備にとって、この問題は、どのような感覚だったのであろう。彼の留学中は、運よくか、運悪くか、玄宗皇帝の「開元」元号が続いた時期で、元号変化への緊張が少なかったともいえよう。中国の墓誌銘を幾度も引用した『唐代墓誌彙編』でざっと目を通した感じでは、全体として元号年次に干支を加えた物は少ないが、皆無ではない。古い高宗時代の貞観元号代には干支併記もやや多いが、規則性があるようには思えない。則天武后は元号にはこだわったが、干支併記を禁じてはないようだ。

当時の中国では、長文の墓誌がほとんどで、それぞれに内容を凝らして製作されたのであろうが、特に干支には、あまり関心は無いようである。真備のいた開元期には、干支は極めて少ないが、皆無ではない。

真備が楊貴氏墓誌を書いたとして、墓誌に干支を入れてなくとも不思議はないであろう。ただ最後に加えた時、帰朝後四年経って、わが国の元号に対しどうした感懐であったかは分からない。ただ母の死を思った時の追記であったように思えることには変わりない。

(「亡」字について)

いまひとつ問題なのは、死者に「亡」字を用いていることである。「もうじゃ(亡者)」という言葉は今も生きているが、これを現代人が耳にすると、地獄とか幽霊とか、または何か

「金の亡者」などという人間性を失ったもののイメージにつながるように思われる。だが私たちが古代に中国から漢字を習った当時から、こうした文字にそのような感覚が付きまとっていたのだろうか。

奈良時代の文献や資料に関しては、全くの素人ではあるが、『大日本古文書』などを繰っていると、次のような例を目にした。

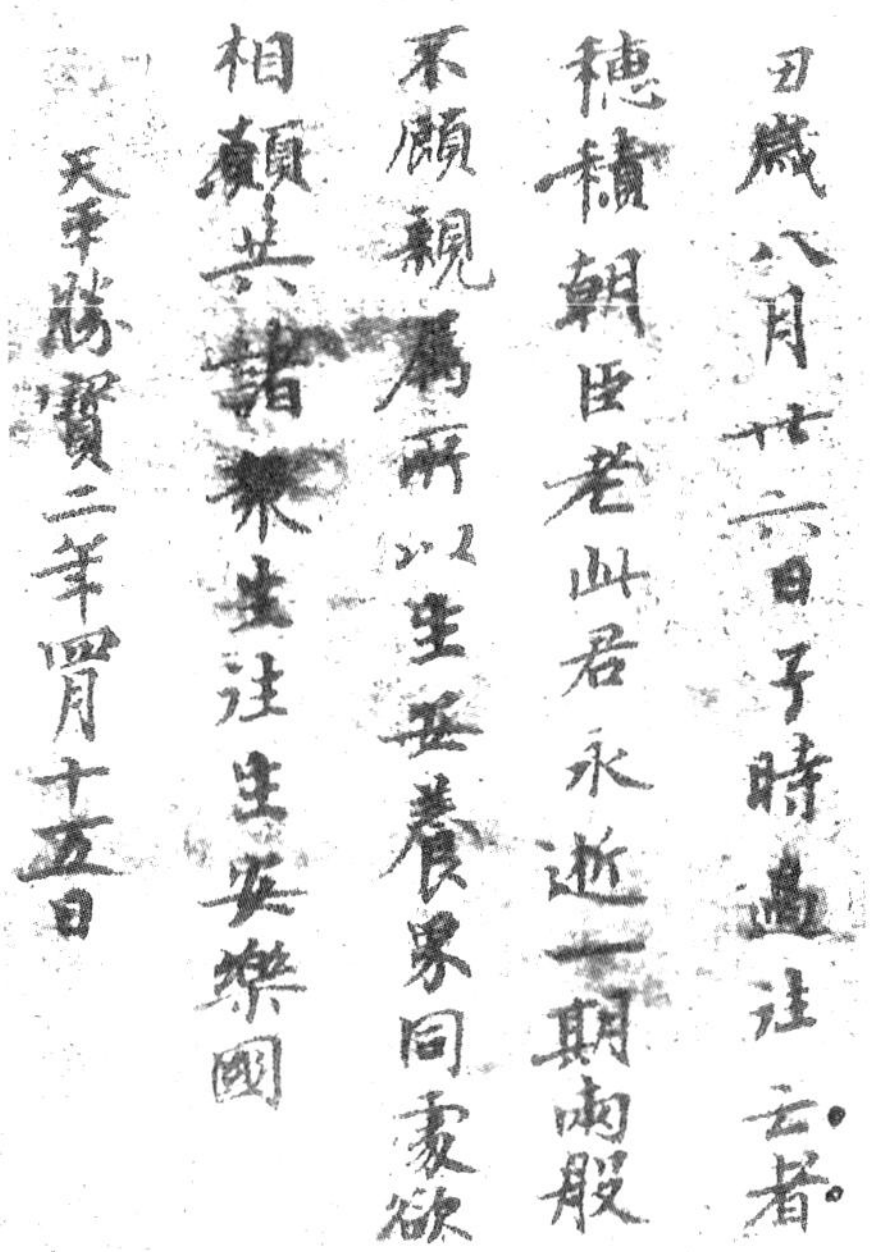
丑歳八月廿六日子時過往亡者
穂積朝臣老山君永逝一期兩般
不顧親屬所以生死養界同處欲
相願共諸衆生往生安樂國
天平勝寶二年四月十五日

資料45　正倉院文書『維摩結経奥書』(『大日本古文書3巻』挿入影印書)
天平勝宝2(750)年、死者のための写経奥書。「亡者」の用法と「亡」字形に注目。(点は筆者)

天平11(739)年8月11日のこと、楊貴氏墓誌とは1日違いの文書であった。それは施薬院で死亡した人の借金190文が、返済されたので収納済みという次のような内容だった(サイドラインは筆者)。「右、件銭者、先日為亡者所借、辺到遣、依数領納了、謹白」(『大日本古文書』2巻・180頁)。

天平12(740)年のこととしては、(同書の2巻253頁)「維天平一二年歳次庚辰、三月一五日、正三位藤原夫人、奉為亡考贈左大臣府君、……」というのがある。ここで亡考とある「考」は、先に「尊妣」とした「妣」と対になる言葉のようで、父とか年老いた父というような意味に使われている。ここにある「藤原夫人」は、最初は光明皇后も同様に呼ばれていたように、藤原氏出身で天皇の妃的地位にあった「夫人」身分の女性であって、幾人かはこの名で呼ばれているが、ここでは聖武天皇の夫人となった、藤原房前の娘である。

房前といえば、繰り返し述べたように、光明皇后の異母兄弟、藤原四家の北家当主、この時の亡考贈左大臣府君とは、当時最高貴族の一人である。ここでは元号年の後に干支が付ている。

また同書の3巻388頁の説明として挿入された文書の影印写真では、資料45に示したように、「……己丑歳八月二六日子時過往亡者穂積朝臣老……」とあって、これも死者の供養のために書写された経典の奥書であり、ここでも亡者が使用されている。この文書でも、彼の死亡年は干支で

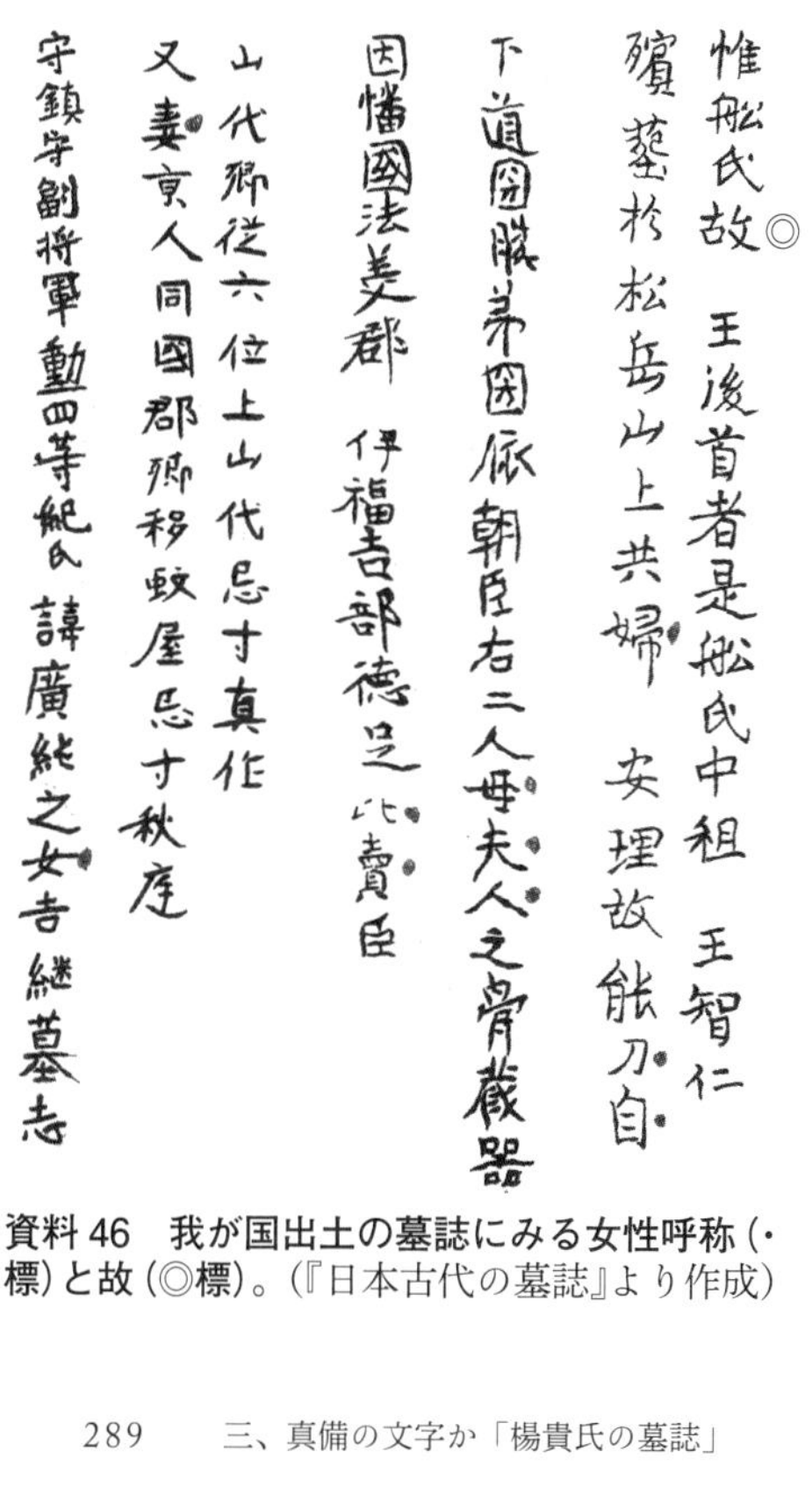

惟船氏故◎ 王後首者是船氏中祖 王智仁
殯葬於松岳山上共婦 安理故能刀自
下道圀勝弟圀依朝臣右二人母夫人之骨蔵器
因幡國法美郡 伊福吉部徳足比賣臣
山代郷従六位上山代忌寸真作
又妻京人同國郡郷移蚊屋忌寸秋庭
守鎮守副将軍勲四等紀氏 諱廣純之女吉継墓志

資料46　我が国出土の墓誌にみる女性呼称（・標）と故（◎標）。（『日本古代の墓誌』より作成）

書かれていただけであった。己丑は天平勝寶元（749）年であるが、奥書の日付は天平勝寶2年4月でこちらには干支は無い。わが国の墓誌と同様な状況を示す物と思われた。

奈良時代のわが国では、死者を指す場合に、「亡」字を使っているが、公に残る例はたいへん少ないようだ。それに対し唐では、手持ちの資料であり、先の「夫人」銘を調べた時使用した『唐代墓誌彙編』でだけの実例だが、その数多い墓誌の中には「亡官」で始まる事例が、かなり見受けられるのである。それは宮廷の官人で、後室関係者の墓誌と思われ、女性が多いようであった。

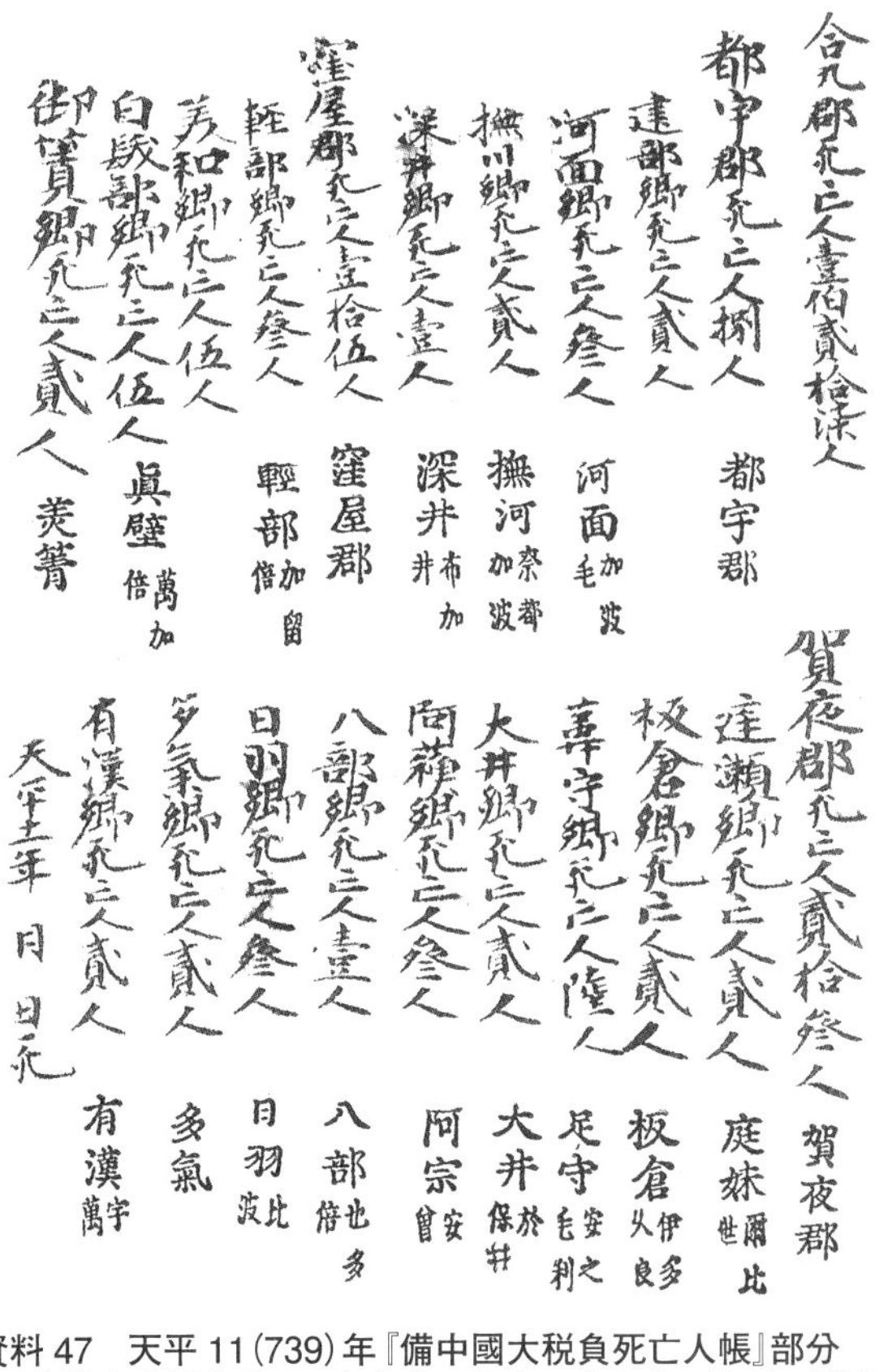

資料47　天平11(739)年『備中國大税負死亡人帳』部分
『正倉院文書影印集』八木書店。亡字の書き方に注目。漢字部分は『和名抄』(10世紀前半に編集)により作成

また真備が唐へ留学する以前の墓誌では、元号年だけも多いが、文中には、かなり干支もあり、規則性は見えないようだ。先にも述べたことだが、元号にこだわり数多くの元号を用いた則天武后時代も、同様であったようである。

真備の長い唐での留学生活中では、改元が無くほぼ開元元号だった時のためか、中国の墓誌の中で干支は少なくなっていたが、皆無ではない。亡官も少なくなっているが、これも皆無ではない。ごくわずかだが、「亡子」や「亡妻」も目に入ったが、いずれも限られた資料であるから、それらの使用頻度については正確とはいえない。

ただわが国では、個人の生活の面では干支のほうが中心であったように思われた。中国の墓誌では死者に対する呼び方は基本的には「故」を使用しているが、わが国で「故」が一般化するのはいつからであろうか。墓誌では「故人」を示すものとして最も古い『船氏王後』の墓誌（在銘では668？）に「船氏故王後」というように使用され（資料46参照）、新しい「高屋枚人」（七七六年）でも使用している。他の意味の「故」は「真備祖母」にも『行基銘文』内にもある。

いずれにしても、中国では、数は少なくとも、宮廷などで、「亡官」というような言葉が、特定な人物について公に使われていたように思えたことで、わが国では奈良時代の前半期くらいにだけは、身内の者からの呼び名にだけは、「亡」を付けるのが、礼儀に適う書き方だったのではなかろうか。

奈良時代「亡」字の形

奈良時代といっても、文書や木簡となると、当然藤原宮木簡なども含まれての「亡」字であるが、楊貴氏墓誌のものは、たいへん特徴的な字である。古い書体の字として知られているようだが、短い二の字状の横線2本を引いた後、その左最上部より縦線を描き、角を強調して直角に右に折れる線を描く、一見亡には見えないような字である。これが真備の書いたと思われる母の墓誌の文字である。

この墓誌と同年の正倉院文書である、「備中国大税負死亡人帳」では、備中9郡のうち「都宇・窪屋・賀夜」の3郡、真備にとっても最も関係深い地域のみが残っていたが、この中でも各郷それぞれに「死亡」が出てくる。その「亡」字は一見、楊貴氏墓誌にたいへん似ているが、初画は横一というより点であり、つぎに短い横線、その線の左上から縦線を下ろし、急角度をつけて左折する線を書くものであった（資料48参照）。

膨大な平城宮出土の木簡はあっても、「亡」字はたいへん少ないようである。「逃亡」の言葉がわずかに見られるようである。『日本古代木簡字典』（奈良文化財研究所、2013年）中で、平城宮出土とされて示された「亡」字は2例のみであった。小さい断片であるが、コ

番号	国	時代	西暦	亡字形	材	字	方法	備考
1	中国	唐	665		石	刻	コピー	九品亡官墓誌
2	中国	唐	688		石	刻	コピー	王伏生墓誌
3	中国	唐	705		石？	刻	コピー	卜元筒墓誌
4	中国	唐	743		石	刻	コピー	隆闡法師碑
5	日本	以前	668		銅板	刻	筆写	船王後墓誌
6	日本	以前			木板	墨書	筆写	明日香村石神遺跡出土
7	日本	平城京時代	739		塼	刻	コピー	楊貴氏墓誌(奈良五條市)
8	日本	平城京時代	(江戸)		木？	刻	コピー	江戸時代・右の模刻
9	日本	平城京時代	739	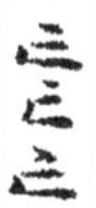	紙	墨書	コピー	正倉院文書「備中国死亡人帳」
10	日本	平城京時代	750	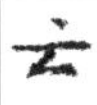	紙	墨書	コピー	正倉院文書「亡者……」
11	日本	平城京時代			木	墨書	筆写	平常宮木筒「……亡賜而」
12	日本	平城京時代			木	墨書	筆写	平常宮木簡「逃亡」

資料48　奈良時代頃の「亡」字

ピーで見える1例を転載させてもらう。これは現代人でも書く「亡」に似ているかもしれない。(41次調査、木簡番号1228８)。今一例は、最初の点部分が横線であるが、鍵状に曲がる部分には角は無い。先に示した字と同類といえよう(こうした点では狩野久先生にご教示をいただいた)。

字典に示されていた今一字の「亡」は、藤原宮出土とされる文字で、後に示す藤原宮出土の文字のように、2画目が鍋蓋のように左に突出するが、曲がる部分は曲線で、かなり違っているともいえる。

先に述べた亡者穂積朝臣老の「亡」字は、楊貴氏墓誌や死亡人帳より10年ばかり後の字である。だがここでは、初画は点であり、その下に、鍋蓋のような長い横線を引き、次にその中央辺りから、縦に線を引き強く直角に横に曲がる線を書く、という書き方である。

ところがより古い藤原宮木簡で、平成22（2010）年飛鳥資料館開館35年秋の特別展目録では『木簡黎明―あすかに集ういにしえの文字たち』として7世紀後半から8世紀初頭までの資料が集められたが、その中で明日香村石神遺跡出土品には、穂積朝臣老の「亡」に似た「亡」が見られた。この遺跡出土の木簡の一つに、多くの文字が表裏に書かれた板が、再利用のためか円形にされ、中央に穴も開けられていたのであった。

その多くの文字の中にある「往亡天倉重」の文字列は、この中の「亡」の右上一部が孔で失われていたが、全形はよく分かる。先ず横一を書いてその左端から、厳しく直角を意識した鍵形を書き、その鍵形の中央に大きく左に突出した位置から横線を引いたかとも思われる「亡」を書いたものもある。亡者穂積朝臣老の亡に近い。

「亡」の羅列には、少々うんざりだったと思うが、これがあの楊貴氏墓誌を真備の書いたことの証明ではないかと思ったからである。実はかなり前に、則天文字のことを書いたが、その時目にした石碑（資料9参照。墓誌拓本の下から2段目、左より5行目の文字）の中に、楊貴氏墓誌の「亡」と全く同じ字を見たので、これが「亡」字を検討する発端となったのである。

真備祖母骨蔵器に触発された偽作疑問への答え

近江氏が述べた楊貴氏墓誌に対する偽作の可能性は、真備祖母骨蔵器周辺の出土品偽作の疑いを持って論じられてきたが、それが意味ないことは、長々と述べてきた真備祖母骨蔵器発見地と周辺発見の火葬墓の状況から明らかになったと思う。しかし近江氏の楊貴氏墓誌に対する批判の中には、別に文字全体に一貫性の無いことや、勢いの無さ、なども挙げられていた。またいま一つの問題点である、真備祖母骨蔵器が注目されてきたことで、偽刻されたのでは、ということもある。

しかしこれらの批判に対しては、次のような解釈もできるのではなかろうか。これも作り話には違いないが……。

時は江戸時代の享保の頃、大和の国宇智郡大沢村の山畑から、たまたま多く瓦様のものと、4〜5升も入るような甕が発見され、火葬骨のようなものも発見されたので、発見者は寺へ持っていった。寺では、瓦の中の1枚に何やら文字が彫ってあったが、見辛いし、どうせ無縁の墓で、そのあたりの古い瓦に彫った名前かくらいで、墓地の隅に放置していた。ただその時に文字を見た人物の頭には「下道……」くらいの文字が残っていたかもしれない。

あまり時を経ない享保12年に、真備祖母骨蔵器に関する記録が世に出たことで、その地の知識人の間で、奈良時代の骨蔵器の文字で「下道朝臣圀勝……」等が話題になった。このとき、「そのような下道ならここでも見た……」と言った人物がいて、慌てて再発見となったのでは。しかも文字には強弱もあって読み辛い部分もあったため、彫りの巧い人物もいて、補刻を頼み、古色の代わりに、こうしたものには朱はつきものとして、朱彩して発表したのではなかろうか。勿論書かれた文字の内容には違いはないが。

もし、こうしたことであれば、どこか文字の感じに不統一もあるだろう。真備祖母骨蔵器が世に知られた時期に接して、楊貴氏墓誌も世に出たことも分かる。吉備真備の文字だといって拓本がもてはやされるようになれば、後になって、極めて上手に模刻されたものが作られても、あまり不思議は無いだろう。

繰り返すこととなるが、むしろ吉備真備は、自分がまだ少年でもあった時、父の故郷で祖母の墓誌銘を書いた日を思い出し、当時新知識を込めた思いも……。

母には何をこめるべきかと改めて思い、母の姓八木は中国風には楊、祖母に高位の女性に付ける「夫人」を付けたように、母には、宮廷で用いられる「貴」を付けて「楊貴」にとし、後に中国で、楊貴妃が出現することなど関係なく、これがせめてもの彼の思い分であったかもしれない。小さい自分に文字を教え、多くの学問への機会を与えてくれた母にも、中国の地を踏ましたかったのかもしれない。墓自体は決して奢ること無く、庶民的な形を作ったことが、縁者の多い吉備下道で真備祖母の墓の近くに、よく似た形の火葬墓の多くを見るようになった原因とも思われる。現在矢掛町教育委員会で見ることのできる類似の火葬墓は、楊貴氏墓誌の８世紀前四半世紀頃より全て新しい物と思う。

吉備真備にとっても、また真備町出土の古代の遺物にとっても、極めて重要な資料であった、江戸時代以来著名な楊貴氏墓誌が、近年偽刻の墓誌ではとの見方がされていることに、根拠になった資料の紹介を以て、逆に偽刻ではあり得ないだろうということが述べたかったのである。そうしてこうした疑惑を生んだ遠い原因が、多くの学者が目にしていたはずの周辺で古くより出土していた、富比賣の墓地買地券や『矢田部首人足』の塼を疑問視していたことも無縁でないといえることも言いたかったのである。

おわりに

これを書き始めたのは、２０１８年7月15日の午前6時だった。そのときは、室温は28度、湿度63％、これでも一応冷房の入ったところ。その前日は真備町も35度の猛暑と聞いた。この日は西日本を襲った、あの大災害よりまだ1週間。真備町の何千人もの人々は、突如として変わり果てた人生での朝をまだ呆然と迎えられていた頃だっただろう。ただただ哀悼の思い以外、言葉のない時間だった。

1週間前の7月6日夜から7日の未明にかけて、そうして8日にかけて、この町の3分の1の地域が水没。当日で51人もの水死者だった。1階建ての家々は屋根のみ、2階にも浸水し、2階の窓から、屋根の上から助けを求める人々の脇に濁流の渦巻く場面、一方では全てを水面下に隠し、広がった水面の不気味な静寂の俯瞰絵図。未曾有というこの地を襲った大洪水の映像は、マスコミでも個人のスマホでも繰り返し伝えられた。真備町の町名がこれほど全国に知られたことはないだろう。

多くの映像の中には、まるで湖の中に一本の筋と見えた井原線の高架路線。その中にある小さい「吉備真備《きびのまきび》駅」の駅舎に群がった人々を映し出したものもあった。そこも水面からわずか2～3ｍも無いように見えた（付記③下参照）。

こうした報道から、「ああここは吉備真備の出身地か」と思った人は、今では日本古代史マニアに過ぎないのでは。岡山県人にとってはそんな馬鹿な……と思う人も多いかもしれないが、岡山県人の中ですら「吉備真備……どんな業績だった？」と思う人も案外多いのではなかろうか。

とはいえ義務教育の中学校教科書では無理でも、現在日本の高校歴史書教科書のほとんどには、吉備真備の名前は記されているのではと思っている。ただそれは奈良時代に、中国へ留学生として渡り、多くの新しい文物を日本にもたらし、中央の政界でも活躍した人物、というくらいの内容であろう。だが一方では、既に確立していた奈良の都の、貴族社会中心の政治世界で、地方にルーツのある人物が、中央政界で高官として活躍した人物としては、著名人で、岡山県人の中では、吉備真備と和気清麻呂がいた、と思い出す人もあるだろう。しかしあの女性たちを知っているだろうか。そのような思いが頭をよぎったのである。

この時の豪雨被害は、倉敷市真備町だけではない、総社市も矢掛町も岡山市も……また広島県も愛媛県も……こうした中で、各地から、各地へと多くの人々が、ボランティアとして集まっていることも日々伝えられていた。

全く個人的なことながら、私たち（これは1昨年（2017、12、28）に死去した夫・忠彦と共にの意味である）の85年の生涯の間にも、幾度か真備町や周辺の市町村との遺跡と関わり、大きな知識が与えられたのである。土中のページを繰る面白さと重要さを教えられた。

大災害を目前にし、何かできることはという思いはあっても、今の私たちには直接のお手伝いは何もできない。せめて私たちが生涯仕事とした考古学の世界から、吉備真備だけでなく、皆さんの遠い祖先の方々をも思い出していただけないか、日々の厳しい現実の中でも、遠い過去の人と話し合う時間でも持っていただければ幸いなのだが、との勝手な思いからの書き出しであった。

最初は奈良時代だけでなく、なお遠い昔からの人々が、残していた遺物や遺跡も含むつもりであった。真備町が倉敷市と合併される前に編集された、新修倉敷市史には記されていない、以前の真備町町史にも記載されていないもので、特に私たちの関わった遺跡・遺物を書いていくつもりだったのである。しかしいつの間にかその中の、奈良時代の二人の女性だけが、中心になってしまったのである。

この二人の資料は、日本全体の中でも、他に例の無い不思議なものだったのだ。しかも共に女性である。知れば知るほどその不思議さと、無視と、復活までの運命に付き合うことになり、しまいには奈良の女性にも飛び火し、それで終わってしまった。しかも話はあちこちと、勝手な思い分が多く、収拾も付かない内容である。これを、年の所為にはしたくない。恥ずかしい限りである。

しかも私たちは、今回の主人公の一人、富比賣を正式に公とした『倉敷考古館研究集報第15号』（1980・4出版）のわずか一年少々後に、『吉備古代史の未知を解く』（1981・7新人物往来社）を出版していたのである。当時までに私たちも考古館で勤務しだして四半世紀ばかりを過ごしていた。この本は、その間に世に問うた成果を、多少とも多くの方に知っていただきたいという思いで、石棺石材とその広範な流通問題、岡山県下には陶棺が全国の7割以上もある問題、そうして明らかにしたばかりの富比賣墓地買地券などを中心に書き下ろした本であった。

この本をほぼ脱稿した頃の、1981年1月26日に、前倉敷考古館長であった武内潔真氏の訃報に接した。氏は長期にわたる大原美術館長のかたわら、1957～73年の間、美術館長を引かれた後も、考古館長を務め、公私にわたる教導・助力をいただいたのである。この本は同氏の霊前に捧げる物となり、ご冥福をお祈りしたのであった。

その時からまたも40年近くを過ぎ、災害被災者の方々への鎮魂と共に、その地に生きる方々への1日も早い復興安心を願いながら、気持ちだけの応援のつもりで書き出した今回のこの本だった。しかし改めて個々残されたわずかな情報を見直したとき、いかに多くの見落としや常識の壁に阻まれていたことの多いかを、思い知らされたのである。

もしも先の『吉備古代史の未知を解く』を見た方が、この度の本と見比べたら、「同じ富比賣が全く違う、いい加減な作り話ばかり」とかえって不信感だけ募らされるかもしれない。そうした読者の方の思いは当然なのである。

しかしここから先はみなさんの思いに任せたい。先回の富比賣は、奈良時代という古代国家の中で、吉備地方の片隅でも精一杯生きた女性が、自分を囲む社会のなかで、どのような評価を受けるものか、を基準にした話であった。今回は吉備真備という著名人の陰に隠れた女性でありながら、誠実に自然に周辺の人々の支えとなり、拠りどころとなっていた人物像なのである。

当時の歴史を動かしたかもしれない部分を、担っていた吉備真備の人物像が、いつの間にか、彼の身近な祖母や、母や、富比賣のような女性に代わっていた。こうした女性の見えない力が実は吉備の底力の一つの根源だったともいうことを、真備が伝えているかのようでもあった。彼には詩歌の一つも残っていない。彼の死に際しては、弔問と贈り物は規則通りに行われているが、誰が弔問に訪れたかの記載や、その他はいっさい無い。

実は真備が骸骨を乞うたのは宝亀元（770）年の9月7日であった。この時は軍事関係の仕事は免除されたが、右大臣は残されたのである。真備の薨伝では、宝亀2年に幾度も退職を願い許された、とあるが『続日本紀』本文中にはその記載がなく、ただ2年3月に他の人物が右大臣に任命されているので、彼の退職はこの間のことであろう。

ついでのことながら、この時右大臣に任命されたのは、大中臣朝臣清麻呂だったが、彼も宝亀5（774）年に「重ねて骸骨を乞う」とある。当人は73歳のようだ。真備がこうした言葉を使ったので、役所内では流行語になったのか。この時、清麻呂は許されず、この人物が退任を許されたのは、桓武天皇に代わった天応元（781）年だったようだ。

今になってこうしたことを問題とするのは、あの藤原永手、称徳天皇の死後、偽の詔勅を出して、光仁天皇を定めたと噂されていた永手が、宝亀2年2月に突然に倒れ死亡したのである。年はまだ58歳だった。この時の永手の葬儀に対する扱いは大変なことで、真備が天皇候補に挙げたような人物までも弔問に向かわし、わざわざ長い弔辞をことづけていた。また太政大臣の位を贈り、規程以上の高位者を、葬儀の監督に命じているのである。光仁天皇にとって永手が、いかに大切な人物であったかが窺える。

国政の担当では同列の地位にあった真備であるが、引退後数年経って後の真備の葬儀とはいえ、国の歴史書に書かれた文面の文字は、わずか数字であった。

また真備について、祖母・母などが話題となりながら、妻のことについては何も語られていない。高位者の妻の場合は、多くは、貴族関係者が多く、夫が生前からも彼女たちには位が贈られていたようでもあり、名前も知られてくるようだ。

真備の母楊貴氏の墓誌が問題の際、岸先生は楊貴氏に近い名前として、陽疑造のあることも述べられたが、それは『続日本紀』の宝亀6年正月27日に、陽疑造豊成女が、正六位上から外従五位下に上げられた記事を指すのであろう。これは八木造と同族かとも考えられている。全く唐突に現れている女性で、関係者は分からず、またなぜ身分が上げられたかも、判断できない。

ただ勝手な言い分で見れば、この年の10月、真備が死んでいるのである。もしこの女性が楊貴氏と同族というのであれば、真備の母の関係者か、あるいは唐から40歳にもなって帰国した彼に、身近な同族が妻として迎えられていたか、などの想像もできるが、何の根拠もない。全くこの時にだけ現れた女性。彼女はかつて宮廷内で、与えられた仕事に精を出して、一生を生きていた人物だっても良い。泉や枚雄の母であっても良い。全く違う人物でも良い。今後の研究次第では、理解が違ってくるのは当然であろう。

私たちも、富比賣にしても、母夫人にしても、彼女たちに対する理解は、新しい研究者によって、また変化するものでよいと思っている。その他の問題で、私たちも間違いを犯していることもあるだろう。その間違いが踏み台になって、次の世界が展開しているのである。名が残っていようと、残るまいと、男女いずれであろうと、多くの人々の無限の営みがあってこそ、今私たちが生きていることだけは確かだ。そうして今生きている私たちの一人一人が、歴史のどのように小さい一角であったとしても、作っているのは確かなのである。他の人では代われない。それだけは、忘れずに生きていたい。この思いを被災地の方々とも、共にできることを祈るのみで、妙な駄文を終わることになつた。

災害より1年目には間に合わせたいと思いながら、書き始めたこの本だったが、手の遅くなったのを自分で驚く日々だった。粗筋だけは書き上げた日は、わが国では元号までも代わった、2019年の8月6日原爆の日だった。今年も暑い。周辺では多くの台風もうろうろしている時であった。本が出来る日はまた大きく季節も変わっているだろう。

謝辞

この本が出来るまでには、地元での遺跡や遺物の拝見について、被災後の現状も、昔々訪れていた遺跡の現状も知りたい、果ては真備町の被災時の状況や、1年が経った現状までも、とつい希望は妙な方へも広がってしまいました。また真備母の墓誌にまで、話が及んだことで、奈良県の方にまでも、お世話を掛ける事になりました。これに応えていただいたのは、全て各地地元の方々でした。こうした中で集まった写真や資料類は、本文中利用以外で、ごく一部ではありますが、これより後に《付記　2019年（平成31年から令和元年）の記録》としまとめさせていただきました。妙な駄文より、後にはそうした写真のほうが生きてくるだろうと思っております。ありがとうございました。

また各地の研究者、教育委員会、博物館、寺社等々の方々をも煩わし、学恩もいただき、大変なご協力をいただきました。各地の皆様共々、個々お名前を挙げるのが本来ながら、遺漏を恐れ、このような形でたいへん申し訳なく思いますが、皆々様のご好意に心よりの感謝を申し上げるものであります。

なおこの本を手にとっていただいた方で、災害に遭われた方であれば、1日も早い復興の日と安寧の日々をお祈りするだけになったことを、お詫び申し上げます。

間壁忠彦
間壁葭子

2019年8月

(付記) 2019年 (平成31年から令和元年) の記録―協力いただいた方々と共に―

最初はこのような付記をつける予定は、全く無かった。だが改めて関係の遺跡資料を検索する中で、特に備中地域という限られた地域の中でさえ、自然の地形や環境が、強い連携の基になっていたことも、また改めて思い知らされるものであった。2018年7月のこの地域の大災害は、長いこの地域の歴史の中で、特に高梁川下流域と小田川流域の、一体的な世界を見る思いもした。

いずれにしても、この地域の歴史的な一体性を示す地図が無ければ、個々の具体的な遺跡だけでは、全体の姿が分かりづらいこともあり、少し大きな地図だけは入れたいと思い、最後に加えることにした。

また古い遺跡の姿の移り変わりもあればという思いもあって、主要な関係遺跡にだけは足も運んだ。

そのことは、古くよりたいへんお世話になっていた方々に、再びお世話を掛けることでもあった。加え、思わぬ出会い、あるいは新しい協力の方々と出会い、本文中に収めきれない資料や、個人的な感慨があまりにも多く残ったのである。こうした方々には、御礼の気持ちと共に、ささやかな紙上ではあっても、一緒に加わっていただきたくなったというのが本心だった。方々にはご迷惑なお願いもあったかもしれないが、実名や、写真掲載をお許しいただいたことに、心より御礼申し上げたい。

ここに入れた写真は、現在２０１９年（令和元年）の記録というより、昨年２０１８（平成30）年7月から現在までの記録というべきだろう。特にこの中では、真備町の大水害の状況写真は、水害の当夜２０１８年7月6日の夜、倉敷市の真備町支所にいた当人が、３階で夜を明かした翌朝、市支所の屋上から、たまたま持っていたデジカメで、夜明けを待って周辺の写真を写していたものであった。

先にも述べたようにこの本は、主には真備町一帯の水害をきっかけとして書き始めたものだった。人間とは身勝手なもの、ことわざ通り「喉もと過ぎれば何とか……」というように、実際にその場で体験した者以外は、すぐに大変な出来事も忘れ去ってしまう。今は多くの記録や記憶があっても30年もすれば、いかに大変だったかは思い出すのも困難になり、全く知らぬ人々も多くなるであろう。そのため、少しでもその時点の写真は入れておきたいと思っていた。それに加え、半年とか1年間にどのように災害後は変化し、災いにも対処したことか、これも生きている人間の証明と思い、この本の記述期間にわずかではあっても、井原線に乗車した時、また真備町を訪れた時、現状写真も撮っていたのである。

こうした時、先の倉敷市真備町支所での写真を撮っていた人物にも、誰か当日の写真を持っている人はいないか、今私自身も、その後の写真を少し撮っているのだ、と話したのである。ということは、彼は真備町で生まれていた小野益二氏であった。

実は半世紀も前のある日、倉敷考古館の受付辺りで、もじもじとしていた中学生がいた。どちらから声を掛けたかは覚えていないが、それが益二君と初めて逢った時であり、その時彼が持参していた土器片こそ、黒宮大塚古墳を調査するきっかけとなった物だったのである。

その地はそれまで、岡山県下の考古学者みんなが、中期の前方後円墳として疑っていなかった古墳である。彼はその墳頂に露出していた土器片を拾い何であるか、わざわざ考古館まで聞きに来たのだった。私たちも、もしや古墳築造以前に、生活跡か、あるいは別の遺跡でもあったのではという、疑問を晴らすのも調査の一つの目的でもあった。しかし既に矢掛町で芋岡山遺跡を、あるいは、井原市で金敷寺裏山古墳を調査し報告もしてきた私たちには、吉備における古墳黎明期の状況に対して、古墳とは何かを考える上で、大きな期待を感じさす遺物でもあったのだ。これがあの真備町にある、黒宮大塚古墳の調査の主要な目的でもあったのだ。

倉敷考古館には、当時はいろいろな時代の、各種の遺物を持った熱心な中学生がよく訪れていた。しかしこうした生徒さんたちと、一生涯の付き合いとなった人は、片手にも及ばないくらい少ない。こうした方々は数少ないながらも、それぞれ異なる分野で活躍しながら、付き合いは続いていたのである。既に他界された人もいる。

今回の富比賣買地券の最初の調査時には、その出土地検討の際も、地元であり若い日の小野（近藤）益二氏の活躍があった。その後真備町においての火葬骨蔵器発見に関しても、彼の日常の注意により知らされた物も多かった。これらに関しては、『倉敷考古館研究集報』に彼の名前での報告もある。その中のかなりな物は、倉敷考古館にも保管されている。

彼には今回も大変に世話になった。真備町の写真について、まさか当人が写していたとは思わず相談していたら、ほぼ1年後の同地点での同方向の写真まで添えて、送られてきた。ただ写真機は変わっている上に、いろいろと違いもあるが、とのことだったが、たいへんありがたい記録だった。また他の遺跡に関しても、案内され、多くの写真をも頂いたが、充分に利用していないことは申し訳ないことであった。間壁忠彦も生前は、彼の地元の知識に助けられることが多かったのである。

実は他の方々も、思わぬ関係のある方たちであった。私的なことの話は小野益二氏代表ということで割愛し、それぞれの場でのご活躍を心より祈りたい。

またいただいた写真や資料に関しては、本文中に利用させていただいた物もあり、ここ「付」の中では、災害に関連した資料は、最初にまとめているが、その他は、説明も少なく随時掲載したに過ぎない。岡山県を始め関係市町村の埋蔵文化財関係部署から、また県内外の博物館や個人の方々を煩わした資料もあり、こうした貴重な資料ご提供にも感謝申し上げると共に、ささやかな本ではあるが、ご提供の貴重な資料が、活かされるものとなれば、この上ない喜びである（なお文中に提供者名の無い写真や資料は筆者撮影）。

先のページ奈良県五條市での写真に加わってくださったのは、五條市文化博物館に勤務の前坂尚志氏と、奈良の元興寺文化財研究所に勤務の尼子奈美枝さん。このお二人を煩わすことになったのは、次のようなことであった。この本を記述中、「楊貴氏墓誌」の問題まで加えるかどうか迷ってきた。これを入れるのであれば、どうしても、奈良五條市の現場を踏まねばと思い続けていたのである。

ところでかつて石棺の石材研究の際、私ども二人は、奈良の五條市と接した御所市教育委員会勤務の、藤田和尊氏にいろいろとお世話になり、その後特に深くではなかったが、交流が続いていた。奥様は別姓のままで元興寺文化財研究所に勤務の、尼子奈美枝さん。その和尊氏が昨年（２０１８）12月4日に、本当に急逝されたのだった。心蔵関係の病で、奈美枝さんの帰りが待てなかったと聞いた。奈美枝さんと直接お会いすることも無かったが、その気持ちは多少は共通すると思い、ちょっとお便りをして、お悔みと共に、最近の様子として、本を作っているとか、近く五條市にも行きたいなど書いたことが、きっかけとなった。

急逝された藤田和尊氏は、還暦を迎えるばかりであって、記念論文集が作られていた最中。急遽追悼文集に切り替えられたとのこと。その本が奈美枝さんより送られ、それに添えて、逢えれば嬉しいとの希望もあった。当方も思い切ってと思い連絡したら、たいへん手早く彼女のほうからいろいろと連絡もいただいたことで、五條市へも、前坂氏とも早急に繋がったのである。

急遽の五條市行きでは、また改めて、現地行きの大切さを思い知らされた。今回はそこまでは期待していなかった鉄板を伴う火葬墓、奈良の出屋敷火葬墓の名は記憶にはあっても、すぐに五條市につながっていなかったうかつさ。博物館で展示資料を見たとたん、案内いただいている前坂氏が調査者だったと気付く。関係の資料は黙って数多く渡された。その後も幾度も電話で、また写真や地図もお送りいただいた。博物館ではさまざまな仕事で忙しい中で、武智麻呂墓行きに関しても、尼子さんの車では難しい山道と、案内を申し出られ、他の地域も全て案内いただいたのである。楊貴氏墓誌出土地とされる前で、お二人の写真お願いしたら、多少逡巡されながらも、不思議なツーショットだねと笑いながら応じてくださった。

出屋敷遺跡の実態を少し詳しく記しておこう。前坂氏の調査報告が基本である。遺跡は南向きの丘陵地。1号墳は方形墓壙。墓壙下半に炭、壁に接し鉄板を立てる、墓壙真ん中に甕を据え中に薬壷形火葬骨蔵器、甕の下半にも炭、上を鉢で覆う。30m離れて2号墓。方形掘り込みに木櫃、その中に方形の木製火葬骨蔵器を入れる。これの縁に鉄板を立てかけ、木炭の混ざる土で木製櫃外容器を満たす。両遺跡の埋葬法は異なるが、鉄板の大きさは両者ほぼ同じようだが、28×17×0.3㎝、と30×18×0.3㎝。8世紀中頃と推定。この遺跡と同丘陵の東面には、ヤツメウナギと呼んでいた、10mからの炭窯も発見されている。ただ集中的にこうした構造の炭窯が多数あったようではない（五條市文化博物館出版の多くの解説参考）。

今一つうかつだったことは、大阿太古墳出土の小像付装飾須恵器のこと。長脚付き壷の肩に小さい土製の小像が付く装飾須恵器は、奈良県ではこの古墳出土のみらしいと思ってきた。

兵庫県と岡山県では多いことは、本文中でも、吉備での多様性で述べた。口絵Ⅳでも紹介した。奈良ではこの古墳でだけ出土したことの意味が充分に分からなかったのだが、この地に来て気付いた。山代忌寸の墓誌の出たところも同じ大阿太の地、同じ系譜につながる渡来系の人がいておかしくない。奈良には同系の渡来人は少ないが、吉備などには多い。この地は吉備からの人間も入りよい地であったかもしれない。山代忌寸の妻は、蚊屋忌寸、蚊屋といえば、舒明天皇は吉備国から蚊屋采女を召して蚊屋皇子を産む、とある『日本書紀』は本文中にも引用した。采女も皇子もその後は何も分からない。山代真作の妻蚊屋秋庭は「京の人」とある。かつて蚊屋采女や皇子の関係者一族でも良い。古墳時代の小像付き装飾須恵器との余りの符号に驚いた。このようになると、天智・天武両天皇の母であった、皇極・斉明と2度の皇位を繋いだ女帝の母が吉備姫王、吉備島皇祖母と吉備の名、しかも「島」が何故付くのか、こうしたことを思い出すと限りはない。ただこの山代真作の墓誌発見の際、昭和29(1954)年の岸俊男先生の報告書では、藤原京での蚊屋忌寸についての論考も詳しいが、このように飛躍したことを言うと何を言われたか、なにも言ってもらえないかもしれない。

吉備真備の母の、全く庶民的な墓があった可能性の強いこの地に、真備に対しては生涯にわたり対抗を意識したと思われる藤原仲麻呂が、父を顕彰した見事な建造物の栄山寺、中でも国宝の八角円堂などの残る地の近いことも、奈良の都の縮図を思い起こさせる物であった。道すがら案内された吉野川の見事な景観、またカヌーの競技場まであることは、この年まで全く知らぬことで、楽しいことであった。また帰路には、尼子さんに無理を言って、葛城の一言主の神社にも案内いただいた。ぜひ訪れたいところでもあった。「二人一緒であったら」の思いは尼子さんも同じではなかっただろうか。

私ども二人より協力者の皆様へ

右から大塚先生夫人、大塚初重先生、力武卓治氏、間壁葭子、間壁忠彦

いろいろと皆様ありがとうございました。せめて最後に私ども二人も一緒で、ご挨拶したいと思い、二人が一緒に入った写真を探したのですが、無いのには我ながら驚きました。働き出してからは、小さい博物館でどちらかは必ず館にいなければという思いで、旅行も学会も、同窓会も（私どもは高校以来同窓でした）祝賀会などもほとんど片方だけの出席でした。やっと探し出した1枚が、ここに載せましたものです。写真を見てお気付きの方もあるでしょうが、明治大学の大塚初重名誉教授ご夫妻です。大塚初重先生の米寿の会のときの写真です。今からでは

これも6年も前ですが、私どもが学生のころから幾人かの友人とともに、発掘現場に押しかけたり、その後も変わりなく、明治大の先生方や学生さんとのお付き合いは続いておりました。私個人のことですが、論文での博士審査もいただきました。70歳頃からは、大塚先生主催の例年の海外短期旅行にも、時間を見ながら交互に参加もしていました。奥様と一緒の旅行も楽しみました。こうした御縁もあり、二人での県外へ祝賀会参加は、生涯でただ一度のこととなりました。この時の写真なのです。

そうして私たちの後で顔を出している方は、今年で70歳とのことですが、明治大学の学生さんのころ、あの王墓山古墳群調査の際、泊まり込んで一心に手伝ってくれた1人です。その後、福岡市の埋蔵文化財センターに就職、退職後の今も嘱託で、学校や公民館に、出前授業に精を出し、家では奥様の寝たきりの介護にあたっているとのこと。これも楽しいです、と明るい声でした。力武卓治氏。

今一つ、この写真では、申すことではないのかもしれませんが、事実として、全く偶然にも両側の、大塚先生の奥様と間壁忠彦が、２０１７年の12月28日の全くの同日に彼岸にまいりました。私にとりましては、この写真は大変な記念物になりました。わが家の者にも迷惑をかけました。

小さいことですが一人一人で思わぬ歴史を作っております。どうか皆様も、人は誰であっても、すべて歴史を作っていることを忘れないでほしいと思っております。

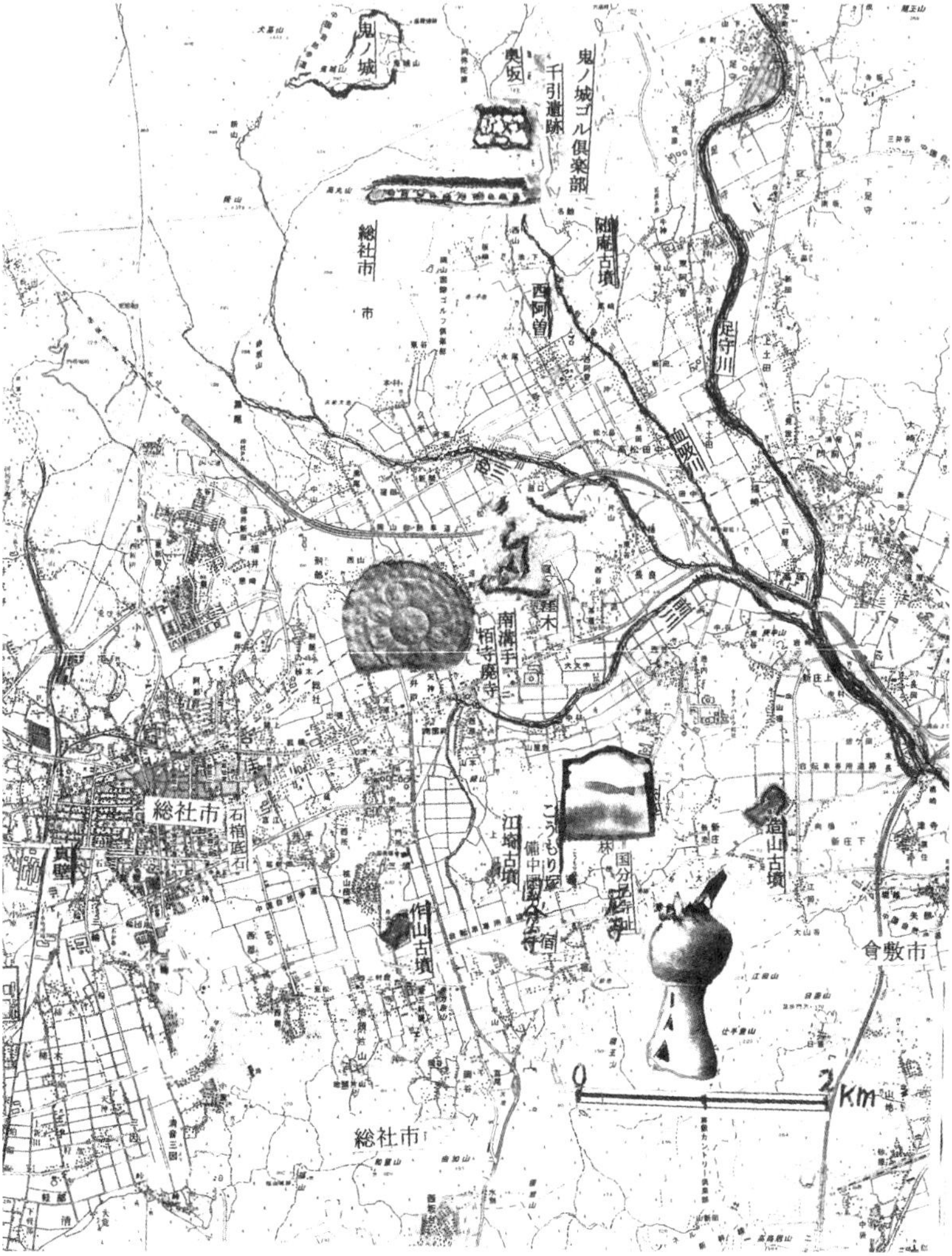

地図１　主に総社市の高梁川東岸

鬼ノ城から南、古代の鉄や鉄器の集中的な生産地、備中国府所在地一帯、この地から「八邊」と墨書した土器出土。江戸時代まで「矢（八）田部村」名も残る。近くには服部の地名もある。「真壁」の地名も見える。

地図２　総社市の高梁川西岸、新本川流域

この地図には東の地図と両地域で重なる部分もかなりある。総社市で、高梁川西岸に面する秦地域には、岡山県下では最古の飛鳥時代寺院址として知られた、秦廃寺祉がある。新本川流域では、７世紀頃の大規模な鉄生産跡発見。高梁川東岸の製鉄集団と一体的なもので、吉備の枕詞「まがねふく」の根源となったものだろう。

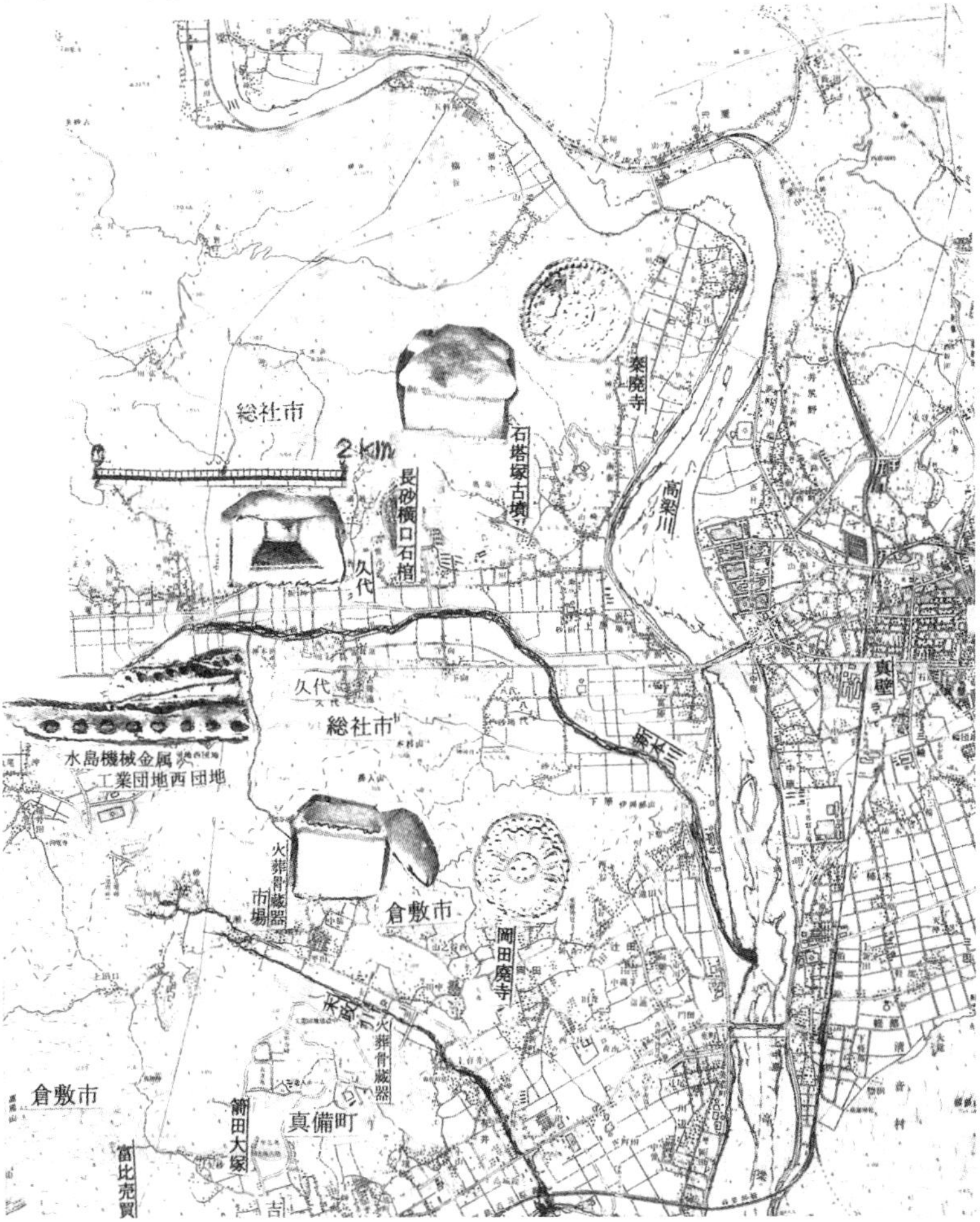

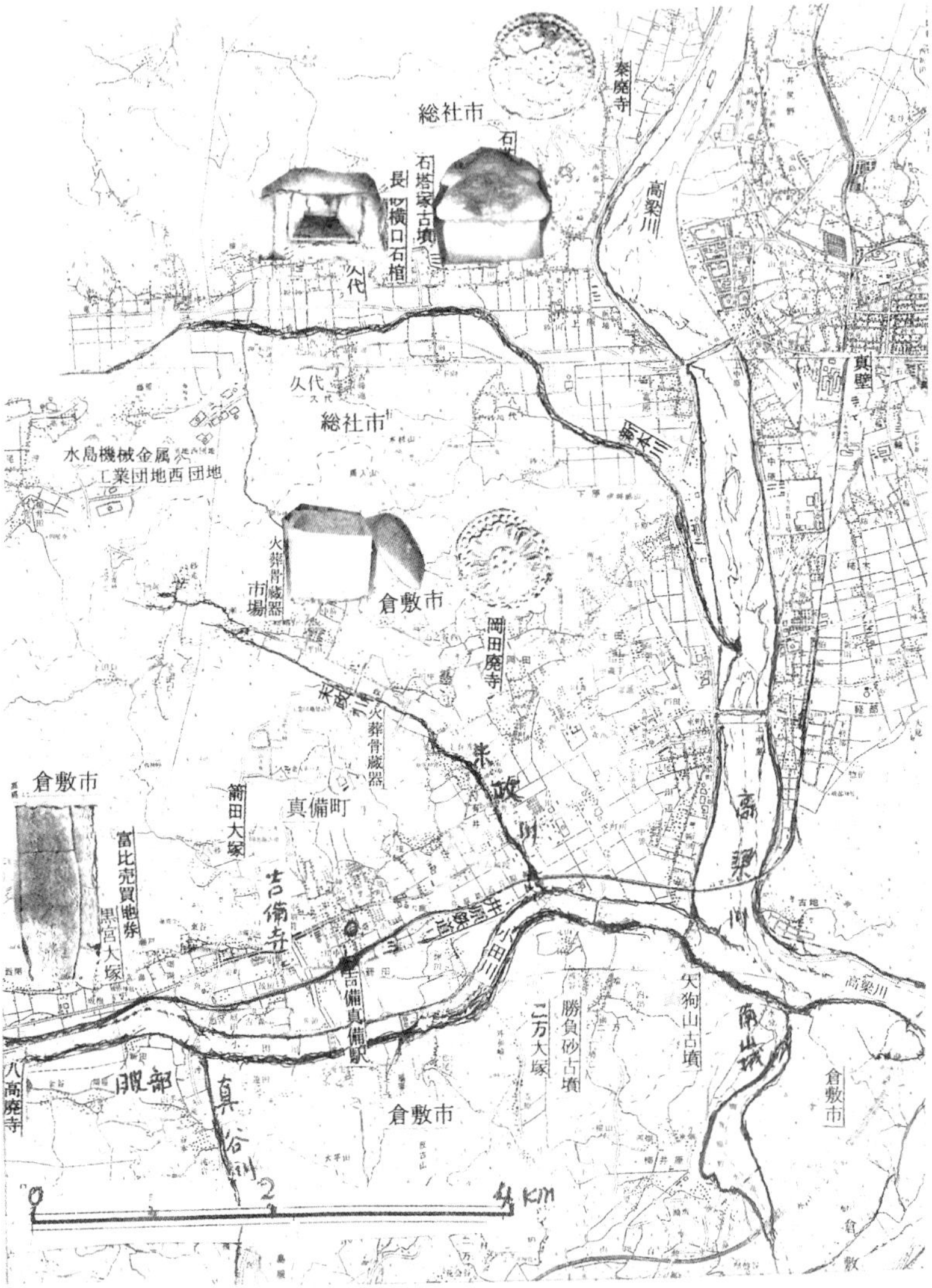

地図３　総社市新本から倉敷市真備町東半地域

この地図は先の地図より大きく高梁川を下った地域のため、先頁とは、上半部分は重なっている。これはかつて新本川流域と小田川流域を結ぶ、重要なルートを示すことでもある。

(説明は次ページに続く)

地図４

2018年7月豪雨で大災害の原因ともなった、小河川の多い地域。中でも激しい氾濫元の一つ、末政川は谷を深くしたことで、古くより新本側と真備側との、主要な通路となっていた。藩政時代新本は真備側の岡田領内であった。

小田川の南岸でも、富比賣買地券出土地のほぼ真南で、小田川に入る真谷川も氾濫。服部地域に災害。この谷筋も南の山を越える道となり、南面した地には陶の地名を残す、７世紀台を中心とした古窯址群がある。南に越えてしまう辺りで、中世陶器の古窯址群として古くより著名であった亀山古窯址群につながっていく。

その他小田川に流入の小河川が、多くの氾濫元となっていた。そうした地域一帯に、多くの奈良時代が中心と見られる、火葬骨蔵器が発見され、白鳳時代の吉備式と呼ばれる瓦当文持つ瓦を葺いた寺跡が、八高廃寺・箭田廃寺（吉備寺）岡田廃寺と連なる。この瓦を出土する寺跡は、北の秦廃寺も、高梁川東での栢寺（門満寺）廃寺、地図には入っていないが倉敷市内で日畑廃寺もある。小田川流域の特性は顕著であろう。

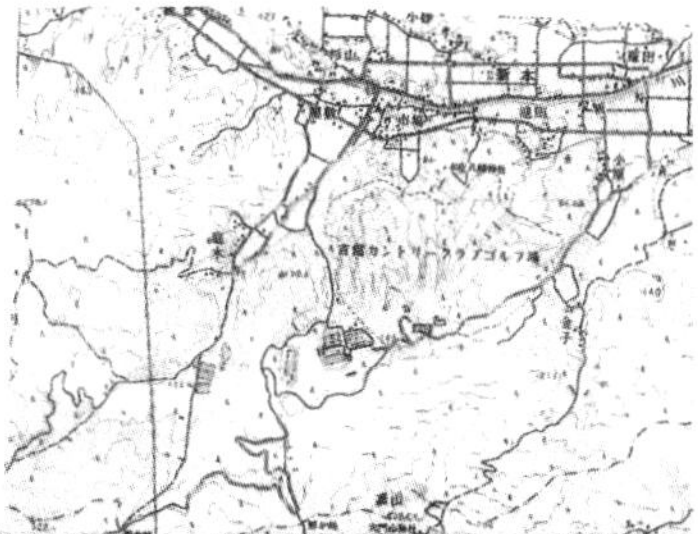

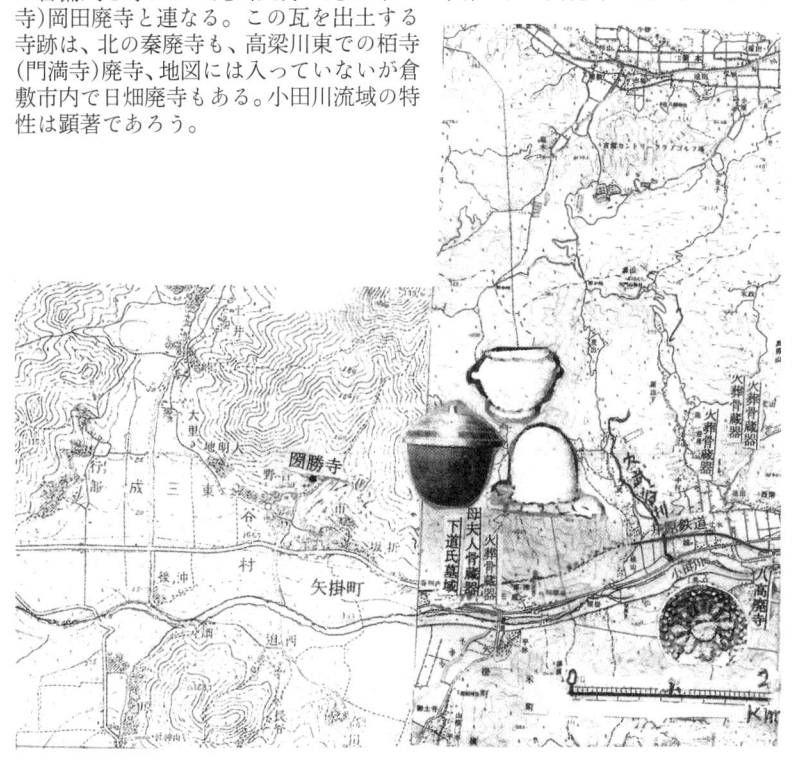

付記① (上)2018年7月7日早朝 倉敷市真備町支所屋上より、東方を見る。
(下)2019年7月末、同屋上より昨年と同方向東を見る。〔撮影提供小野益二氏〕

付記②　(上)2018年7月7日早朝　真備支所屋上より、南方を見る。
写真左方奥に見える、斜めに上がる階段は高架である井原鉄道の「吉備真備」駅の位置。そこで横一線に見えるのが井原線の高架。ここにも災害時には多くの避難者がいた。階段すぐ左下に三角屋根が、水に浮いたように見えるのが、駅下の二層屋根待合所的建物。

(下) 2019年7月末　真備支所屋上より昨年と同方向南を見る。〔撮影提供小野益二氏〕

付記③　(上)2019年7月初、井原線「吉備真備」駅ホームより北を見る。前方右手のビルが、倉敷市真備町支所。②写真の逆位置である。(中)同所から、より東を見る。1年前は、手前三角屋根上層が、水中に浮いて見えるような状況だった。周辺の家々もまだ未復旧。

(下)駅より降りた所、二層建造物の駅よりに立つ看板の屋根右端近くの、鉄道橋梁の上の横線は、洪水面の印。ほぼ同一かやや高く、波形汚れの横線は、洪水時の水面跡。

付記④　(上)は、③の(上・中)とほぼ同一地点だが、多少西より。ただこれは、③の写真より4ヶ月以上前の、2019年2月21日の写真。被災より7ヶ月以上経っていてもまだ、激しく破損したままの家。(中)は(上)と同日、列車が多少東に移動しても、まだ破損した家々の空洞の窓が続く。

(下)はほぼ1年後の7月4日。箭田の町の中ほどで､破損したままの家。周辺にはすでに、取り壊された家が多い。ほどなくこの家も除かれ更地となった。

付記⑤　①・②と同様、(上)・(下)ともそれぞれに同日小野益二氏により西方が撮影された。災害１年後、残る建物もかなりあるが、個々には対応が難しい。被災後の変化の大きさも窺える。

付記⑥　(上)・(中)とも被災１年後の 2019 年７月８日、井原線の呉妹駅より撮影。(上)は北側、復興中　(中)は南側、小田川堤防この地域の決壊部分、工事場現状。奥に連なる堤防はほぼ復旧した状況。
　(下)は７月 14 日、末政川決壊部分、復旧工事中。

付記⑦　(上)・(下)とも 2018・19 年 7 月、小野益二氏が①・②・⑤撮影と同一条件で撮影の写真。方向は市支所から南西方向とされるが、⑤写真の左方奥のズーム撮影と見られる。目立つ一本の木が、基準になる。激しい水没地域である。⑥も近い地域であろう。

付記⑧　真備町支所の１階で、地元出土品として展示されており、水没した考古関係資料の一部。流出は免れたようだが、土質により復原困難な物もあると聞く。倉敷市埋文センターで、修復中の資料。(上)市場火葬骨容器。(中)鉄板を伴った火葬骨容器。(下)左・妹の火葬骨容器。右・箭田大塚古墳の人物埴輪。

付記⑨　本文中で古墳時代石棺材、井原市浪形石に触れた。現地を訪ねたのはいつだったか。その頃、この石は鶏の餌になっていた。

井原市教育委員会の高田知樹氏から、近年までまだ、鶏の餌にする石を採掘していたと知らされ、案内いただく。しかし事業を止めて数年、2019年2月冬だが、繁みとなって入れない。(上)採掘場は写真の谷状部分の下辺りとのこと。標高は260m前後。(中)と(下)浪形石の庭園をもつ千手院。寺には貝化石のよく見える大きな石塊もある。寺の前で、お父さんの代からの知人であった高田氏に立ってもらう。

付記⑩　(上半) 4 枚は箭田大塚古墳の現状
右上は入り口正面。右下は羨道・玄室の境に付けている戸を開いた状態。左上は石組に近接して奥を見る。左下は奥壁近くより羨道方向を見る。
　(下半)2 枚は長砂周辺の現状
上の中央人物の右手の石が横口石棺に続く羨道部の石材。下は竹が無いと人が落ちるような斜面で撮影。下左は横口石棺、下右は横口石棺のある周辺の様子。

偶然に逢った地元の池上英政氏。案内いただいて助かった。

←井手川
まちかど博物館館長浅野智英氏によると石棺底石の橋は、今の井手橋より東100mのすずり橋だった由

竜山石組合家形石棺略図

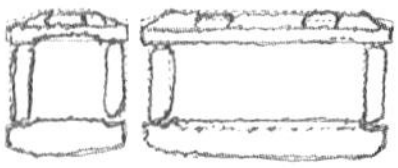

底石➡

長約220㎝　人物と比較

付記⑪　今は総社市内、かつては総社と山手村の境であった、井出川にかかった橋、竜山石組合式家形石棺の底石が、置かれている場所を探す。これは山手側から、力自慢の力士によって運ばれたとか(『山手村史』)。人家が建て込んで分かりにくい。偶然会った写真の池上氏に聞くと、先方のほうが驚く。長年いるが「これを訪ねてきた人は初めて」とすぐ案内。たいへん助かる。兵庫県の石でつくり運ばれた石棺の底石というと、二度びっくり。「みんなに話さなければ」と、しばらく話す。写真掲載はご当人の許可あり。

付記⑫　総社市金子石塔塚古墳。新本川下流域の北方、高梁川西岸に接した小尾根を回った西で池の奥。写真右上で、池の奥の人家の裏山を、やや登った位置。小野益二氏の車で山裾まで。山道が思いのほか長く高く感じたのは、年のせいか。全長 8.5m ばかりの石室奥に、久方ぶりの浪形石石棺。昔は石棺が水浸しの時もあった。天候は小雨混じりだが、石室内は乾いていた。石室入り口で小野氏の写真。

付記⑬　石塔塚からやや南西、直線では1kmもない山裾近い山腹に、久代の長砂《ながさこ》墳(付記資料⑩の下参照)。
県下では唯一のこの横口石棺式石室の羨道部は、古くから崖崩れ状に崩落。近づくのも危険な点は、昔と同じ。竜山石の石棺内法、長203cm・幅86cm・高57cm。羨道の石は2.5mばかり残る。封土もみられ、9mばかりの方墳かとされる(『総社市埋文報告5』1987年)。石棺横口の閉鎖蓋は、古墳から200m足らず南西の山裾、道路脇の供養石碑台の一部として使用。供養石碑は二基、向かって左、安永4(1775)年銘の方に使用。石材確認と、石棺横口との大きさ合わせ小野氏確認。(写真提供高橋進一氏と小野益二氏)

付記⑭　真備町内の奈良時代廃寺祉。(上)八高廃寺祉　地形に変化は無いようだが、人家の変化は大きい。それ以上に心礎の周りが小石で埋め尽くされた。保護のためか、本来の姿ではない。(中)箭田廃寺祉。吉備寺の中、床下の礎石や庭石になった礎石は散見。写真礎石の中央の方形穴は、後世の加工。今は苔に覆われている。(下)岡田廃寺祉。寺域にある神社は整備されているが、礎石４個は元位置で残る。寺跡は右写真道路奥、正面から右手辺りの台地。

付記⑮　(上)栢寺廃寺祉　　高梁川東岸で、備中国府跡とされる地にも、鉄器生産跡とされる地にも近い。今は門柱だけ残る賀陽山門満寺だった寺域内。最初に訪れた頃には、門満寺は存在。崩れ行く寺の姿が、今のように整備された。(写真提供平井尚子氏)　(下)秦廃寺祉　高梁川西岸､河に面した山寄りの地。周辺は整備されたが、礎石などは昔の雰囲気も残る。両寺とも長期にわたる瓦が出土。

付記⑯　圀勝寺は岡山県小田郡矢掛町東三成所在。真備祖母骨蔵器の発見地に近く、藩主により地蔵院が、「神遊山圀勝寺」と寺名まで変更。骨蔵器もこの寺の所蔵。現在は矢掛町内の多門寺と住職は兼任。この寺には古くより、たいへんお世話になった。御礼と共に、紹介し残したことは多い。これもその一つ。

平成 18(2006)10 月、圀勝寺境内に併設された光助霊神宮が破損。(母夫人の火葬骨が安置されてきた所)。今は檀家の方の協力で立派に復原。ここの写真はその時の記録。思いのほか大量の火葬骨存在写真に驚く。真備の祖母の骨のはずだが。県の関係職員立ち合いの調査だったが、特にニュースになった覚えも無い。口絵Ⅰにはご神体の「お骨」も。人物写真は、掲載に関してもたいへん協力いただいた吉田宥禅住職。

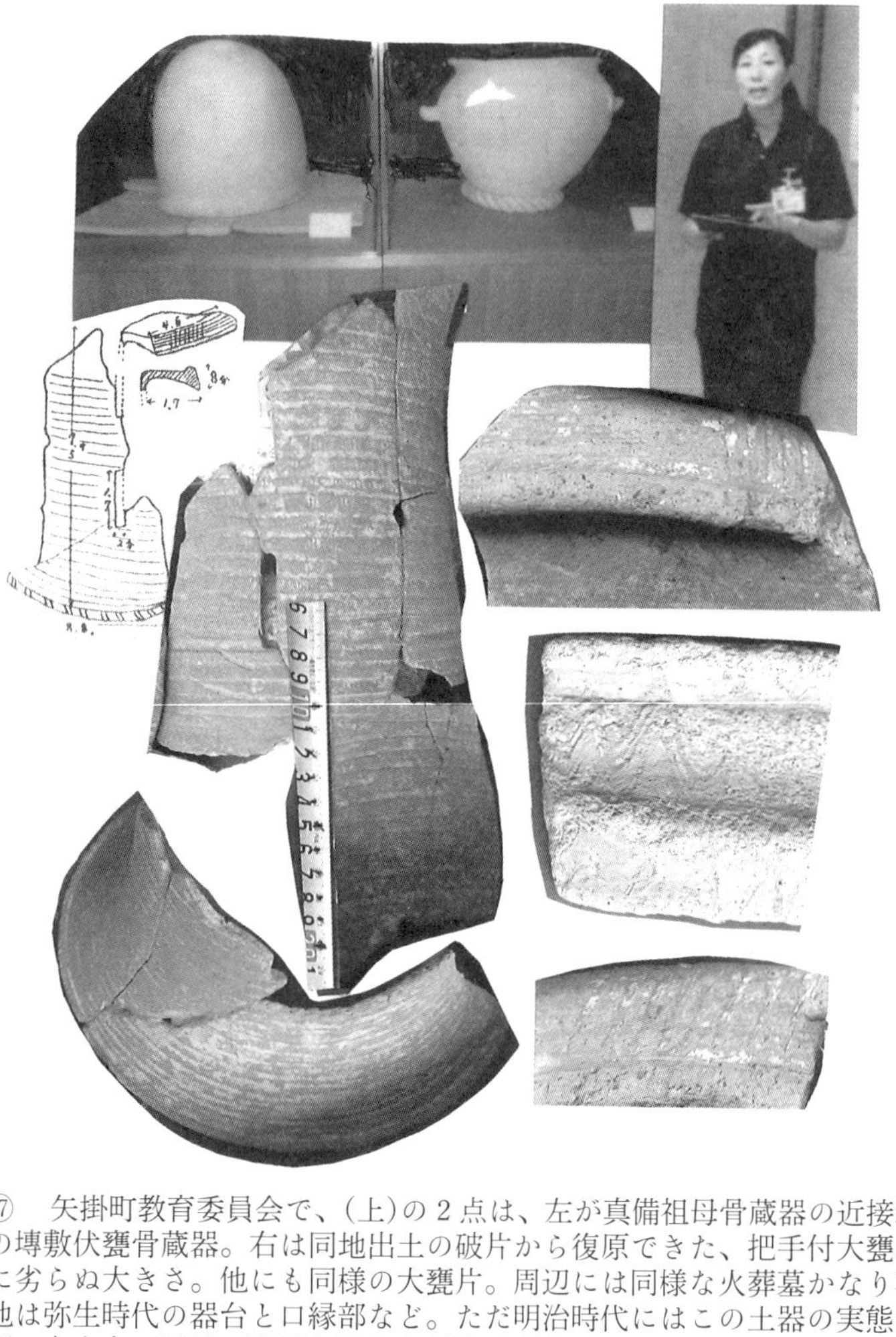

付記⑰　矢掛町教育委員会で、(上)の２点は、左が真備祖母骨蔵器の近接地点出土の塼敷伏甕骨蔵器。右は同地出土の破片から復原できた、把手付大甕。左の甕に劣らぬ大きさ。他にも同様の大甕片。周辺には同様な火葬墓かなり存在か。他は弥生時代の器台と口縁部など。ただ明治時代にはこの土器の実態は分からず、本文中に引用の梅原末治論文(「考古学雑誌７－５」)中にスケッチあり。参考に入れた。他にも弥生土器は多い。こうした整理とともに、先の圀勝寺の火葬骨発見時などの報告も行っていたのが、ここの女性西野望氏。今回もいろいろと案内され、忙しい中世話を掛けながら、写真を失念。別の写真からの引用で、失礼してしまった。

付記⑱　奈良県五條市東阿太町の「山代忌寸真作墓誌」関係。この墓誌については本文中に幾度も触れたので、省略。ここの写真（上）は、小学校の床下発見と思い込んでいた山代真作墓誌が、出土したと思われる辺りに建てられた、説明版と記念碑。すでにこの地には無い、かつての大阿太小学校のすぐ北の台地的な位置である。（下）は石碑より南に出て、北の遺跡地を見る。中央近くの建物のあるあたりが、かつての小学校の跡地。（右下）の写真は五條市文化博物館に展示される、墓誌のレプリカ、中央が本体の形、両側は復原形。

付記⑲　（上）五條市小島町の山中にある、藤原武智麻呂の墓　（中）同市同町の学晶山栄山寺は、武智麻呂により養老３（719）年創建とされるが、写真の八角円堂（国宝）は息子仲麻呂が父母追善供養として、天平宝字年間に建立。内陣には当時の彩色が残る。彼はこの堂の真北山頂に武智麻呂墓を移葬したと伝えられる。　（下）同市出屋敷町出土の鉄板を副葬した火葬墓。五條市文化博物館展示中の１号墓資料（写真は前坂尚志氏と尼子奈美枝氏）。

著者略歴

間壁忠彦（まかべ　ただひこ）

1932~2017年。岡山市生まれ。岡山県立操山高等学校、岡山大学法文学部法学科卒業後、1954~1973年(財)倉敷考古館学芸員、1973~2006年同館長。1968~1998年広島大学、岡山大学のほか、熊本・九州・愛媛・鳥取・千葉大学へ博物館学非常勤講師出講。1982~2005年就実女子大学非常勤講師(考古学)ほか、島根大学へ考古学非常勤講師出講。2006~2015年(財)倉敷考古館学術顧問。

著書（単著）は『倉の中から倉敷見れば』(手帖舎、1990年)、『考古学ライブラリー 60 備前焼』(ニュー・サイエンス社、1991年)、『石棺から古墳時代を考える』(同朋舎出版、1994年)。

間壁葭子（まかべ　よしこ）

1932年岡山市生まれ。岡山県立操山高等学校、岡山大学法文学部史学科(日本史専攻)卒業後、岡山大学法文学部副手(池田家文書整理)。1956~2015年(財)倉敷考古館学芸員。1979~1986年中国短期大学非常勤講師(歴史学)、1985~2004年神戸女子大学で助教授、教授を経て、同大学名誉教授。明治大学で論文博士(歴史学)。

著書（単著）は『吉備古代史の基礎的研究』(学生社、1992年)、『古代出雲の医薬と鳥人』(学生社 1999年)、『生活意識の考古学』(間壁葭子先生喜寿記念論文集刊行会『考古学の視点』中の分冊、2009年)。

共著に『岡山の遺跡めぐり』(日本文教出版岡山文庫31、1970年)、『古代吉備王国の謎』(新人物往来社、1972年)、『日本史の謎・石宝殿』(六興出版、1978年)、『吉備古代史の未知を解く』(新人物往来社、1981年)、『日本の古代遺跡 23 岡山』(保育社、1985年)、『倉敷考古館研究集報 1~22 号』編著（1966年3月~2016年6月）。

奈良時代・吉備中之圀《きびなかのくに》の母夫人《ははふじん》と富《とみ》ひめ

2019年12月18日　初版第１刷発行

著　者――間壁忠彦　間壁葭子
発行所――吉備人出版
〒700-0823　岡山市北区丸の内２丁目11-22
電話086-235-3456　ファクス086-234-3210
振替 01250-9-14467
ウェブサイト www.kibito.co.jp
メールbooks@kibito.co.jp
印刷所――株式会社三門印刷所
製本所――株式会社岡山みどり製本

ISBN978-4-86069-604-7　C 0021